《新思想　新境界》编委会

主　　任　　王燕文

副主任　　郭广银　赵金松

成　　员　　王　刚　田芝健　刘焕明　许益军　李立峰
　　　　　　何怀远　尚庆飞　周显信　姜迎春　袁久红
　　　　　　顾玉平　顾永红　徐　海　盛凌振　戴　锐

（按姓氏笔画顺序）

新思想 新境界

XINSIXIANG XINJINGJIE

本书编写组 编

江苏人民出版社

图书在版编目（CIP）数据

新思想　新境界/《新思想　新境界》编写组编. -- 南京：江苏人民出版社，2019.3
ISBN 978-7-214-23154-3

Ⅰ.①新… Ⅱ.①江… Ⅲ.①习近平中国特色社会主义思想-学习参考资料②中共十九大（2017）-学习参考资料 Ⅳ.①D610②D229

中国版本图书馆CIP数据核字（2018）第294223号

书　　名	新思想　新境界
编　　者	本书编写组
责任编辑	戴亦梁　陈　颖
责任校对	黄　山
装帧设计	赵春明
责任监制	王列丹
出版发行	江苏人民出版社
出版社地址	南京市湖南路1号A楼，邮编：210009
出版社网址	http://www.jspph.com
排　　版	江苏凤凰制版有限公司
印　　刷	江苏凤凰通达印刷有限公司
开　　本	718毫米×1000毫米　1/16
印　　张	22
字　　数	310千字
版　　次	2019年5月第1版　2019年5月第1次印刷
书　　号	ISBN 978-7-214-23154-3
定　　价	72.00元

江苏人民出版社图书若有印装错误可向出版社调换。

目 录

导 论 学习贯彻习近平新时代中国特色社会主义思想要往深里走、往实里走、往心里走 ·········· 1

第一章 实现中华民族伟大复兴中国梦 ·········· 5
一、中华民族伟大复兴是近代以来中华民族最伟大的梦想 ·········· 6
二、中国梦的本质是国家富强、民族振兴、人民幸福 ·········· 11
三、实现中国梦必须走好中国道路、弘扬中国精神、凝聚中国力量 ·········· 16

第二章 中国特色社会主义进入新时代 ·········· 21
一、党和国家事业的历史性成就与历史性变革 ·········· 22
二、我国社会主要矛盾的变化 ·········· 25
三、我国发展新的历史方位的重大政治论断 ·········· 33

第三章 坚持和发展中国特色社会主义 ·········· 39
一、中国特色社会主义是对科学社会主义的坚持和发展 ·········· 40
二、坚定中国特色社会主义道路自信、理论自信、制度自信、文化自信 ·········· 46
三、新时代继续坚持和发展中国特色社会主义 ·········· 52

第四章 坚持以人民为中心的根本立场 ·········· 59
一、把人民立场作为根本立场 ·········· 60
二、把为人民谋幸福作为根本使命 ·········· 63
三、践行全心全意为人民服务的根本宗旨 ·········· 70

新思想　新境界 ▶ Contents

第五章　决胜全面建成小康社会，开启社会主义现代化国家新征程 ⋯⋯ 76
　一、决胜全面建成小康社会 ⋯⋯⋯⋯⋯⋯⋯⋯⋯⋯⋯⋯⋯⋯⋯⋯ 77
　二、全面建设社会主义现代化强国 ⋯⋯⋯⋯⋯⋯⋯⋯⋯⋯⋯⋯ 88

第六章　坚持全面深化改革 ⋯⋯⋯⋯⋯⋯⋯⋯⋯⋯⋯⋯⋯⋯⋯⋯ 97
　一、改革是决定当代中国命运的关键一招 ⋯⋯⋯⋯⋯⋯⋯⋯⋯ 98
　二、将改革进行到底 ⋯⋯⋯⋯⋯⋯⋯⋯⋯⋯⋯⋯⋯⋯⋯⋯⋯ 106
　三、把握全面深化改革的方法论 ⋯⋯⋯⋯⋯⋯⋯⋯⋯⋯⋯⋯ 108

第七章　构建全面开放新格局 ⋯⋯⋯⋯⋯⋯⋯⋯⋯⋯⋯⋯⋯⋯ 113
　一、新时代对外开放的基本内涵 ⋯⋯⋯⋯⋯⋯⋯⋯⋯⋯⋯⋯ 114
　二、新时代对外开放面临新形势 ⋯⋯⋯⋯⋯⋯⋯⋯⋯⋯⋯⋯ 118
　三、新时代对外开放开启新征程 ⋯⋯⋯⋯⋯⋯⋯⋯⋯⋯⋯⋯ 123

第八章　坚持全面依法治国，建设社会主义法治国家 ⋯⋯⋯⋯ 130
　一、全面依法治国的基本方略 ⋯⋯⋯⋯⋯⋯⋯⋯⋯⋯⋯⋯⋯ 131
　二、加强党对全面依法治国的领导 ⋯⋯⋯⋯⋯⋯⋯⋯⋯⋯⋯ 135
　三、深化依法治国实践 ⋯⋯⋯⋯⋯⋯⋯⋯⋯⋯⋯⋯⋯⋯⋯⋯ 140

第九章　贯彻新发展理念，建设现代化经济体系 ⋯⋯⋯⋯⋯⋯ 146
　一、用新发展理念引领现代化经济体系建设 ⋯⋯⋯⋯⋯⋯⋯ 147
　二、科学把握建设现代化经济体系的内涵和重点 ⋯⋯⋯⋯⋯ 152
　三、贯彻落实建设现代化经济体系的任务和要求 ⋯⋯⋯⋯⋯ 161

第十章　坚持人民当家作主，发展社会主义民主政治 …… 168
一、人民当家作主是社会主义民主政治的本质和核心 …… 169
二、坚定不移走中国特色社会主义政治之路 …… 172
三、充分展现社会主义民主政治的鲜明品格和巨大优势 …… 183

第十一章　坚定文化自信，推动社会主义文化繁荣兴盛 …… 187
一、文化自信是更基础、更广泛、更深厚的自信 …… 188
二、发展中国特色社会主义文化的基本遵循 …… 193
三、建设社会主义文化强国 …… 196

第十二章　在发展中保障和改善民生，打造共建共治共享的社会治理格局 …… 206
一、新时代社会建设的丰富内涵和根本遵循 …… 207
二、在发展中保障和改善民生是新时代坚持和发展中国特色社会主义的基本方略 …… 211
三、加强和创新社会治理，完善中国特色社会主义社会治理体系 …… 218

第十三章　推进生态文明，建设美丽中国 …… 226
一、生态文明建设是关系中华民族永续发展的根本大计 …… 227
二、"两山论"是习近平生态文明思想中的核心理念 …… 231
三、建设美丽中国要坚决打好污染防治攻坚战 …… 239

第十四章　坚持总体国家安全观 …… 243
一、总体国家安全观是新时代中国特色国家安全思想 …… 244

二、总体国家安全观的主要内容 ………………………………… 249
　　三、总体国家安全观的实践方略 ………………………………… 257

第十五章　以习近平强军思想为指导建设世界一流军队 …………… 262
　　一、实现中华民族伟大复兴需要建设世界一流军队 …………… 263
　　二、把人民军队建成世界一流军队的科学指南 ………………… 270
　　三、全面落实国防和军队现代化建设的目标任务 ……………… 275

第十六章　推动构建人类命运共同体 …………………………………… 280
　　一、对世界向何处去的科学解答 ………………………………… 281
　　二、推动构建人类命运共同体的丰富内容 ……………………… 285
　　三、推动构建人类命运共同体的实践路径 ……………………… 292

第十七章　坚持党对一切工作的领导，坚定不移推进全面从严治党 … 300
　　一、新时代坚持党的全面领导的重大意义与内涵要求 ………… 301
　　二、把全面从严治党纳入战略布局是英明抉择 ………………… 306
　　三、全面从严治党永远在路上 …………………………………… 315

第十八章　掌握马克思主义的思想方法和工作方法 …………………… 326
　　一、坚持实事求是的思想路线 …………………………………… 327
　　二、培养科学的思想方法 ………………………………………… 330
　　三、坚持科学的工作方法 ………………………………………… 336

后　记 ……………………………………………………………………… 342

导 论

学习贯彻习近平新时代中国特色社会主义思想要往深里走、往实里走、往心里走

"一个民族想要站在科学的最高峰，就一刻不能没有理论思维。"习近平新时代中国特色社会主义思想是当代中国马克思主义、21世纪马克思主义。坚持用习近平新时代中国特色社会主义思想武装头脑，是党的十九大提出的重大战略任务。走好新时代的"长征路"，必须把深入学习宣传贯彻习近平新时代中国特色社会主义思想作为重中之重，在学思践悟、深入人心、落地生根上下功夫，推动学习贯彻工作不断往深里走、往实里走、往心里走。

在学懂弄通、明理明道中领悟思想深度。伟大时代呼唤伟大理论，伟大时代孕育伟大理论。习近平新时代中国特色社会主义思想以全新的视野深化了对共产党执政规律、社会主义建设规律、人类社会发展规律的认识，为发展马克思主义作出了中国的原创性贡献，是引领我们开拓奋进的精神旗帜，是照耀新时代、迈向新征程的思想灯塔。面对十分复杂的国内外环

境，肩负繁重的使命任务，每位党员干部都要切实学懂弄通做实这一新思想。我们既要原原本本、原汁原味，又要全面系统、及时跟进，深刻认识和领会其时代意义、理论意义、实践意义、世界意义，深刻理解其核心要求、精神实质、丰富内涵、实践要求。特别是要善于把过去和现在贯通起来、国内和国际统筹起来，更加突出历史感、纵深感，更加注重整体性、关联性，深刻认识到新时代中国发展的"时"与"势"，真正体悟新思想的理论品格、思想魅力、实践价值。置身日新月异的大时代、面对浩瀚深邃的思想宝库，学习只有进行时，没有休止符。我们要强读强记，常学常新，时刻把自己摆进去、把职责摆进去、把工作摆进去，做到学、思、用贯通，知、信、行统一，既"得其门而入"，又"悟其道而出"。

在联系实际、引领实践中彰显思想力度。马克思曾说："哲学家们只是用不同的方法解释世界，而问题在于改变世界。"当代中国正在经历人类历史上最为广阔和深刻的社会变革，贡献着最为独特而宏大的实践创新。身处伟大历史变革、伟大实践的"第一现场"，我们面对的不是教科书般约定俗成的"答案"，更不是敲锣打鼓、轻轻松松就能到达的彼岸，而是有着许多亟需深入研究、作出解答的现实问题，我们比以往任何时候都需要科学思想的引领。习近平新时代中国特色社会主义思想，从理论和实践的结合上系统回答了新时代坚持和发展什么样的中国特色社会主义、怎样坚持和发展中国特色社会主义这个重大时代课题。既部署"过河的任务"，又指导如何解决"桥或船"的问题，为我们提供了爬坡过坎、破解难题的锐利思想武器。每一名党员干部都要以习近平新时代中国特色社会主义思想为指导，用这一强大思想武器打开思想的闸门、破解发展的瓶颈，转化为改造世界的巨大力量，使这一丰富发展的马克思主义理论犹如燧石一般，经过反复敲打，迸发出更为灿烂的光辉。各条战线、各行各业都要结合实际，用好新思想的"望远镜""显微镜"，深入做好"是什么""为什么""怎么看""怎么办"的"新时代问答"，真正在常学常新中加强理论修养，在真学真信中坚定理想信念，在学思践悟中牢记初心使命，在细照笃行中不断修炼自我，在知行合一中主动担当作为。

在用情用心、入脑入心中体现思想温度。只有与新思想同"维度"，才能与党中央同"温度"。习近平新时代中国特色社会主义思想，既闪耀着马克思主义的真理光辉，又充满着共产党人的人格力量；既具有强大的思想引领力、实践指导力，又具有强大的精神感召力。是冒着"热气"的思想盛宴，是沾着"泥土"的真经宝典。只有用情用心，才能入脑入心，我们既要带着信念学，也要带着感情悟，推动新思想更好地内化为情感、内化为认同、内化为力量。每一名党员干部都要深刻体悟、用心领悟这一思想所闪耀的独特人格光芒和巨大人格力量，所集中体现的当代中国共产党人的政治品格、价值追求、精神风范，切实从内心深处认识到，这一思想对统一8900多万党员、近14亿中国人的思想、意志、行动的主心骨作用，对处在民族复兴伟大历史关口、处在百年不遇世界大变局中的中国的定盘星作用，对实现"两个一百年"奋斗目标、向全面建设社会主义现代化国家进军的指南针作用，切切实实推动新思想由感性认知升华为理性认同，进而转化为自觉践行。

"怀至诚之心，则天下无不可为之事。"学习宣传贯彻习近平新时代中国特色社会主义思想永远在路上。我们要坚持理论同实际相结合，悟原理、求真理、明事理，掌握贯穿其中的马克思主义立场观点方法，学出对党忠诚、坚定信念、自觉自信、责任担当、能力水平，不断增强"四个意识"、坚持"四个自信"、做到"两个维护"，使思想、能力、行动跟上党中央要求、跟上时代前进步伐、跟上事业发展需要，为实现"两个一百年"奋斗目标、实现中华民族伟大复兴的中国梦作出应有贡献，交出属于我们这一代人的优异"答卷"。

第一章

实现中华民族伟大复兴中国梦

★

　　实现中华民族伟大复兴中国梦，是中华民族5000年文明史的深厚积淀，是近代以来中华民族最伟大的梦想，是新时代以习近平同志为核心的党中央的庄严承诺，是中国共产党人为中国特色社会主义伟大事业接续奋斗的历史担当。习近平总书记说："这个梦想，凝聚了几代中国人的夙愿，体现了中华民族和中国人民的整体利益，是每一个中华儿女的共同期盼。"实现中华民族伟大复兴中国梦，就是要实现国家富强、民族振兴、人民幸福，要求我们走好中国道路，弘扬中国精神，凝聚中国力量，进行伟大斗争、建设伟大工程、推进伟大事业，为实现伟大梦想始终不渝地奋斗。

一、中华民族伟大复兴是近代以来中华民族最伟大的梦想

（一）中华文明源远流长、博大精深

在世界四大文明古国中，中华文明是唯一有国有史一直传承到今天而没有中断过的文明脉系。中国是世界上最早的人类文明发祥地之一，我国先民对人类文明发展作出了重要贡献。中华文明历史悠久，从先秦子学、两汉经学、魏晋玄学，到隋唐佛学、儒释道合流、宋明理学，经历了数个学术思想繁荣时期。在漫长的历史长河中，中华民族产生了儒、释、道、墨、名、法、阴阳、农、杂、兵等各家学说，涌现了老子、孔子、庄子、孟子、荀子、韩非子、董仲舒、王充、何晏、王弼、韩愈、周敦颐、程颢、程颐、朱熹、陆九渊、王守仁、李贽、黄宗羲、顾炎武、王夫之、康有为、梁启超、孙中山、鲁迅等一大批思想大家，留下了浩如烟海的文化遗产。中国古代大量鸿篇巨制中包含着丰富的哲学社会科学内容、治国理政智慧，为古人认识世界、改造世界提供了重要依据，也为中华文明提供了重要内容，为人类文明作出了重大贡献。

资料链接

只有创造过辉煌的民族，才懂得复兴的意义；只有历经过苦难的民族，才对复兴有深切的渴望。中国是一个有着5000多年文明史的大国，在历史上曾长期走在世界前列。
——《习近平新时代中国特色社会主义思想三十讲》，
学习出版社2018年版本，第32页

在现代科学技术登场前十多个世纪，中国在科技和知识方面的积累远胜于西方。
——李约瑟（英国著名科学史专家）

中国古代科技发展是中华文明辉煌灿烂的又一标志。我国古代科技发展的标志性成果首推四大发明：造纸术、印刷术、火药和指南针。四大发明是近代科学技术革命的先驱，既改变着物质世界，也改变了人类精神世界的历史进程。弗朗西斯·培根说，印刷、火药和磁石，这三种发明已经在世界范围内把事物的全部面貌和情况改变了，竟至任何帝国、任何教派、任何星辰对人类事务的力量和影响都仿佛无过于这些机械性的发现了。除了四大发明外，我国古代还在数学、天文学、冶金、造船、陶瓷等方面都贡献出了数不胜数的先进成果。16世纪以前影响人类生活的重大科技发明约有300项，其中中国人的发明就有175项。

小贴士

中国也是世界上最早的农耕文明发祥地之一。距今大约1万年，在黄河、长江流域的广大地区就已经开始出现原始农业活动的迹象了。在以后的发展中，我国成为世界上许多重要作物的原产地和培育国，并形成了高度发达的农业耕作技术，成为古代世界农耕文明的杰出典范。

世事苍茫，历史轮回。中华文明为中华民族生生不息提供了丰厚的滋养，而只有创造过辉煌的民族才能真正懂得复兴的意义。

（二）中国共产党吹响民族复兴伟大号角

中国历史上先后出现过文景之治、贞观之治、康乾盛世，中华民族曾长期走在世界前列。鸦片战争翻开了中国历史上惨痛的一页，半殖民地半封建社会成为近代中国社会屈辱的标志，山河破碎、民不聊生成为近代中国社会的悲惨景象。在此后的近80年中，无数仁人志士把中华民族救亡图存扛在肩上，谱写了一曲曲动人的诗篇。其间，发生了三元里抗英、太平天国运动、洋务运动、义和团运动、戊戌变法、辛亥革命、五四运动等一系列重大事件，都为救亡图存留下了浓重的身影。辛亥革命推翻了长达2000多年的封建帝制，唤醒了民族自强自立的意识。五四运动掀起了一场反帝反封建的爱国运动，这场运动在思想战线上的杰出成就是催发了马克思列宁主义的传播，马克思列宁主义的传播又为中国共产党的建立播下了希望的种子。

中华民族伟大复兴是近代以来中华民族最伟大的梦想。但是，近代中国历史表明，农民阶级和资产阶级改良派、革命派都没有能力承担起完成中华民族救亡图存和反帝反封建的历史重任，更不可能承担起实现民族复兴的历史使命。中国共产党诞生于近代以后中国社会的剧烈运动中，诞生于中国人民反抗封建统治和外来侵略的激烈斗争中，诞生于马克思列宁主义同中国工人运动结合的过程中，"从此，中国人民谋求民族独立、人民解放和国家富强、人民幸福的斗争就有了主心骨，中国人民就从精神上由被动转为主动"。

中国共产党之所以能够承担起中华民族伟大复兴的伟业，是由党的指导思想、性质、宗旨、优良传统和作风决定的。中国共产党把马克思列宁主义、毛泽东思想、邓小平理论、"三个代表"重要思想、科学发展观、习近平新时代中国特色社会主义思想作为自己的行动指南，始终坚持马克思主义基本原理与中国实际相结合，牢牢把握住了中国社会各个历史阶段发展的方向盘。中国共产党是中国工人阶级先锋队，也是中国人民和

原声再现 🔊

实现中华民族伟大复兴是近代以来中华民族最伟大的梦想。中国共产党一经成立，就把实现共产主义作为党的最高理想和最终目标，义无反顾肩负起实现中华民族伟大复兴的历史使命，团结带领人民进行了艰苦卓绝的斗争，谱写了气吞山河的壮丽史诗。

——2017年10月18日习近平总书记在中国共产党第十九次全国代表大会上的报告

中华民族先锋队。中国共产党的宗旨是全心全意为人民服务，中国共产党从诞生的那天起，就向世人宣告党没有自己的私利，中国工人阶级的利益、中国人民和中华民族的利益就是党自身的利益。中国共产党有着优良的传统和作风，即理论和实践相联系的作风，和人民群众紧密联系在一起的作风，批评和自我批评的作风，这是中国共产党区别于其他政党的显著标志。今天，只要在中国共产党领导下，团结一致、万众一心沿着中国特色社会主义道路前进，"两个一百年"奋斗目标、中华民族伟大复兴中国梦就一定能够实现。

> **小贴士**
>
> 中国共产党领导中国人民取得的伟大胜利，使具有5000多年文明历史的中华民族续写新的辉煌，让中华文明在现代化进程中焕发出蓬勃生机；使具有500年历史的社会主义主张在世界上人口最多的国家成功开辟出正确道路，让科学社会主义在21世纪焕发出蓬勃生机；使具有近70年历史的新中国建设取得举世瞩目的成就，并在短短40年里跃升为世界第二大经济体，中华民族焕发出蓬勃生机。

（三）中国梦归根到底是人民的梦

中国共产党的初心和使命，就是为人民谋幸福，为中华民族谋复兴。习近平总书记指出，我们党来自人民、根植人民、服务人民，党的根基在人民、血脉在人民、力量在人民，人民立场是中国共产党的根本政治立场，在任何时候任何情况下，与人民同呼吸共命运的立场不能变，全心全意为人民服务的宗旨不能忘，群众是真正英雄的唯物主义观点不能丢。纵观我们党90多年的奋斗历程，在历次重大社会变革面前都充分尊重人民的主体地位，都能代表人民的心声。无论是新中国的成立、社会主义制度的建立，还是改革开放的战略决策，都是人民群众坚决拥护、积极参与、鼎力相助的真实写照。中国特色社会主义进入新时代，中国梦依然是人民之所托、所依、所归。2013年，《中共中央关于全面深化改革若干重大问题的决定》明确指出："人民是改革的主体，要坚持党的群众路线，建立社会参与机制，充分发挥人民群众积极性、主动性、创造性，充分发挥工会、共青团、妇联等人民团体作用，齐心协力推进改革。"这一判断包含三个方面的内容：其一，中国特色社会主义是亿万人民自己的事业，这是科学社会主义的实践要求，也是中国共产党人治国理政的动力源。人民群众是物质财富的创造者也是拥有者，人民群众是先进文化的创造者也是审评者，人民群众是社会变革的主体力量也是社会制度安排的主人翁。其二，中国梦的最终目的是实现人民幸福，人民是实现中国梦的实践主体。只要与人民团结奋斗，就没有克服不了的困难，没有完成不了的任务，没有实现不了的梦想。其三，始终坚持以人民为中心的发展理念，把发展成果由人民共享贯彻到新时代中国特色社会主义改革与发展全过程，不断增强全体人民的获得感幸福感安全感。

原声再现

实现中华民族伟大复兴的中国梦，是近代以来中华民族的夙愿。1840年鸦片战争以后，中华民族蒙受了百年的外族入侵和内部战争，中国人民遭遇了极大的灾难和痛苦，真正是苦难深重、命运多舛。中国人民发自内心地拥护实现中国梦，因为中国梦首先是13亿中国人民的共同梦想。

——2013年3月19日习近平主席在接受金砖国家媒体联合采访时的答问

二、中国梦的本质是国家富强、民族振兴、人民幸福

"中国梦的本质是国家富强、民族振兴、人民幸福。"这个梦想,把国家的追求、民族的向往、人民的期盼融为一体,体现了中华民族和中国人民的整体利益,表达了每一个中华儿女的共同愿景。中国梦具有广泛的包容性,成为回荡在近14亿人民心中的高昂旋律。

> **原声再现**
>
> 实现全面建成小康社会、建成富强民主文明和谐的社会主义现代化国家的奋斗目标,实现中华民族伟大复兴的中国梦,就是要实现国家富强、民族振兴、人民幸福。
>
> ——2013年3月17日习近平总书记在十二届全国人大一次会议闭幕会上的讲话

(一)国家富强

国家富强是实现中国梦的根本保证。国家富强是指综合国力进一步增强,中国特色社会主义事业进一步发展和完善。经济更加发达,科技创新在经济发展中的驱动力更加强劲,政治更加民主,文化更加繁荣,社会更加和谐,生态更加美好,成为社会主义现代化强国。

国家富强是中国梦的实现基础,只有实现了国家富强,民族振兴和人民幸福才有了可靠保障。习近平总书记指出,实现中国梦最关键的是发展。以毛泽东同志为核心的党的第一代中央领导集体带领人民完成了新民主主义革命,进行了社会主义改造,建立了社会主义制度,为当代中国发展进步奠定了根本政治前提和制度基础。以邓小平同志为核心的党的第二代中

央领导集体秉持发展是硬道理的理念，带领人民开启了改革开放新征程。经过40年艰苦奋斗，我国经济总量已跃居世界第二位，历经苦难的中华民族终于迎来了属于自己的新时代。今天，我国经济社会发展面临着新的机遇和挑战，但发展还是第一要务，是实现中国梦仍然必须坚守的硬道理。

实现国家富强要落实好经济建设、政治建设、文化建设、社会建设、生态文明建设"五位一体"总体布局。"五位一体"总体布局是解决新时代我国社会主要矛盾的基本方略，它回应着人民群众对经济社会发展的总要求。

实现国家富强要落实好"四个全面"战略布局。全面建成小康社会承载着广大人民群众对美好生活的向往，全面深化改革必将给人民群众带来更多的实惠，全面依法治国为确保人民中心地位提供了法治保障，全面从严治党为坚持以人民为中心奠定了坚实的政治基础。

实现国家富强要坚决贯彻创新、协调、绿色、开放、共享的新发展理念，以新发展理念牢牢把握经济社会发展新常态，统筹协调改革发展稳定、内政外交国防和治党治国治军各个方面。

实现国家富强必须走强军之路。富国和强军是相统一的，建设一支听党指挥、能打胜仗、作风优良的强大人民军队是国家富强的题中之义。"国虽大，好战必亡，天下虽安，忘战必危"，强大的军事国防力量是捍卫国家利益、实现祖国统一、保护人民利益、护航社会主义现代化建设和实现中华民族伟大复兴的坚实屏障与战略支撑。

（二）民族振兴

民族振兴是中国梦的核心内容。民族振兴，就是通过自身不断发展与强大，继承中华民族优秀传统文化，创造更加先进的文明成果，使中华民族再次以高昂的姿态屹立于世界民族之林。

中国梦是中华民族觉醒和崛起的梦。经历过衰落的民族，更渴望民族振兴；遭受过屈辱的民族，更希望民族强盛；创造过辉煌的民族，更理解民族复兴。历史上的辉煌和近代的屈辱形成巨大反差，使民族复兴成为中华儿女的共同心结。中国共产党领导中国人民，以马克思列宁主义为指导，找到了民族振兴的正确道路，28年的浴血奋战让中华民族站起来了，40年的改革开放让中华民族富起来了，如今正走在强起来的中国特色社会主义康庄大道上。值得自豪的是，"我们前所未有地靠近世界舞台中心，前所未有地接近实现中华民族伟大复兴的目标，前所未有地具有实现这个目标的能力和信心"。

在民族振兴的道路上，要做好坚守和弘扬中华民族优秀传统文化这篇大文章。中华民族传统文化中的贵和持中、重德仁爱、自强不息、团结统一等核心理念，凝聚着中华民族古人先贤的胸襟与智慧，汇聚了中华民族对个人、自然和社会的深刻认识与丰富感受，积淀了中华民族最深沉的精神追求和行为准则。每一个中国人都要珍惜中华文化瑰宝，以创造性转化与创新性发展的姿态弘扬中华民族优秀传统文化。

在民族振兴的道路上，要做好培育和弘扬社会主义先进文化这篇大文章。"富强、民主、文明、和谐，自由、平等、公正、法治，爱国、敬业、诚信、友善"等社会主义核心价值观，蕴含了中华民族优秀传统文化基因，吸收了世界文明发展优秀成果，回答了培育什么样的人和怎样培育人这一重大问题。社会主义核心价值观是中华民族先进文化的时代标识，是中华民族共同的价值追求，是新时代实现中国梦的精神引领。

在民族振兴的道路上，要做好推进和引领世界文明进程这篇大文章。文明因交流而多彩、因互鉴而丰富，交流互鉴是推动人类文明进步和世界和平发展的重要动力。中华文明始终保持着强大的包容性，为人类文明土壤播下了鲜活的种子；社会主义核心价值观融合了坚守与吸收、继承与创新、合作与共赢的辩证逻辑，为人类文化发展拓展了思路；中国特色社会主义取得了举世公认的成就，为发展中国家走向现代化提供了智慧和方案；中国作为世界性大国始终保持助人为乐的道义，为各国广泛合作提供了责任和担当。在未来的发展中要把这篇文章写得更丰富更圆满更漂亮。

原声再现

> 中国人民的梦想同各国人民的梦想息息相通,实现中国梦离不开和平的国际环境和稳定的国际秩序。必须统筹国内国际两个大局,始终不渝走和平发展道路、奉行互利共赢的开放战略,坚持正确义利观,树立共同、综合、合作、可持续的新安全观,谋求开放创新、包容互惠的发展前景,促进和而不同、兼收并蓄的文明交流,构筑尊崇自然、绿色发展的生态体系,始终做世界和平的建设者、全球发展的贡献者、国际秩序的维护者。
>
> ——2017年10月18日习近平总书记在中国共产党第十九次全国代表大会上的报告

(三) 人民幸福

人民幸福是中国梦的奋斗目标。人民幸福,就是人民权利保障更加充分、人人得享共同发展,生活在伟大祖国和伟大时代的中国人民,共同享有人生出彩的机会,共同享有梦想成真的机会,共同享有同祖国和时代一起成长与进步的机会。

民生问题关乎人民的生存、发展和幸福。古人语:"政之所兴,在顺民心;政之所废,在逆民心。"历史告诉我们,一个国家、一个民族的前途命运与这个国家、这个民族的人民的前途命运紧密相连。中国梦不是镜中花、水中月,只有人民好,国家富强才有意义,民族振兴才有希望。中国梦也不是实现哪一个人、哪部分人的梦想,而是实现全体人民共同的梦想,无数个中国人的梦想的"涓涓细流",才能汇成中华民族伟大复兴的滚滚洪流。总之，中国梦既是历史的、现实的、未来的，更是国家情怀、民族情怀、人民情怀的相互统一、相得益彰。中国梦不是高不可攀的，而是脚踏实地的；不是空洞无物的，而是看得见、摸得着的。家是最小国，国是千万家，国泰而民安，民富而国强。

实现中国梦必须做到以民生为要。什么是民生？习近平总书记说："我们的人民热爱生活，期盼有更好的教育、更稳定的工作、更满意的收入、更可靠的社会保障、更高水平的医疗卫生服务、更舒适的居住条件、更优美的环境，期盼着孩子们能成长得更好、工作得更好、生活得更好。"新时代中国特色社会主义建设以民生为要，就是"保障和改善民生要抓住人民最关心最直接最现实的利益问题，既尽力而为，又量力而行，一件事情接着一件事情办，一年接着一年干"。为此，要优先发展教育事业，要实现更高质量和更充分的就业，要促进收入分配更合理有序，要加强社会保障体系建设，要实施健康中国战略，要打赢脱贫攻坚战。当亿万人民为梦想而歌唱，当每一个普通个体为梦想而发声，中国梦必将汇集成为滔滔江水，大气磅礴，势不可当，由伟大梦想铸就的伟大事业必将成为现实。

> **原声再现** 🔊
>
> 我们要牢牢把握我国发展的阶段性特征，牢牢把握人民群众对美好生活的向往，提出新的思路、新的战略、新的举措，继续统筹推进"五位一体"总体布局、协调推进"四个全面"战略布局，决胜全面建成小康社会，夺取中国特色社会主义伟大胜利，为实现中华民族伟大复兴的中国梦不懈奋斗。
>
> ——2017年7月26日习近平总书记在省部级主要领导干部"学习习近平总书记重要讲话精神，迎接党的十九大"专题研讨班开班式上的讲话

三、实现中国梦必须走好中国道路、弘扬中国精神、凝聚中国力量

习近平总书记指出:"实现中国梦必须走中国道路、弘扬中国精神、凝聚中国力量。"这为我们党团结带领人民为实现中华民族伟大复兴指明了方向。梦想反映的是追求、体现的是抱负。当一种梦想能够将整个民族的期盼与追求都凝聚起来的时候,这种梦想就有了汇聚共同愿景的深刻内涵,就有了动员全民族为之坚毅持守、慷慨趋赴的强大感召力。

> **原声再现** 🔊
>
> 实现中国梦必须走中国道路。这就是中国特色社会主义道路。……
>
> 实现中国梦必须弘扬中国精神。这就是以爱国主义为核心的民族精神,以改革创新为核心的时代精神。……
>
> 实现中国梦必须凝聚中国力量。这就是中国各族人民大团结的力量。……
>
> ——2013年3月17日习近平总书记在十二届全国人大一次会议闭幕会上的讲话

(一)走好中国道路

实现中华民族伟大复兴中国梦,必须走中国道路,这就是走中国特色社会主义道路。道路就是旗帜,道路就是方向。没有正确的道路,再美好的愿景、再伟大的梦想都不能实现。中国特色社会主义道路,是我们党在探索社会主义现代化进程中,把马克思主义基本原理同中国国情和时代特征相结合形成的一条实现中华民族伟大复兴的正确道路。这条道路来之不易,习近平总书记指出,它是在改革开放30多年的伟大实践中走出来的,是在中华人民共和国成立60多年的持续探索中走出来的,是在对近代以来170多年中华民族发展历程的深刻总结中走出来的,是在对中华民族

5000多年悠久文明的传承中走出来的，具有深厚的历史底蕴和广泛的现实基础。从梁启超的少年强则中国强的少年中国梦到孙中山的振兴中华，从毛泽东向全世界郑重宣布的"中国人从此站立起来了"再到习近平的"接过历史接力棒"，都是对走好中国道路的生动注解。

中国特色社会主义道路，就是在中国共产党领导下，立足基本国情，以经济建设为中心，坚持四项基本原则，坚持改革开放，解放和发展社会生产力，巩固和完善社会主义制度，建设社会主义市场经济、社会主义民主政治、社会主义先进文化、社会主义和谐社会、社会主义生态文明，促进人的全面发展，逐步实现全体人民共同富裕，建设富强、民主、文明、和谐、美丽的社会主义现代化强国。中国特色社会主义道路，是一条适合中国国情、引导中国发展进步的光明道路，是实现社会主义现代化、创造人民美好生活的必由之路。历史和现实充分证明，无论是封闭僵化的老路，还是改旗易帜的邪路，都是绝路、死路。只有中国特色社会主义道路才能稳定中国、发展中国。中华民族是具有非凡创造力的民族，我们一定要增强对中国特色社会主义的道路自信、理论自信、制度自信、文化自信，坚定不移沿着中国道路奋勇前进。

（二）弘扬中国精神

实现中华民族伟大复兴的中国梦，必须弘扬中国精神。伟大的梦想，需要伟大的精神作支撑，没有振奋的精神、没有高尚的品格、没有坚定的志向，一个民族不可能自立于世界民族之林。中华文明生生不息，中国精神薪火相传。中国精神作为兴国强国之魂，是中华民族共同创造、共同依托、共同传承的文化精神和价值支撑，是中华民族赖以生存和发展的精神财富，是实现中华民族伟大复兴的精神动力。中国精神源远流长，在几千年的历史长河中，中华民族形成了以爱国主义为核心的团结统一、爱好和平、勤劳勇敢、自强不息的伟大民族精神。党的十八大以来，党带领人民在继承和弘扬伟大民族精神的基础上，立足新的时代条件，形成了以改革创新为核心的时代精神。改革创新精神既是对中华民族优良传统的继承弘扬，也是在改革开放伟大实践中涌现出来的精神品格和精神特征。民族精神与时代精神紧密关联，都是一个民族赖以生存和发展的精神标识。

"人无精神则不立，国无精神则不强"。实现中华民族伟大复兴中国梦，不仅要求我们在物质上强大起来，在精神上也要强大起来。在经济全球化不断加速、文化影响力日益增强的今天，大力弘扬中国精神，对推进全面建成小康社会进程、实现中华民族伟大复兴具有更加重要、更加紧迫的意义。爱国主义是中华民族的精神基因，维系着中华大地上各个民族的团结统一，激励着一代又一代中华儿女为祖国发展繁荣而不懈奋斗；改革创新体现了中华民族最深沉的民族禀赋，反映了当代中国发展进步的要求，是鞭策我们在改革开放中与时俱进的精神动力。民族精神和时代精神共同构成了当代中国精神。民族精神赋予中国精神以民族特征，是中华民族的精神独立性得以保持的重要保证；时代精神赋予中国精神以时代内涵，是中国精神引领时代前行的精神标识。弘扬和培育民族精神，必须自觉回应时代要求，推动民族精神不断革新，推动民族精神的创新性发展和创造性转化；弘扬和培育时代精神，必须立足民族精神的根基，接续民族精神的血脉，承接民族精神的基因，使时代精神既面向未来，又不忘本来；弘扬和培育中国精神，既需要大力弘扬以爱国主义为核心的民族精神，也

> **原声再现** 🔊
>
> 道德是社会关系的基石，是人际和谐的基础，要始终把弘扬中华民族传统美德、加强社会主义思想道德建设作为极为重要的战略任务来抓，为实现中华民族伟大复兴的中国梦提供强大精神力量和有力道德支撑。
>
> ——2013年9月26日习近平总书记在会见第四届全国道德模范及提名奖获得者时的讲话

需要大力弘扬以改革创新为核心的伟大时代精神，不断振奋全民族的精气神，不断增强团结一心的精神纽带、自强不息的精神动力，永远朝气蓬勃地走向未来。

（三）凝聚中国力量

实现中华民族伟大复兴中国梦，必须凝聚中国力量。各族人民大团结的力量是坚不可摧的力量。中国力量在战争年代表现为不屈不挠、勇往直前的力量，在和平建设年代表现为勤俭创业、艰苦奋斗的力量，在改革开放时期表现为奋勇拼搏、开拓创新的力量。一个人只有把自己与集体、与民族、与国家融合在一起才最有力量。每个人犹如一滴水，只有放进大海里才能永远不干涸，中国梦就是实现每个人梦想的最广阔海洋。

实现中华民族伟大复兴中国梦是实现各民族共同的梦想，同时也是实现各民族自己的梦想和实现每个中国人自身的梦想。中华民族是由56个民族共同组成的大家庭，中华民族伟大复兴必须依靠56个民族的共同努力。56个民族都是中华民族大家庭的平等一员，共同构成了你中有我、我中有你、谁也离不开谁的中华民族命运共同体。各族人民大团结的力量，是克服各种困难、战胜各种风险挑战的决定性因素，只有万众一心、同心协力，才能使中国梦变成现实，使每个中国人梦想成真。只要亿万中国人民都确立了为实现中国梦而不懈奋斗的信念和信心，心往一处想，劲往一处使，就一定会梦想成真。

实现中华民族伟大复兴中国梦是海内外中华儿女的共同梦想。一花独放不是春，百花盛开春满园，只有同心同德才能众志成城。习近平总书记指出，团结统一的中华民族是海内外中华儿女共同的根，博大精深的中华文化是海内外中华儿女共同的魂，实现中华民族伟大复兴是海内外中华儿女共同的梦。香港、澳门与祖国内地的命运始终紧密相连，实现中国梦需要香港、澳门同胞与内地人民优势互补、共同发展，需要港澳同胞与内地人民坚持守望相助、携手共进。中国梦与台湾的前途息息相关，两岸同胞要相互扶持，不分党派，不分阶层，不分宗教，不分地域，都参与到民族复兴的进程中来，凝聚两岸一家亲、共圆中国梦。广大海外侨胞有着赤忱的爱国情怀、雄厚的经济实力、丰富的智力资源、广泛的商业人脉，是实现中国梦的重要力量。只要海内外中华儿女紧密团结起来，有力出力，有智出智，团结一心奋斗，就一定能够共同书写中华民族伟大复兴的时代华章。

原声再现

> 中华民族一家亲，同心共筑中国梦，这是全体中华儿女的共同心愿，也是全国各族人民的共同目标。实现这个心愿和目标，离不开全国各族人民大团结的力量。我国56个民族都是中华民族大家庭的平等一员，共同构成了你中有我、我中有你、谁也离不开谁的中华民族命运共同体。实现中华民族伟大复兴的中国梦是各民族大家的梦，也是我们各民族自己的梦。
>
> ——2015年9月30日习近平总书记在会见基层民族团结优秀代表时的讲话

当然，在新的历史起点上，实现中华民族伟大复兴中国梦，还需要攻坚克难进行具有许多新的历史特点的伟大斗争，毫不动摇推进党的建设新的伟大工程，坚定不移推进中国特色社会主义伟大事业。进行伟大斗争、建设伟大工程、推进伟大事业，共同构成了实现伟大梦想总目标的战略支撑。中国特色社会主义进入新时代，伟大斗争在考验着我们，伟大工程在引领着我们，伟大事业在激励着我们，伟大梦想在感召着我们。进行伟大斗争、建设伟大工程、推进伟大事业，归根结底就是要实现伟大梦想，共同托起实现社会主义现代化和民族复兴中国梦的伟大梦想。只要我们团结一心，众志成城，砥砺奋进，开拓创新，中国这艘巨轮就一定会驶向胜利的彼岸。

第二章

中国特色社会主义进入新时代

　　顺应时代潮流，把握时代特点，回答时代课题，是中国共产党永葆旺盛生命力和坚强战斗力，不断从胜利走向胜利的一个重要原因。习近平总书记在党的十九大报告中指出："经过长期努力，中国特色社会主义进入了新时代，这是我国发展新的历史方位。"这一重大政治论断，是对我国发展新的历史方位的科学判断，对于新时代坚持和发展中国特色社会主义、推进新时代改革开放具有战略指导意义和实践导向价值。因此，我们必须要搞清楚新时代从何而来、因何而立、以何而成等重点问题。

一、党和国家事业的历史性成就与历史性变革

中国特色社会主义进入新时代，是对我国发展新的历史方位的宏观把握和清醒判断，这一科学判断建筑在党的十八大以来党和国家事业所发生的历史性变革和所取得的历史性成就这个深厚基础之上，是深化对中国特色社会主义建设和发展规律认识的结果，体现了我们党对党领导中国人民所进行的中国特色社会主义伟大事业美好情景的高度自信和必胜信念。

（一）全方位、开创性的历史性成就

党的十八大以来，面对世界经济复苏乏力、局部冲突和动荡频发、全球性问题加剧的外部环境，面对我国经济发展进入新常态等一系列深刻变化，我们坚持稳中求进工作总基调，迎难而上，开拓进取，取得了改革开放和社会主义现代化建设的历史性成就。

党的十八大以来的成就是全方位的。以习近平同志为核心的党中央，统筹推进"五位一体"总体布局、协调推进"四个全面"的战略布局，坚持和贯彻新发展理念，全面推进改革发展稳定、内政外交国防、治党治国治军，全面开创党和国家事业的新局面。经济建设取得重大成就，全面深化改革取得重大突破，民主法治建设迈出重大步伐，思想文化建设取得重大进展，人民生活不断改善，生态文明建设成效显著，强军兴军开创新局面，港澳台工作取得新进展，全方位外交布局深入展开，全面从严治党成效卓著。历史性成就体现在各个方面、各个领域，全面开花、处处结果，极大地增强了我国的综合国力、国际影响力和人民获得感、幸福感、安全感，为党和国家事业全面发展奠定了更加坚实的基础。

开创性是指党的十八大以来所取得的历史性突破和原创性贡献。十八大以来，我们党以巨大的政治勇气和强烈的责任担当，提出了一系列具有开创性意义的新理念新思想新战略，出台了一系列重大方针政策，推出一

系列重大举措，推进了一系列重大工作，解决了许多长期想解决而没有解决的难题，办成了许多过去想办而没有办成的大事。我们前所未有地走近世界舞台中央，前所未有地接近实现中华民族伟大复兴的目标，前所未有地具有实现这个目标的能力和信心。

（二）深层次、根本性的历史性变革

党的十八大以来，面对国际国内形势的复杂变化，面对党内存在的突出问题，以习近平同志为核心的党中央直面问题，攻坚克难，推动党和国家事业发生深层次、根本性的历史性变革。

深层次是指打破了许多长期制约我国经济社会发展的观念障碍、利益藩篱和体制机制弊端。面对世界经济持续低迷和国内经济"三期叠加"以及发展不平衡、不充分、不协调、不可持续问题突出的不利条件与复杂形势，党中央果断作出我国经济发展进入新常态的重大判断，提出创新、协调、

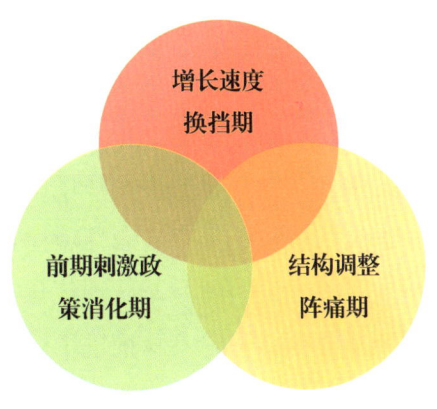

绿色、开放、共享的新发展理念，坚定不移推进供给侧结构性改革，加快推进经济结构调整和新旧动能转换，推进区域协调发展，大力实施创新发展战略。这些重大改革，使全党全国的发展观念发生深刻变化，有力推动了我国发展不断朝着更高质量、更有效率、更加公平、更可持续的方向前进。针对我国各方面体制机制存在的突出矛盾和问题，党中央果断作出全面深化改革的重大战略决策，强调改革开放只有进行时，没有完成时，停顿和倒退没有出路；改革面临的矛盾越多，难度越大，越要敢于啃硬骨头，敢于涉险滩，敢于向积存多年的顽瘴痼疾开刀；改革要全面发力，多点突破，纵深推进。十八大到十九大之间的五年里，习近平总书记亲自主持召开了38次中央全面深化改革领导小组会议，共审议、通过重点改革文件

360多个，中央和国家机关有关部门共推出1500多项改革举措，重要领域和关键环节改革取得突破性进展，主要领域改革主体框架基本确立，很多改革成果都已经通过立法和制度确认下来。综观古今中外改革史，像党的十八大以来这样全方位、宽领域、大力度、深层次的主动改革世所罕见。

根本性是指，党的十八大以来，党风、政风、社会风气发生了根本性变化，党的面貌、国家面貌、军队面貌发生了根本性变化。党的领导得到全面加强，党的领导被忽视、淡化、削弱的状况得到明显改变；坚定不移贯彻新发展理念，发展观念不正确、发展方式粗放的状况得到明显改变；坚定不移全面深化改革，各方面体制机制弊端制约发展活力和社会活力的状况得到明显改变；坚定不移全面推进依法治国，有法不依、执法不严、违法不究、司法不公问题严重的状况得到明显改变；加强党对意识形态工作的领导，社会思想舆论环境中的混乱状况得到明显改变；坚定不移推进生态文明建设，忽视生态环境保护、生态环境恶化的状况得到明显改变；坚定不移推进国防和军队现代化，人民军队中一度存在的不良政治状况得到明显改变；坚定不移推进中国特色大国外交，我国在国际力量对比中面临的不利状况得到明显改变；坚定不移推进全面从严治党，管党治党"宽松软"的状况得到明显改变。这些历史性变革的力度之大、程度之深、范围之广、成效之卓著，在党的历史上、在新中国历史上、在中华民族发展史上都具有极其重要的意义，必将对中国特色社会主义事业的发展产生全局性和根本性的影响。

党的十八大以来取得的成就是全方位的、开创性的，发生的变革是深层次的、根本性的。这些历史性成就和历史性变革，标志着我国发展站到了新的历史起点上，中国特色社会主义进入新的发展阶段。这个新的发展阶段，是新中国成立以来特别是改革开放40年来发展历程的必然接续，又有很多与时俱进的新特征。

二、我国社会主要矛盾的变化

社会主要矛盾状况及其变化是社会发展阶段性划分的重要依据。党的十九大报告提出："中国特色社会主义进入新时代，我国社会主要矛盾已经转化为人民日益增长的美好生活需要和不平衡不充分的发展之间的矛盾。"这是判断中国特色社会主义进入新时代的主要依据。

改革开放以来社会主要矛盾判断的两次变化

- 我国所要解决的主要矛盾是人民日益增长的物质文化需要同落后的社会生产之间的矛盾。

　　　　　　　　　　　　　　　——党的十一届六中全会（1981年）

- 我国社会主要矛盾已经转化为人民日益增长的美好生活需要和不平衡不充分的发展之间的矛盾。

　　　　　　　　　　　　　　　——党的十九大（2017年）

（一）我国社会主要矛盾变化的主要依据

自党的八大算起，我们党一直关注我国进入社会主义阶段后社会主要矛盾的变化及其影响。随着中国经济社会的发展，社会生产和社会需求都发生了深刻变化，呈现出新特点。在我国社会主要矛盾的变化以及我们对这种变化的认识上，客观上存在一个不断实现主观与客观相符合的问题，体现了我们党与时俱进的政治、理论勇气和马克思主义科学精神。

第一，我国社会生产力水平总体上显著提高。中华人民共和国成立以来特别是改革开放以来，我国经济实力、综合国力大幅提升，社会生产能力在很多方面进入世界前列。我国国内生产总值自2010年开始稳居世界第二位，货物进出口和服务贸易总额跃居世界第一位，对外投资和利用外资总额分别居世界第二、第三位，制造业增加值连续八年居世界第一位，基础设施建设部分领域在世界上遥遥领先，高铁运营总里程、高速公路总里程和港口吞吐量均居世界第一位。我国工农业生产能力大幅提高，220多种主要工农业产品如粗钢、煤、发电量、水泥、化肥等和谷物、肉类、花生、茶叶等的生产能力稳居世界第一位，原油和棉花、大豆、菜籽油、甘蔗等的产量也位居世界前列，一些产品甚至出现了大量过剩。大量数据和事实说明，我国长期所处的短缺经济和供给不足状况已经发生根本性转变，"落后的社会生产"的提法已经不能准确反映我国发展的现状。

第二，人民生活水平显著提高，社会需要呈现多样化多层次多方面特点。改革开放以来，我国城乡居民生活水平不断迈上新台阶，收入持续快速增长，消费结构明显改善，生活质量不断提高。2017年，全国居民人均可支配收入25 974元，扣除价格因素，比1978年实际增长22.8倍。全国居民人均消费支出18 322元，扣除价格因素，比1978年实际增长18.0倍，居民消费结构明显改善，开始从基本的吃穿消费向发展和享受型消费倾斜。2017年，全国居民恩格尔系数为29.3%，已接近联合国设定的富足标准。农村贫困发生率从1978年的97.5%大幅下降到2017年的4%以下，远低于世界平均水平。居民受教育程度不断提高，九年义务教育全面普及，高等教育毛入学率显著提高，2016年达到42.7%，高出世界平均水平近10个百分点。城乡居民健康状况显著改善，居民平均预期寿命2017年达到76.7岁，高于世界平均水平。社会保障水平极大提高，覆盖城乡居民的社会保障体系基本建立，其他多方面的民生保障都显著改善。我国稳定解决了十几亿人的温饱问题，总体上实现小康，不久将全面建成小康社会。

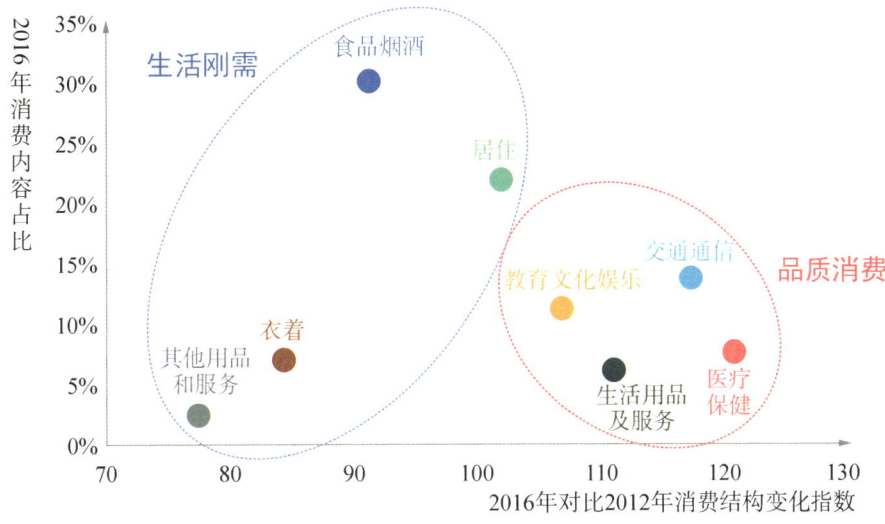

2012年对比2016年的居民消费结构变化

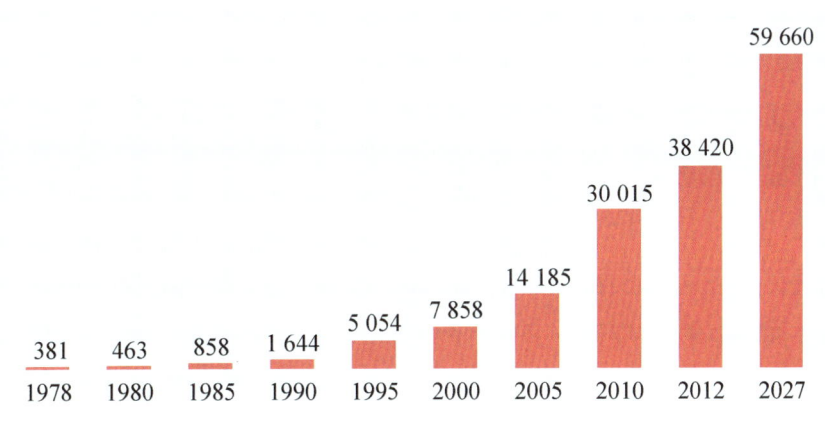

1978—2017年人均国内生产总值(元)

人的需要是一个随着社会生产发展而发展的变量。随着人民生活水平不断提高，人民群众的需要呈现多样化多层次多方面的特点，期盼有更好的教育、更稳定的工作、更满意的收入、更可靠的社会保障、更高水平的医疗卫生服务、更舒适的居住条件、更优美的环境、更丰富的精神文化生活。人民不仅对物质文化生活提出了更高要求，而且在民主、法治、公平、正义、安全、环境等方面的要求也日益增长。在人民群众需求全面升级的时代，只讲"物质文化需要"，已不能全面反映人民群众的愿望和要求。

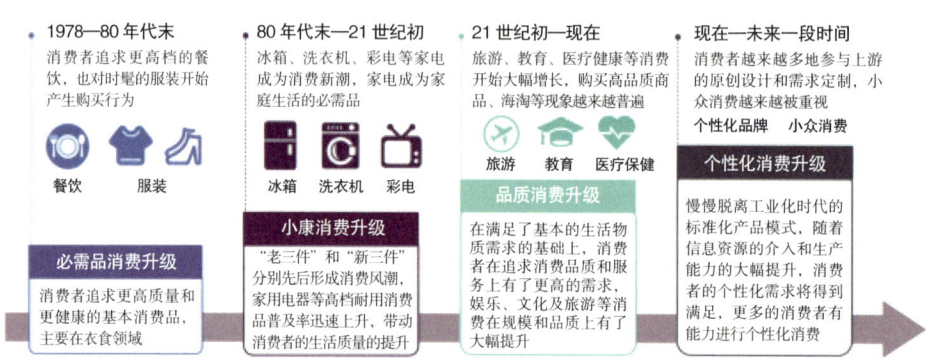

改革开放以来的消费升级趋势

第三，发展不平衡不充分已经成为满足人民美好生活需要的主要制约因素。人民对美好生活的向往，就是我们的奋斗目标。当前影响满足人民美好生活需要的主要制约因素是发展不平衡不充分。发展不平衡，主要是指各区域各领域各方面发展不够平衡，存在"一条腿长、一条腿短"的失衡现象，制约了整体发展水平提升。发展不充分，主要是指一些地区、一些领域、一些方面还存在发展不足的问题，发展质量和效益还不高，发展的任务仍然很重。从社会生产力来看，世界先进生产力、传统生产力甚至原始生产力同时并存，而且不同地区、领域的生产力水平和布局不均衡。从"五位一体"总体布局来看，经济发展取得重大成就，但社会发展相对滞后，教育、医疗、社会保障等基本公共服务总量不足，均等化程度偏低，资源与环境问题比较突出，社会文明水平尚需提高。从城乡和区域发展来看，总体上，我国东中西各个区域的城乡居民生活不断改善，基础设施建设、社会保障体系、收入增长率都稳步推进与提升，但在实际发展过程中，中西部地区经济和社会发展水平与东部地区还有不小的差距。从收入分配来看，虽然我国人均国民收入在世界上处在中等偏上行列，绝大部分人已经解决温饱问题，但农村仍有几千万人口尚未脱贫，城市还有不少困难群众。

这些发展不平衡不充分问题相互掣肘，带来很多社会矛盾和问题，是现阶段各种社会矛盾交织的主要根源。发展是动态过程，不平衡不充分是永远存在的，平衡是相对的，但当发展到了一定阶段后不平衡不充分成为社会主要矛盾的主要方面时，我们就必须下功夫去认识它、解决它，否则就会制约发展全局。

原声再现

> 我国稳定解决了十几亿人的温饱问题，总体上实现小康，不久将全面建成小康社会，人民美好生活需要日益广泛，不仅对物质文化生活提出了更高要求，而且在民主、法治、公平、正义、安全、环境等方面的要求日益增长。同时，我国社会生产力水平总体上显著提高，社会生产能力在很多方面进入世界前列，更加突出的问题是发展不平衡不充分，这已经成为满足人民日益增长的美好生活需要的主要制约因素。
> ——2017年10月18日习近平总书记在中国共产党第十九次全国代表大会上的报告

（二）我国社会主要矛盾变化的实践要求

我国社会主要矛盾的变化是关系全局的历史性变化，深刻反映了我国社会生产和社会需求的新特点，对党和国家提出了许多新要求。我们要在继续推动发展的基础上，着力解决好发展不平衡不充分的问题，大力提升发展质量和效益，更好满足人民日益增长的美好生活需要，更好推动人的全面发展、社会全面进步。

我国社会主要矛盾的变化，要求更好地贯彻以人民为中心的发展思想。带领人民创造美好生活，是我们党始终不渝的奋斗目标。习近平总书记对落实以人民为中心的发展思想提出了四个方面的要求：要坚持人民主体地位，顺应人民群众对美好生活的向往，不断实现好、维护好、发展好最广大人民根本利益，做到发展为了人民、发展依靠人民、发展成果由人民共享；要通过深化改革、创新驱动，提高经济发展质量和效益，生产出更多更好的物质精神产品，不断满足人民日益增长的物质文化需要；要全面调动人的积极性、主动性、创造性，为各行业各方面的劳动者、企业家、创新人才、各级干部创造发挥作用的舞台和环境；要坚持社会主义基本经济制度和分配制度，调整收入分配格局，完善以税收、社会保障、转移支付等为主要手段的再分配调节机制，维护社会公平正义，解决好收入差距问题，使发展成果更多更公平惠及全体人民。

我国社会主要矛盾的变化，要求从全局的高度思考与谋划党和国家的工作。经过长期努力，我们创造了令人惊叹的发展奇迹，同时也产生了不平衡、不协调、不全面的问题。要按照全面建成小康社会各项要求，紧扣我国社会主要矛盾变化，统筹推进"五位一体"总体布局，协调推进"四个全面"战略布局，补齐短板、缩小差距，促进城乡区域协调发展，着力实现社会主义现代化建设各领域各方面相互促进、全面发展。

我国社会主要矛盾的变化，要求贯彻落实新发展理念。我国经济已由高速增长阶段转向高质量发展阶段，必须深入贯彻创新、协调、绿色、开放、共享的新发展理念，深化以质量为主攻方向的供给侧结构性改革，加快创建创新型国家，加紧实施乡村振兴战略和区域协调发展战略，提高保障和改善民生水平，让改革发展成果更多更公平惠及全体人民。

（三）社会主要矛盾的变化与社会主义初级阶段的基本国情没有变

党的十九大报告明确提出："必须认识到，我国社会主要矛盾的变化，没有改变我们对社会主义所处历史阶段的判断，我国仍处于并将长期处于社会主义初级阶段的基本国情没有变，我国是世界上最大的发展中国家的国际地位没有变。"那么，应该怎样理解社会主要矛盾变化同社会主义初级阶段的基本国情没有变的关系？

第一，社会主义初级阶段是不发达阶段。邓小平曾指出："社会主义本身是共产主义的初级阶段，而我们中国又处在社会主义的初级阶段，就是不发达的阶段。"[1] 不发达不仅仅是指社会生产力，也包括经济、政治、文化、社会、生态文明等整个社会主义事业。虽然我国经济总量快速增长，已成为当今世界第二大经济体，但是用人均指标来考察，我国作为发展中国家的基本特征没有根本改变。发展不平衡不充分的一些问题尚未解决，发展质量和效益还不高，创新能力不够强；民生领域还有不少短板，脱贫攻坚任务艰巨；社会文明水平尚需提高；社会矛盾和问题交织叠加，全面依法治国任务依然繁重，国家治理体系和治理能力有待加强；意识形态领域斗争依然复杂。

第二，我国社会主要矛盾的变化仍然是社会主义初级阶段发展过程中的变化。党的十三大报告指出："我国从五十年代生产资料私有制的社会主义改造基本完成，到社会主义现代化的基本实现，至少需要上百年时间，都属于社会主义初级阶段。"社会主义现代化还未基本实现和需要上百年时间是社会主义初级阶段的两个基本特征。在长达百年的历史发展进程中，我国经济社会发展状况必然会呈现出某些阶段性特征，从而使社会主义在当代中国表现出若干具体阶段。社会主要矛盾是社会生产力发展水平和社会发展阶段性特征的客观反映。当前我国社会主要矛盾的变化，反映了社会主义初级阶段已经发生了重大进步，当代中国发展已跃上了新台阶，站到了新的历史起点上，中国特色社会主义进入了新的发展阶段。但是，社会主义现代化的任务仍然没有完成，社会主要矛盾的变化只是反映了我国社会主义初级阶段的部分质变，而不是整体质变，因而它仍然是社会主义初级阶段发展过程中的变化。

第三，在认识理解新时代我国社会主要矛盾时，必须把社会主要矛盾

---

[1]《邓小平文选》第3卷，人民出版社1993年版，第252页。

变化的问题同我国仍处于并将长期处于社会主义初级阶段没有变、同我国是世界上最大发展中国家的国际地位没有变的问题统一起来思考和研究，把"变"与"不变"这两个论断统一起来理解和把握。谋划发展、制定政策，要始终牢牢把握社会主义初级阶段这个基本国情，牢牢立足社会主义初级阶段这个最大实际，牢牢坚持党的基本路线这个党和国家的生命线、人民的幸福线，既不落后于时代，也不能脱离实际、超越阶段。

原声再现

我国社会主要矛盾的变化是关系全局的历史性变化，对党和国家工作提出了许多新要求。我们要在继续推动发展的基础上，着力解决好发展不平衡不充分问题，大力提升发展质量和效益，更好满足人民在经济、政治、文化、社会、生态等方面日益增长的需要，更好推动人的全面发展、社会全面进步。

……我国社会主要矛盾的变化，没有改变我们对我国社会主义所处历史阶段的判断，我国仍处于并将长期处于社会主义初级阶段的基本国情没有变，我国是世界最大发展中国家的国际地位没有变。全党要牢牢把握社会主义初级阶段这个基本国情，牢牢立足社会主义初级阶段这个最大实际，牢牢坚持党的基本路线这个党和国家的生命线、人民的幸福线，领导和团结全国各族人民，以经济建设为中心，坚持四项基本原则，坚持改革开放，自力更生，艰苦创业，为把我国建设成为富强民主文明和谐美丽的社会主义现代化强国而奋斗。

——2017年10月18日习近平总书记在中国共产党第十九次全国代表大会上的报告

三、我国发展新的历史方位的重大政治论断

中国特色社会主义进入新时代，符合中国特色社会主义实际，是改革开放以来我国社会发展进步的必然结果，是我国社会主要矛盾运动的必然结果，也是我们党团结带领全国各族人民开创光明未来的必然要求。

（一）新时代的丰富内涵

中国特色社会主义进入了新时代，不是一个简单的新概念表述，是经济社会发展到一定阶段发生的必然历史飞跃，具有丰富厚重的思想内涵、实践内涵和历史内涵。

这个新时代，是承前启后、继往开来，在新的历史条件下继续夺取中国特色社会主义伟大胜利的时代。这是向世界宣告新时代的中国要举什么样的旗、走什么样的路。习近平总书记强调，新时代是中国特色社会主义新时代，而不是别的什么新时代。这鲜明表达了我们党坚定不移高举中国特色社会主义伟大旗帜，继续沿着中国特色社会主义道路奋勇前进的决心和意志。中国特色社会主义是党和人民90多年来奋斗、创造、积累的根本成就，也是改革开放以来党的全部理论和实践的主题。进入新时代，这一主题不变，它仍然是我们党治国理政第一位的任务，并且要结合新时代新特征不断展现其强大的生命力。

这个新时代，是决胜全面建成小康社会、全面建设社会主义现代化强国的时代。这指明了新时代要完成什么样的历史任务、进行什么样的战略安排。在新时代，党和国家工作的主题没有变，但是在这个主题之下的具体任务发生了变化。从党的十九大到二十大，是"两个一百年"奋斗目标的历史交汇期。我们既要全面建成小康社会，又要乘势而上开启全面建设社会主义现代化国家新征程。党的十九大报告对2020年如期全面建成小康社会作了战略性、前瞻性、针对性的战略部署。在综合分析国际国内

形势和我国发展条件的基础上,将实现第二个百年目标分为两个阶段来安排:从2020年到2035年,在全面建成小康社会的基础上,再奋斗15年,基本实现社会主义现代化;在基本实现现代化的基础上再奋斗15年,到21世纪中叶,我国将全面建成富强民主文明和谐美丽的社会主义现代化强国,物质文明、政治文明、精神文明、社会文明、生态文明将全面提升,成为综合国力和国际影响力领先的国家,中华民族将以更加昂扬的姿态立于世界民族之林。

这个新时代,是全国各族人民团结奋斗、不断创造美好生活、逐步实现全体人民共同富裕的时代。这主要回答了新时代坚持什么样的发展思想、达到什么样的发展目的的问题。新时代的主要矛盾是人民日益增长的美好生活需要和不平衡不充分的发展之间的矛盾。因此,新时代的一项重要任务就是要在继续推动发展的基础上,着力解决发展不平衡不充分问题,并且要使发展的成果惠及全体人民,不断增强人民的获得感,逐步实现共同富裕。这就为新时代的发展建立了质量标准和价值尺度,充分体现了以人民为中心的发展思想、全心全意为人民服务的根本宗旨和中国特色社会主义的本质要求。这也决定了新时代我们党的重大任务,要时刻关注人民日益增长的美好生活需要，更加关注社会公平正义，多谋民生之利、多解民生之忧，着力使全体人民在共建共享发展中有更多获得感、幸福感、安全感，在实现全体人民共同富裕上不断取得实实在在的新进展。

这个新时代，是全体中华儿女勠力同心、奋力实现中华民族伟大复兴中国梦的时代。这主要是讲新时代要以什么样的精神状态、实现什么样的宏伟目标的问题。实现中华民族伟大复兴，是近代以来中国人民最伟大的梦想，是近代以来中华民族团结奋斗的最大公约数，更是我们党与生俱来的崇高使命。90多年来，为了实现中华民族伟大复兴的历史使命，无论是弱小还是强大、顺境还是逆境，我们党都初心不改、矢志不渝，团结带领人民历经千难万险，付出巨大牺牲，攻克了一个又一个看似不可攻克的难关，创造了一个又一个彪炳史册的人间奇迹。在中国特色社会主义新时代，中国比历史上任何时期都更接近、更有信心和能力实现中华民族伟大复兴的目标，但这也绝不是轻轻松松、敲锣打鼓就能实现的，仍然需要中华儿女继续保持勠力同心的精神状态和奋斗姿态，付出更为艰巨、更为艰苦的努力。

这个新时代，是我国日益走近世界舞台中央、不断为人类作出更大贡献的时代。这是讲新时代的中国处于什么样的国际地位、要对人类社会作出什么样的贡献的问题。中国共产党是为中国人民谋幸福的政党，也是为人类进步事业而奋斗的政党。新中国的成立让中国重新站到了世界舞台上；改革开放以来，中国的国际地位实现了前所未有的提升；进入新时代，随着我国日益接近实现中华民族伟大复兴的中国梦，我们也将日益走近世界舞台中央，在国际舞台上发挥应有的积极作用。中国走近世界舞台中央，不对任何国家构成威胁，而是要做世界和平的建设者、全球发展的贡献者、国际秩序的维护者。中国将高举和平、发展、合作、共赢的旗帜，恪守维护世界和平、促进共同发展的外交政策宗旨，牢牢把握构建人类命运共同体的目标追求，始终不渝走和平发展道路，奉行互利共赢的开放战略，秉持共商共建共享的全球治理观，不断贡献中国智慧和中国力量，同各国人民一道，建设一个持久和平、普遍安全、共同繁荣、开放包容、清洁美丽的新世界。

（二）中国特色社会主义进入新时代的重大意义

习近平总书记指出："中国特色社会主义进入新时代，在中华人民共和国发展史上、中华民族发展史上具有重大意义，在世界社会主义发展史上、人类发展史上也具有重大意义。"[1] 党的十九大用"三个意味着"，从历史和现实、理论和实践、中国和世界相结合的维度，深刻阐明了这一判断深远的历史意义、政治意义和世界意义。

中国特色社会主义进入新时代，意味着近代以来久经磨难的中华民族迎来了从站起来、富起来到强起来的伟大飞跃，迎来了实现中华民族伟大复兴的光明前景。鸦片战争后，中国沦为半殖民地半封建社会，饱受列强欺凌，积贫积弱。争取民族独立、人民解放，实现国家富强、人民富裕，成为中国近代两大历史任务。为此，无数仁人志士不屈不挠、前赴后继，遍寻尝试各种救国方案，但都以失败而告终。中国共产党顺应时代潮流而生，团结带领人民找到了一条以农村包围城市、武装夺取政权的正确革命道路，经过28年的浴血奋战，建立了中华人民共和国，使"占人类总数四分之一的中国人从此站立起来了"。中华人民共和国的建立，社会主义基本制度的确立，成功实现了中国历史上最深刻最伟大的社会变革，为当代中国一切发展进步奠定了根本政治前提和制度基础。1978年，我们党作出实行改革开放的重大决策，团结带领人民成功走出一条中国特色社会主义道路，稳定解决了十几亿人的温饱问题，总体上实现小康，中国人民逐步富裕起来。从全面建成小康社会到基本实现社会主义现代化，再到全面建成社会主义现代化强国，是中华民族实现从富起来到强起来的伟大飞

---

[1] 习近平：《决胜全面建成小康社会 夺取新时代中国特色社会主义伟大胜利——在中国共产党第十九次全国代表大会上的报告》，人民出版社2017年版，第12页。

跃。到21世纪中叶，我国将全面建成富强民主文明和谐美丽的社会主义现代化强国，物质文明、政治文明、精神文明、社会文明、生态文明将全面提升，成为综合国力和国际影响力领先的国家，中华民族将以更加昂扬的姿态立于世界民族之林。

中国特色社会主义进入新时代，意味着科学社会主义在21世纪的中国焕发出强大生机活力，在世界上高高举起了中国特色社会主义伟大旗帜。习近平总书记指出："科学社会主义在中国的成功，对马克思主义、科学社会主义的意义，对世界社会主义的意义，是十分重大的。"20世纪80年代末90年代初，苏联解体、东欧剧变，世界社会主义遭受严重挫折。与此同时，西方资本主义在经历多次重大危机之后，不断调整内部生产关系，凭借其雄厚的历史积累和不断进步在很多领域仍然保持着领先地位。"社会主义失败论""历史终结论""中国崩溃论"等不绝于耳。邓小平曾经指出，"最终说服不相信社会主义的人要靠我们的发展。如果我们本世纪内达到了小康水平，那就可以使他们清醒一点；到下世纪中叶我们建成中等发达水平的社会主义国家时，就会大进一步地说服他们"[1]。因此，中国顶住了巨大压力和挑战，坚守和捍卫了社会主义，成功走出了一条中国特色社会主义道路。中国特色社会主义取得了巨大成功，创造出令人惊叹的"中国奇迹"，谱写了社会主义发展新篇章，为历经磨难的社会主义注入强大生命力，重振了人们对社会主义的信心。

中国特色社会主义进入新时代，意味着中国特色社会主义道路、理论、制度、文化不断发展，拓展了发展中国家走向现代化的途径，给世界上那些既希望加快发展又希望保持自身独立性的国家和民族提供了全新选择，为解决人类问题贡献了中国智慧和中国方案。现代化，是人类社会文明进步的重要标志，是所有国家的目标追求。世界各国特别是发展中国家都在不断探索通向现代化之路。一段时间以来，有人宣称欧美模式是走向现代

---

[1]《邓小平文选》第3卷，人民出版社1993年版，第204页。

化的唯一途径。广大发展中国家追随欧美资本主义国家的发展理念和发展道路，到头来并没有解决发展问题，有的甚至战乱不断、民不聊生。原社会主义阵营中，不少国家选择了走西方道路，其中大多数发展缓慢、困难重重。中国共产党从自身国情出发，领导人民走自己的路，成功开创了一条迥异于西方的社会主义现代化道路，打破了发展中国家对西方国家现代化的"路径依赖"，为发展中国家树立了发展榜样，提供了全新选择。我们不想也不会把本国的发展道路、理论、制度、文化强加于人，我们尊重别国自主选择适合本国国情的制度和道路的权利。中国通过自己的探索实践为人类社会发展和治理提供了中国智慧和中国样本，中国致力于推动共建人类命运共同体。这对于广大发展中国家建设自信文化、增强发展自信具有重大价值。

古人云："辨方位而正则。"党的十九大顺应时代前进潮流，准确把握发展大势，作出中国特色社会主义进入了新时代的重大政治判断。这一重大政治判断，精辟概括了当代中国发展变革的阶段性特征，科学把握了我国发展新的历史方位，准确标定了中国特色社会主义航船前行的时代坐标，赋予党的历史使命、理论遵循、目标任务以新的时代内涵，为增强贯彻落实习近平新时代中国特色社会主义思想的自觉性和坚定性提供了时代坐标和科学依据，具有重大现实意义和深远历史意义。

第三章

坚持和发展中国特色社会主义

★

党的十九大报告明确指出，要紧抓"坚持和发展中国特色社会主义"这一全部理论和实践的主题，把坚持和发展中国特色社会主义作为当代中国发展进步的根本方向。改革开放之初，中国共产党就发出了走自己的路、建设有中国特色社会主义的伟大号召。在40年改革开放的历史进程中，中国共产党团结带领全国各族人民不懈奋斗、砥砺前行，历经千辛万苦在艰难曲折中推动我国经济实力、科技实力、国防实力、综合国力进入世界前列，取得了中国特色社会主义的历史性成就。正如习近平总书记所说，中国特色社会主义是党和人民长期奋斗、创造、积累的根本成就。我们必须在新的历史条件下，高举中国特色社会主义伟大旗帜，继续坚持和发展中国特色社会主义，谱写新时代中国特色社会主义的壮丽篇章。

一、中国特色社会主义是对科学社会主义的坚持和发展

中国特色社会主义"是科学社会主义理论逻辑和中国社会发展历史逻辑的辩证统一,是根植于中国大地、反映中国人民意愿、适应中国和时代发展进步要求的科学社会主义"[1]。科学社会主义之所以能够在中国焕发蓬勃生机,根本原因就在于中国走出了一条具有"中国特色"的社会主义道路,形成了中国特色社会主义理论和制度。中国特色社会主义与科学社会主义在本质上一脉相承,既坚持了科学社会主义的基本原则,又赋予其鲜明的中国特色,是科学社会主义在当代中国的运用和发展。

原声再现

中国特色社会主义是改革开放以来党的全部理论和实践的主题,全党必须高举中国特色社会主义伟大旗帜,牢固树立中国特色社会主义道路自信、理论自信、制度自信、文化自信,确保党和国家事业始终沿着正确方向胜利前进。
——2017年7月26日习近平总书记在省部级主要领导干部"学习习近平总书记重要讲话精神,迎接党的十九大"专题研讨班开班式上的讲话

(一)中国特色社会主义坚持了科学社会主义基本原则

一个国家实行什么样的主义,关键要看这个主义是否能解决这个国家发展面临的时代课题。改革开放40年来,中国共产党坚持把马克思主义基本原理同中国实际相结合,走出了属于自己的道路,而这正建立在遵循

---

[1]《习近平谈治国理政》,外文出版社2014年版,第21页。

科学社会主义原则的基础之上。实践证明，科学社会主义基本原则是中国特色社会主义的理论基础，中国特色社会主义则是对科学社会主义基本原则的实际运用。

一部坚持科学社会主义基本原则的历史，就是一部建立和发展中国特色社会主义的历史。在近代中国积贫积弱、中华民族任人宰割的时期，改良主义、社会达尔文主义、无政府主义、民粹主义、工团主义等各种主义和思潮都进行过尝试，但是未能解决中国的前途和命运问题。直到中国的先进分子创造性地选择了马克思主义，坚持用马克思主义基本原理解决中国实际问题，才促使社会主义中国逐步发展起来。新中国成立近70年特别是改革开放40年以来，我国经济实力大幅提升，综合国力显著提高，经济总量跃居世界第二，逐渐跻身世界前列。这样的发展、这样的巨变，世所罕见。对此，习近平总书记指出：今天的中国，同新中国成立之前的中国相比，产生了翻天覆地的变化。

原声再现

中国特色社会主义不是从天上掉下来的，而是在改革开放40年的伟大实践中得来的，是在中华人民共和国成立近70年的持续探索中得来的，是在我们党领导人民进行伟大社会革命97年的实践中得来的，是在近代以来中华民族由衰到盛170多年的历史进程中得来的，是对中华文明5000多年的传承发展中得来的，是党和人民历经千辛万苦、付出各种代价取得的宝贵成果。得到这个成果极不容易。

——2018年1月5日习近平总书记在学习贯彻党的十九大精神研讨班开班式上的讲话

中国特色社会主义

- 是在改革开放40年的伟大实践中得来的
- 是在中华人民共和国成立近70年的持续探索中得来的
- 是在我们党领导人民进行伟大社会革命90多年的实践中得来的
- 是在近代以来中华民族由衰到盛170多年的历史进程中得来的
- 是对中华文明5000多年的传承发展中得来的

中国特色社会主义对科学社会主义基本原则的坚持，主要体现在：中国特色社会主义坚持了科学社会主义关于实现人的自由而全面发展的原则，始终站在人民立场，把人民对美好生活的向往作为奋斗目标；中国特色社会主义坚持马克思主义在意识形态领域的指导地位，始终把马克思主义这一科学理论作为行动指南；中国特色社会主义坚持无产阶级政党的领导，发展支持和保证人民实现当家作主的社会主义民主政治，积极促进社会公平正义；中国特色社会主义坚持社会主义的生产目的，强调以经济建设为中心，解放和发展社会生产力，以满足人民群众日益增长的物质文化需要等。概而言之，中国特色社会主义就是坚持了科学社会主义关于人民立场、马克思主义指导地位、政党领导、社会生产等方面的原则，是对马克思主义的一"脉"相承。

面对近些年国内外舆论界对中国特色社会主义的质疑，我们应当明确，中国特色社会主义是社会主义，而不是其他什么主义，不论怎么改革、怎么开放，都要始终坚持中国特色社会主义道路、中国特色社会主义理论体系、中国特色社会主义制度和中国特色社会主义文化。中国吸收外来优秀

中国国内生产总值及国民总收入

来源：国家统计局　　测算/制表：北海居

年份	国民总收入（亿元）	国民生产总值（亿元）	名义GDP指数（1978=100）		实际GDP指数（1978=100）		人均名义GNI（元）	人均名义GDP（元）	人均实际GNI指数（1978=100）	人均实际GDP指数（1978=100）	年平均人口（千人）
			GNI	GDP	GNI	GDP					
1978	3678.7	3678.7	100.00	100.00	100.00	100.00	385	381	100.00	100.00	956170
1979	4100.5	4100.5	111.47	111.47	107.60	107.60	423	419	106.17	106.20	969005
1980	4587.6	4587.6	124.71	124.71	116.00	116.00	468	463	113.04	113.10	981235
1981	4933.7	4935.8	134.12	134.17	121.90	122.00	496	492	117.27	117.30	993885
1982	5380.5	5373.4	146.26	146.07	133.10	132.90	533	528	126.18	126.00	1008630
1983	6043.8	6020.9	164.29	163.67	147.80	147.30	591	583	138.10	137.60	1023310
1984	7314.2	7278.5	198.83	197.86	170.50	169.60	705	695	157.24	156.40	1036825
1985	9123.6	9098.9	248.01	247.34	192.90	192.40	868	858	175.49	175.10	1051040
1986	10375.4	10376.2	282.04	282.06	209.60	209.60	973	963	187.87	187.90	1066790
1987	12166.6	12174.6	330.73	330.95	233.90	234.10	1122	1112	206.31	206.50	1084035
1988	15174.4	15180.4	412.49	412.66	260.30	260.40	1377	1366	225.93	226.00	1101630
1989	17188.4	17179.7	467.24	467.00	271.40	271.30	1537	1519	231.98	231.90	1118650
1990	18923.3	18872.9	514.40	513.03	282.70	281.90	1666	1644	238.12	237.50	1135185
1991	22050.3	22005.6	599.40	598.19	308.70	308.10	1916	1893	256.50	256.00	1150780
1992	27208.2	27194.5	739.61	739.24	352.10	351.90	2336	2311	288.99	288.80	1164970
1993	35599.2	35673.2	967.71	969.72	399.90	400.70	3021	2998	324.47	325.10	1178440
1994	48548.2	48637.5	1319.71	1322.14	452.10	453.00	4073	4044	362.70	363.40	1191835
1995	60356.6	61339.9	1640.76	1667.43	494.50	502.50	5009	5046	392.43	398.90	1204855
1996	70779.6	71813.6	1924.04	1952.15	544.50	552.50	5813	5846	427.61	433.90	1217550
1997	78802.9	79715.0	2142.14	2166.93	596.60	603.50	6406	6420	463.75	469.10	1230075
1998	83817.6	85195.5	2278.46	2315.91	640.30	650.80	6749	6796	492.97	501.10	1241935
1999	89366.5	90564.4	2429.30	2461.86	691.40	700.70	7134	7159	527.72	534.80	1252735
2000	99066.1	100280.1	2692.96	2725.97	751.00	760.20	7846	7858	568.71	575.70	1262645
2001	109276.2	110863.1	2970.51	3013.65	811.80	823.60	8592	8622	610.31	619.10	1271850
2002	120480.4	121717.4	3275.08	3308.71	889.70	898.80	9410	9398	664.41	671.20	1280400
2003	136576.3	137422.0	3712.62	3735.61	982.90	989.00	10600	10542	729.45	734.00	1288400
2004	161415.4	161840.2	4387.84	4399.39	1086.20	1089.00	12454	12336	801.34	803.40	1296075
2005	185998.9	187318.9	5056.10	5091.99	1204.60	1213.10	14267	14185	883.47	889.70	1303720
2006	219028.5	219438.5	5953.96	5965.11	1364.90	1367.40	16707	16500	995.47	997.30	1311020
2007	270844.0	270232.3	7362.49	7345.86	1565.60	1562.00	20551	20169	1135.90	1133.30	1317885
2008	321500.5	319515.5	8739.51	8685.55	1723.40	1712.80	24271	23708	1243.99	1236.30	1324655
2009	348498.5	349081.4	9473.41	9489.26	1870.60	1873.80	26178	25608	1343.55	1345.80	1331260
2010	411265.2	413030.3	11179.63	11227.62	2064.20	2073.10	30744	30015	1475.46	1481.80	1337705
2011	484753.2	489300.6	13177.30	13300.91	2249.70	2270.80	36048	35181	1600.36	1615.40	1344130
2012	539116.5	540367.4	14655.08	14689.09	2443.60	2449.20	39914	40007	1729.85	1733.80	1350695
2013	590422.4	595244.4	16049.76	16180.84	2617.90	2639.20	43498	43853	1844.11	1859.10	1357380
2014	644791.1	643974.0	17527.69	17505.48	2835.40	2831.80	47263	47203	1987.23	1984.70	1364270
2015	686449.6	689052.1	18660.11	18730.86	3015.70	3027.20	50061	50251	2102.89	2110.70	1371220
2016	740598.7	743585.5	20132.08	20213.27	3217.60	3230.60	53758	53935	2231.56	2240.60	1378665
2017*	824828.4	827121.7	22421.74	22484.08	3442.50	3452.10	59111	59660	2374.23	2380.80	1386395
1979–2017平均（%）			14.89	14.90	9.50	9.51	13.78	13.83	8.46	8.47	0.96

注：*为初步数。

> **小贴士**
>
> 四项基本原则：必须坚持社会主义道路，必须坚持无产阶级专政，必须坚持共产党的领导，必须坚持马列主义、毛泽东思想。

文化为我所用，是为了赢得与资本主义相比较的优势，突出社会主义的优越性。特别是"在中国共产党领导下，立足基本国情，以经济建设为中心，坚持四项基本原则，坚持改革开放，解放和发展社会生产力，建设社会主义市场经济、社会主义民主政治、社会主义先进文化、社会主义和谐社会、社会主义生态文明"[1]等一系列战略目标的构建，擘画出中国建设社会主义现代化国家的宏伟蓝图。

无论从中国选择的道路、构建的理论体系、建立的制度来看，还是从党的路线、方针、政策看，都始终坚持科学社会主义原则不动摇。中国既没有一味激进，模仿资本主义发展模式，也没有对马克思主义采取教条式的态度，而是"始终坚持把马克思主义、科学社会主义基本原理同中国具体实践相结合，坚持实事求是，坚持在对世情国情党情充分认识的基础上，实践科学社会主义基本原则"[2]，把牢中国特色社会主义建设的正确方向。

> **原声再现** 🔊
>
> 社会主义并没有定于一尊、一成不变的套路，只有把科学社会主义基本原则同本国具体实际、历史文化传统、时代要求紧密结合起来，在实践中不断探索总结，才能把蓝图变为美好现实。
> ——2018年5月4日习近平总书记在纪念马克思诞辰200周年大会上的讲话

---

1 《习近平总书记系列重要讲话读本》，学习出版社、人民出版社2014年版，第15页。
2 《习近平新时代中国特色社会主义思想三十讲》，学习出版社2018年版，第27页。

（二）中国特色社会主义赋予科学社会主义鲜明的中国特色

中国特色社会主义，既坚持了科学社会主义基本原则，又根据时代条件赋予其鲜明的中国特色。中国共产党坚持用科学社会主义基本原则指导实践，使这些原理从理论变为现实，不仅体现出科学社会主义理论的生命力，而且彰显出中国特色社会主义的独特魅力。

当代中国的发展变革，既"不是简单延续我国历史文化的母版，不是简单套用马克思主义经典作家设想的模板，不是其他国家社会主义实践的再版，也不是国外现代化发展的翻版。社会主义并没有定于一尊、一成不变的套路，只有把科学社会主义基本原则同本国具体实际、历史文化传统、时代要求紧密结合起来，在实践中不断探索总结，才能把蓝图变为美好现实"[1]。面对经济全球化带来的合作与发展需要，中国特色社会主义坚持奉行互利共赢的合作战略，顺应时代发展大势，不断构建符合时代发展需要的新模式。社会主义建设，就是要以基本国情为出发点，同时要有宽广的视域和胸襟，把促进世界和平与发展作为自己的神圣职责，学习其他国家和地区的发展经验，大胆吸收借鉴人类社会创造的优秀成果，并将其融入自己的理论与制度当中。

"中国特色"，归根到底就是在坚持科学社会主义基本原则的基础上进行社会主义建设。中国特色社会主义道路、中国特色社会主义理论体系、中国特色社会主义制度、中国特色社会主义文化四者统一于中国特色社会主义伟大实践。建设中国特色社会主义是一项长期而艰巨的历史任务，我们必须时刻准备进行许多具有新的历史特点的伟大斗争，营造更加有利的建设氛围。中国特色社会主义代表了中国发展进步的根本方向。实践充分证明，只有中国特色社会主义才能发展中国，只有牢牢把握科学社会主义基本原则不动摇，才能使科学社会主义在当代中国呈现出鲜明的中国特色。

---

1 习近平：《在纪念马克思诞辰200周年大会上的讲话》，人民出版社2018年版，第26—27页。

二、坚定中国特色社会主义道路自信、理论自信、制度自信、文化自信

中国特色社会主义包含道路、理论、制度、文化不可或缺的内容。改革开放以来，我们取得一切成绩和进步的根本原因，归结起来就是：开辟了中国特色社会主义道路，形成了中国特色社会主义理论体系，确立了中国特色社会主义制度，发展了中国特色社会主义文化。中国特色社会主义道路是实现途径，中国特色社会主义理论体系是行动指南，中国特色社会主义制度是根本保障，中国特色社会主义文化是精神力量，四者统一于中国特色社会主义伟大实践。这是中国特色社会主义的根本标志，必须坚定道路自信、理论自信、制度自信、文化自信。

（一）中国特色社会主义道路是实现途径

道路问题是事关党的事业兴衰成败的首要问题，它关乎党的命脉、国家前途、民族命运和人民幸福。改革开放以来的40年，中国既发生了深刻的历史性变革，取得了巨大的历史性成就，又使得具有中国特色的社会主义道路行稳致远，向全方位迈进。可以说，改革开放的初心就是为社会主义寻找更加科学的道路与方向。

中国特色社会主义道路的发展并非一帆风顺，面对传统社会主义实践模式的攻击和西方资本主义发展道路的敌视，中国共产党依然坚定自己的立场和使命，坚持走适合中国国情的社会主义道路。面对国内外出现的新情况，中国共产党领导中国人民在这条道路上沉着应对，抓住机遇，快速发展，有效解决并化解了各种问题和挑战。特别是党的十八大以来，中国人民在以习近平同志为核心的党中央的领导下积极应对，在进行许多具有新的历史特点的伟大斗争中迎来了一个又一个的胜利。

方向决定道路，道路决定命运。中国特色社会主义道路既不是传统的，

也不是外来的，更不是西化的，它是由中国共产党人在实践中创造出来的，是一条中国特色社会主义的成功之路。坚持和发展中国特色社会主义，最重要的就是坚持走中国特色社会主义道路，它是实现社会主义现代化、创造人民美好生活的必由之路。

（二）中国特色社会主义理论体系是行动指南

中国特色社会主义理论体系是指导党和人民实现中华民族伟大复兴的正确理论，是立于时代前沿、与时俱进的科学理论。"是改革开放以来我们党推进马克思主义中国化所取得的理论创新成果，是党最可宝贵的政治和精神财富，是全国各族人民团结奋斗的共同思想基础"[1]，是中国人民进行中国特色社会主义建设的行动指南。

首先，中国特色社会主义理论体系同马克思列宁主义、毛泽东思想是坚持、发展和继承、创新的关系。中国人民在波澜壮阔的社会发展进程中选择了马克思列宁主义，把理论变为实践，解决了马克思列宁主义在中国落地生根的问题。此后中国共产党人领导中国人民进行了深入探索，在革命、建设和改革进程中不断推进马克思主义中国化，实现了马克思主义中国化的两次历史性飞跃，产生了两大理论成果：第一次历史性飞跃所产生的第一个重大理论成果就是毛泽东思想，它为在新时期进行中国特色社会主义建设起到了重要的推动作用；第二次历史性飞跃所产生的重大理论成果就是包括邓小平理论、"三个代表"重要思想、科学发展观、习近平新时代中国特色社会主义思想在内的科学的理论体系。实践证明，中国特色社会主义理论体系是建设和发展中国特色社会主义的理论原则与经验总结，它既实现了对马克思列宁主义、毛泽东思想的坚持和发展，也实现了对其的继承与创新。

其次，中国特色社会主义理论体系旨在解决改革开放和社会主义现代

---

[1] 参见《习近平新时代中国特色社会主义思想三十讲》，学习出版社2018年版，第24页。

化建设的实际问题，着眼于对实际问题的理论思考，着眼于新的实践和发展。中国特色社会主义理论体系是马克思主义中国化的最新成果，它紧扣中国社会发展实际需要，对中国特色社会主义道路践行中出现的问题和遇到的矛盾给予客观指导。这一理论体系贯穿着马克思列宁主义的思想精髓，对政治建设、经济建设、文化建设、社会建设、生态建设均作出了理论阐述。

中国特色社会主义理论体系扎根于改革开放和社会主义现代化建设的伟大实践当中，是真正符合全体中国人民根本利益、顺应当今世界和当代中国发展潮流的理论体系。总而言之，在当代中国，坚持习近平新时代中国特色社会主义思想，就是真正坚持中国特色社会主义理论体系，就是真正坚持马克思主义。

（三）中国特色社会主义制度是根本保障

中国特色社会主义制度，就是人民代表大会制度的根本政治制度，中国共产党领导的多党合作和政治协商制度、民族区域自治制度以及基层群众自治制度等基本政治制度，中国特色社会主义法律体系，公有制为主体、多种所有制经济共同发展的基本经济制度，以及建立在这些制度基础上的经济体制、政治体制、文化体制、社会体制等各项具体制度。它是当代中国发展进步的根本制度保障，是具有鲜明中国特色、明显制度优势、强大自我完善能力的先进制度。[1]

中国特色社会主义走过40年的发展历程，迸发出蓬勃生机和旺盛活力。究其原因，这一方面源于中国共产党团结带领中国人民开辟中国特色社会主义道路、形成中国特色社会主义理论体系，另一方面则源于在实践中探索并确立了符合中国实际、顺应时代潮流的中国特色社会主义制度。新中国成立后，中国共产党带领人民进行社会主义革命，确立了社会主义

---

[1] 参见习近平《在纪念红军长征胜利80周年大会上的讲话》，人民出版社2016年版，第13—14页。

基本制度，为当代中国的发展进步奠定了根本政治前提和制度基础。改革开放前，中国共产党领导中国人民在探索社会主义制度的过程中获得了重要的实践经验和理论成果，相继确立了人民民主专政制度、人民代表大会制度、多党合作和政治协商制度等多项符合中国国情的社会制度。但是，由于当时党和国家的领导制度与组织制度尚未健全，社会主义制度优势没有充分发挥出来，甚至出现了"文化大革命"的严重曲折，致使社会主义民主制度与法制制度建设受到严重影响。

改革开放以来，我国逐渐建立起一套系统完备、科学合理的具有中国特色的社会主义制度。它坚持把根本政治制度、基本政治制度同基本经济制度以及各方面体制机制等具体制度有机结合起来，坚持把国家层面民主制度同基层民主制度有机结合起来，坚持把党的领导、人民当家作主、依法治国有机结合起来。[1] 党的十八大以来，以习近平同志为核心的党中央以高度的政治勇气推进全面深化改革、全面依法治国、全面从严治党、全面建成小康社会，着力破除束缚中国特色社会主义道路发展的体制机制障碍，相继完善了涵盖政治、经济、文化、社会、生态文明等多领域的体制机制。特别是国家监察体制改革试点取得显著成效，"行政体制改革、司法体制改革、权力运行制约和监督体系建设有效实施"[2]，使得中国特色社会主义制度更加完善。

但是，我们也应当看到，中国特色社会主义制度还不是尽善尽美、成熟定型的。在其发展过程中，极易受到"全民民主""普世价值""纯粹民主"等错误观念的干扰。这就要求中国特色社会主义制度始终坚持立足基本国情，与时俱进发展，冲破固有制度壁垒，着力解决重点难点问题，在新的历史条件下，始终坚持创新与发展，从而构建"系统完备、科学规范、运行有效的制度体系"。与此同时，中国特色社会主义制度建设还应

---

[1] 参见《习近平总书记系列重要讲话读本》，人民出版社2014年版，第12页。
[2] 习近平：《决胜全面建成小康社会 夺取新时代中国特色社会主义伟大胜利——在中国共产党第十九次全国代表大会上的报告》，人民出版社2017年版，第4页。

> **原声再现** 🔊
>
> 完善我国监督体系，既要加强党内监督，又要加强国家监察。国家监察体制改革是事关全局的重大政治体制改革，是强化党和国家自我监督的重大决策部署。党的十九大对推进国家监察体制改革作出了重要部署。十三届全国人大一次会议审议通过了《中华人民共和国监察法》，设立国家监察委员会。监察委员会与党的纪律检查机关合署办公，代表党和国家行使监督权和监察权，履行纪检、监察两项职责，加强对所有行使公权力的公职人员进行监督，从而在我们党和国家形成巡视、派驻、监察三个全覆盖的统一的权力监督格局，形成发现问题、纠正偏差、惩治腐败的有效机制，为实现党和国家长治久安走出了一条中国特色监察道路。
>
> ——《习近平新时代中国特色社会主义思想三十讲》，学习出版社2018年版，第322—323页

放眼世界，"以我为主"，把世界各国制度之优势为我所用，为中国特色社会主义构建更加和谐的制度环境。

中国特色社会主义制度的确立和发展承续着中国共产党的初心，中国共产党始终坚持以人为本，切实保障人民群众的根本权益。它是对新民主主义制度的超越和突破，既合理借鉴了苏联社会主义制度的合理因素，又克服了苏联社会主义制度的弊端；既有别于资本主义国家实行的生产资料私有制，又厘清了民主社会主义制度与中国特色社会主义制度的本质区别，有效避免了民主社会主义在实践中产生的弊端。从根本上看，中国特色社会主义制度集中体现了中国特色社会主义的特点和优势，具有强大的自我完善能力，为当代中国发展进步提供了根本制度保障。

（四）中国特色社会主义先进文化是精神力量

中国特色社会主义先进文化积淀着中华民族最深层的精神追求，代表着中华民族独特的精神标识，是中国人民胜利前行的强大精神力量。中国特色社会主义先进文化是在中华优秀传统文化的积淀中孕育的，它实现了对中华优秀传统文化的创造性转化和创新性发展，熔铸于党领导人民在革命、建设、改革中创造的革命文化和社会主义先进文化。其中，中华优秀传统文化是中国人民的精神基因和精神命脉；中国共产党领导中国人民形成的革命文化，是中国人民宝贵的精神财富，是中华民族的精神之源；社会主义先进文化，则是具有中国特色的社会主义先进文化，在中国文化发展中起到引领性作用。

改革开放已走过 40 年的发展历程，中国人民在此过程中开辟了具有中国特色的社会主义道路，创造了中国奇迹，也为世界繁荣发展贡献了中国智慧和中国方案。既体现出中国特色社会主义建设取得的伟大成就，又充分证明了中国特色社会主义先进文化的活力与生命力，同时展现出中国特色社会主义先进文化的四个重要特征，即中国特色社会主义共同理想、以爱国主义为核心的民族精神和以改革创新为核心的时代精神、社会主义荣辱观、社会主义核心价值观，彰显出中国特色社会主义先进文化的内涵本质。可以说，中国特色社会主义先进文化植根于中国特色社会主义伟大实践当中，它既离不开中国共产党的有力领导，与文化强国战略的实施密不可分，同时又与社会主义建设的蓬勃发展息息相关。发展中国特色社会主义文化，就是要"以马克思主义为指导，坚守中华文化立场，立足当代中国现实，结合当今时代条件，发展面向现代化、面向世界、面向未来的，民族的科学的大众的社会主义文化，推动社会主义精神文明和物质文明协调发展"[1]。

中国特色社会主义先进文化是当代中国的主流文化，其独特的文化魅

---

[1] 习近平：《决胜全面建成小康社会 夺取新时代中国特色社会主义伟大胜利——在中国共产党第十九次全国代表大会上的报告》，人民出版社 2017 年版，第 41 页。

力不仅体现出中华民族精神的深层次追求，而且代表着中华民族独特的文化标识。从根本上看，中国特色社会主义先进文化为文化自信提供了源源不断的动力支撑，拓宽了文化自信的理论维度，为培育文化自信提供了重要保障。

中国特色社会主义的道路自信、理论自信、制度自信、文化自信，来源于实践、来源于人民、来源于真理。习近平总书记指出："当今世界，要说哪个政党、哪个国家、哪个民族能够自信的话，那中国共产党、中华人民共和国、中华民族是最有理由自信的。"坚定"四个自信"，我们就能毫无畏惧面对一切困难和挑战，就能坚定不移开辟新天地、创造新奇迹。

三、新时代继续坚持和发展中国特色社会主义

坚持和发展中国特色社会主义是一项长期而艰巨的历史任务，必须时刻准备进行具有许多新的历史特点的伟大斗争。习近平新时代中国特色社会主义思想以全新的视野深化了对共产党执政规律、社会主义建设规律和人类社会发展规律的认识，以理论和实践相结合的方式系统回答了新时代坚持和发展什么样的中国特色社会主义、怎样坚持和发展中国特色社会主义的时代课题，不断丰富中国特色社会主义的实践特色、理论特色、民族特色和时代特色。我们要以新思想为指路明灯，一以贯之地把新时代坚持和发展中国特色社会主义这场伟大社会革命进行下去。

把握历史方位，紧扣时代要求，着力提高党和国家事业发展水平。中国特色社会主义进入新时代，这就准确标定了中国特色社会主义航船前行的时代坐标。在新的历史起点上，要决胜全面建成小康社会、开启全面建设社会主义现代化国家新征程、实现中华民族伟大复兴的中国梦。这一系列广泛而深刻的社会变革、宏大而独特的实践创新，都需要我们审时度势，

咬定青山不放松，一步一个脚印，积小胜为大胜，不断开创马克思主义中国化新境界。必须顺时应势，身体和头脑一起进入新时代，全面提高战略思维、创新思维、辩证思维、法治思维、底线思维能力，增强工作的原则性、系统性、预见性、创造性，在百年未有大变局中抓住机遇，在砥砺奋进新时代中增强底气，以永不懈怠的精神状态和一往无前的奋斗姿态夺取新时代中国特色社会主义伟大胜利。

围绕主题主线，深入学习贯彻习近平新时代中国特色社会主义思想，着力提高全党马克思主义理论水平。恩格斯曾说："一个民族要站在科学的高峰，就一刻也不能没有理论的思维。"习近平新时代中国特色社会主义思想，是21世纪马克思主义、当代中国马克思主义，是党和人民艰辛理论探索的成果、创新创造的智慧结晶。要深入学习领会新思想，既原原本本、原汁原味，又要全面系统、及时跟进，多思多想、学深悟透，知其然更知其所以然。特别要注重联系十八大以来党和国家事业发生的历史性变革、取得的历史性成就，联系我们党领导革命、建设和改革的历史，联系中华民族5000年灿烂文化，联系世界社会主义发展史、人类社会发展史，善于运用"中国之治"和"西方之乱"的鲜明对照，深刻认识和领会新思想的时代意义、理论意义、实践意义、世界意义，深刻理解其核心要义、精神实质、丰富内涵、实践要求。还要结合新时代新实践，紧密结合思想和工作实际，把自己摆进去、把职责摆进去、把工作摆进去，做到学、思、用贯通，知、信、行统一，在自觉运用理论指导实践中，提高新时代坚持和发展中国特色社会主义的能力。

咬紧奋斗目标，决胜全面建成小康社会，着力提高社会主义现代化建设水平。全面建成小康社会是乘势而上，开启全面建设社会主义现代化国家的新征程的必经阶段。2020年全面建成小康社会，这是中国共产党向历史和人民作出的庄严承诺，是我们建党以来不懈追求的奋斗目标。"行百里者半九十"。全面建成小康社会已经到了一鼓作气、决战决胜的历史节点。必须举全党之力，尽锐出战、迎难而上，真抓实干、精准施策，紧

新时代中国特色社会主义思想的"八个明确"

2017年10月18日,中国共产党第十九次全国代表大会开幕,习近平代表第十八届中央委员会向党的十九大作报告,报告提出一系列新思想、新目标、新论断、新举措、新部署,习近平在报告中用"八个明确"对"新时代中国特色社会主义思想"进行了概述。

1. 明确坚持和发展中国特色社会主义,总任务是实现社会主义现代化和中华民族伟大复兴,在全面建成小康社会的基础上,分两步走在本世纪中叶建成富强民主文明和谐美丽的社会主义现代化强国;
2. 明确新时代我国社会主要矛盾是人民日益增长的美好生活需要和不平衡不充分的发展之间的矛盾,必须坚持以人民为中心的发展思想,不断促进人的全面发展、全体人民共同富裕;
3. 明确中国特色社会主义事业总体布局是"五位一体"、战略布局是"四个全面",强调坚定道路自信、理论自信、制度自信、文化自信;
4. 明确全面深化改革总目标是完善和发展中国特色社会主义制度、推进国家治理体系和治理能力现代化;
5. 明确全面推进依法治国总目标是建设中国特色社会主义法治体系、建设社会主义法治国家;
6. 明确党在新时代的强军目标是建设一支听党指挥、能打胜仗、作风优良的人民军队,把人民军队建设成为世界一流军队;
7. 明确中国特色大国外交要推动构建新型国际关系,推动构建人类命运共同体;
8. 明确中国特色社会主义最本质的特征是中国共产党领导,中国特色社会主义制度的最大优势是中国共产党领导,党是最高政治领导力量,提出新时代党的建设总要求,突出政治建设在党的建设中的重要地位。

扣我国社会主要矛盾变化，突出抓重点、补短板、强弱项，特别是打好防范化解重大风险、精准脱贫、污染防治三大攻坚战，使得全面小康得到人民认可、经得起历史检验。要切实按照党中央对经济建设、政治建设、文化建设、社会建设、生态文明建设等作出的部署，全面完成各项任务，推动经济社会持续健康发展，确保全面建成小康社会完美收官，在新的长征路上，奋力书写出恢宏的现代化壮美诗篇。

坚守第一动力，持续推进各领域各方面改革，着力提高国家治理体系和治理能力现代化。"明者因时而变，知者随事而制。"只有顺应历史潮流，积极应变，主动求变，才能与时代同行。改革永远在路上。新时代坚持和发展中国特色社会主义，根本动力仍然是全面深化改革。要不忘改革初心和使命，坚持以改革的原则立场和观点方法，去认识改革，认真总结好波澜壮阔、荡气回肠的改革经验，从中提取启迪后人、昭示未来的改革方案，继续在更高起点、更高层次、更高目标上推进改革，激荡起"将改革进行到底"的豪情壮志。要牢牢把握全面深化改革总目标，统筹推进各领域改革，不断推进理论创新、制度创新、科技创新、文化创新以及其他各方面创新，坚持解放思想，实事求是，进一步清除各种旧的思想观念障碍、攻克体制机制上的顽瘴痼疾和突破利益固化的藩篱，实现解放思想和改革开放相互激荡、观念创新和实践探索相互促进，为实现"两个一百年"奋斗目标、实现中华民族伟大复兴提供磅礴力量。

笃定根本立场，践行以人民为中心的发展思想，着力提高保障和改善民生水平。"民惟邦本，本固邦宁。"中国共产党人的初心和使命，就是为中国人民谋幸福，为中华民族谋复兴。新的历史条件下，不忘初心、继续前进，就是要深入践行以人民为中心的发展思想，始终把人民利益摆在至高无上的地位，做到改革发展为了人民、依靠人民、成果由人民共享，让人民生活更加幸福美满。改善民生只有进行时，没有完成时。要按照党的十九大提出的提高保障和改善民生水平的要求，坚持人人尽责、人人享有，坚守底线、突出重点、完善制度、引导预期，既尽力而为，又量力而行，抓住群众的操心事、烦心事努力加以解决，在幼有所育、学有所教、劳有所得、病有所医、老有所养、住有所居、弱有所扶上不断取得新进展，满足人民日益增长的美好生活需要，不断促进人的全面发展、全体人民共同富裕。

提供坚强保证，持续推动党的建设新的伟大工程，着力提高全面从严治党水平。党政军民学，东西南北中，党是领导一切的。新时代，党要带领人民进行伟大斗争、推进伟大事业、实现伟大梦想，必须坚定不移地建设伟大工程，推动全面从严治党向纵深发展，把党建设得更加坚强有力，使党始终成为走在时代前列、人民衷心拥护、勇于自我革命、经得起各种风浪考验、朝气蓬勃的马克思主义执政党。要以习近平新时代中国特色社会主义思想为指导，增强"四个意识"、坚定"四个自信"、做到"两个维护"，以永远在路上的坚韧和执着，不断提高党的建设质量和水平。要按照新时代党的建设总要求，以党的政治建设为统领全面推进党的建设，勇于直面自身存在的问题，以刮骨疗毒的决心和意志消除一切损害党的先进性和纯洁性的因素，始终保持党同人民群众的血肉联系，不断提高党的执政能力和领导水平，带领人民群众乘风破浪，胜利驶向光辉的彼岸。

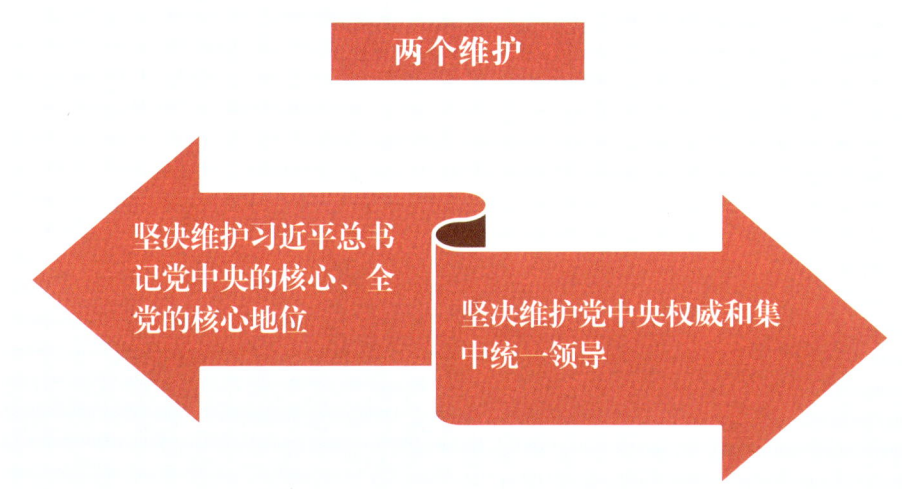

"芳林新叶催陈叶,流水前波让后波。"建设社会主义现代化强国,实现中华民族伟大复兴,是一场接力跑,我们要一棒接着一棒跑下去,每一代人都要为下一代人跑出一个好成绩。中国特色社会主义作为前无古人的开创性事业,前进道路不可能一帆风顺。面向未来,我们既不能因为中国特色社会主义建设取得的巨大成就而沾沾自喜、故步自封,也不能因为复杂多变的国际环境望而却步。我们必须改革创新、迎难而上,永远保持那样一股气和劲不能松,在实践中大胆探索、深化发展,把新时代坚持和发展中国特色社会主义这场伟大社会革命进行好,一以贯之地进行下去。

第四章

坚持以人民为中心的根本立场

习近平新时代中国特色社会主义思想，坚持以人民为中心，是写在近14亿中国人民心中的科学理论。"坚持以人民为中心，就是始终把人民立场作为根本立场，把为人民谋幸福作为根本使命，坚持全心全意为人民服务的根本宗旨，贯彻群众路线，尊重人民主体地位和首创精神，始终保持同人民群众的血肉联系，凝聚起众志成城的磅礴力量，团结带领人民共同创造历史伟业。"全党要深入学习领会坚持以人民为中心的根本立场，更加全面、深刻地理解习近平新时代中国特色社会主义思想，并贯彻到新时代经济社会发展各个方面。

一、把人民立场作为根本立场

坚持以人民为中心，把人民立场作为根本立场，深刻阐明了马克思主义最鲜明的品格，深刻阐明了"民心是最大的政治"，开辟了中国共产党执政理念、执政实践、执政价值的新境界。

（一）人民性是马克思主义最鲜明的品格

马克思主义是人民的理论。习近平总书记指出："马克思主义是人民的理论，第一次创立了人民实现自身解放的思想体系。"[1]"学习马克思，就要学习和实践马克思主义关于坚守人民立场的思想。"在马克思之前，社会上占统治地位的理论都是为统治阶级服务的。马克思主义第一次站在人民的立场探求人类自由解放的道路。马克思主义之所以具有跨越国度、跨越时代的影响力，就是因为它植根于人民之中，指明了依靠人民推动历史前进的人间正道。马克思早在高中毕业作文《青年在选择职业时的考虑》中就写道："如果我们选择了最能为人类而工作的职业，那么，重担就不能把我们压倒，因为这是为大家作出的牺牲；那时我们所享受的就不是可怜的、有限的、自私的乐趣，我们的幸福将属于千百万人，我们的事业将悄然无声地存在下去，但是它会永远发挥作用，而面对我们的骨灰，高尚的人们将洒下热泪。"[2]马克思一生饱尝颠沛流离的艰辛、贫病交加的煎熬，但他初心不改、矢志不渝，为人类解放的崇高理想而不懈奋斗，成就了伟大人生。[3]

马克思主义具有坚守人民立场的鲜明价值取向。"马克思主义理论主要包括马克思主义哲学、马克思主义政治经济学和科学社会主义，这三个

---

[1] 习近平：《在纪念马克思诞辰200周年大会上的讲话》，载《人民日报》2018年5月5日第1版。
[2] 《马克思恩格斯全集》第40卷，人民出版社1974年版，第7页。
[3] 参见习近平《在纪念马克思诞辰200周年大会上的讲话》，载《人民日报》2018年5月5日第1版。

组成部分都具有坚守人民立场的鲜明价值取向。"[1]马克思主义哲学揭示了劳动实践对理解全部社会发展史的根本意义，确认人民群众是社会物质财富和精神财富的创造者，是社会变革的决定力量。马克思主义政治经济学揭露资本主义生产榨取工人剩余价值、追求资本增值的本质。在唯物史观和剩余价值学说的基础上，科学社会主义理论强调资本主义的基本矛盾及它造成的工业进步必然生产出它自身的掘墓人——无产阶级，认定无产阶级必然能建立自己的统治，实现全人类解放。为了改变人民受剥削、受压迫的命运，马克思义无反顾地投身轰轰烈烈的工人运动，始终站在革命斗争最前沿。正如习近平总书记所指出："马克思毕生的使命就是为人民解放而奋斗。"

为人民谋利益是马克思主义中国化进程的不懈追求。在马克思主义同中国工人运动相结合的过程中，中国共产党应运而生。在革命战争时期，中国共产党在人民的支持下实现了发展壮大，最终赢得了人民政权，建立了中华人民共和国，实现了中国从几千年封建专制政治向人民民主的伟大飞跃。在社会主义建设时期，中国共产党团结带领人民，完成了中华民族有史以来最为广泛深刻的社会变革，为当代中国一切发展进步奠定了根本政治前提和制度基础，实现了中华民族由近代不断衰落到根本扭转命运、持续走向繁荣富强的伟大飞跃。在改革开放和社会主义现代化建设时期，中国共产党合乎时代潮流、顺应人民意愿，团结带领人民进行改革开放新的伟大革命，破除阻碍国家和民族发展的一切思想和体制障碍，开辟了中国特色社会主义道路，使中国大踏步赶上时代。党的十八大以来，中国共产党坚持以人民为中心，解决了许多长期想解决而没有解决的难题，办成了许多过去想办而没有办成的大事，推动党和国家事业发生历史性变革，中国特色社会主义进入了新时代。

---

[1] 习近平:《在纪念马克思诞辰200周年大会上的讲话》，载《人民日报》2018年5月5日第1版。

（二）民心是最大的政治

习近平总书记指出："加强党的政治建设，要紧扣民心这个最大的政治，把赢得民心民意、汇集民智民力作为重要着力点。"

人心向背关系党的生死存亡。"得民心者得天下，失民心者失天下。人民拥护和支持是党执政的最牢固根基。人心向背关系党的生死存亡。"[1]中国历代王朝从建立到强盛再到衰败的历史，以无可辩驳的事实证明：一个政权的命运，不是由统治者掌控，而是由民心来决定的。习近平总书记指出："失去了人民拥护和支持，党的事业和工作就无从谈起。"[2] 2013年11月，习近平总书记在山东菏泽考察时，给市、县委书记们念了一副对联："得一官不荣，失一官不辱，勿道一官无用，地方全靠一官；穿百姓之衣，吃百姓之饭，莫以百姓可欺，自己也是百姓。"对各级党员干部来讲，这既是勉励也是告诫。

领导干部要把"民心是最大的政治"当回事。习近平总书记指出："社情民意是观察政治的晴雨表。"[3]我们党的最大政治优势是密切联系群众，党执政后的最大危险是脱离群众。当前，仍有一些地方、部门、单位的领导干部，有的搞雁过拔毛，挖空心思虚报冒领、克扣甚至侵占惠农专项资金、扶贫资金；有的高高在上，漠视群众疾苦，形式主义、官僚主义严重；有的执法不公，甚至成为家族势力、黑恶势力的代言人，横行乡里、欺压百姓。习近平总书记指出："这种行为损害的是老百姓切身利益，啃食的是群众获得感，挥霍的是基层群众对党的信任。"[4]焦裕禄、杨善洲、孔繁森、沈浩、郭明义、牛玉儒、吴天来等时代先锋人物，为我们诠释了"民心是最大的政治"的真谛，值得全党同志认真对照学习。

---

[1]《十八大以来重要文献选编》（上），中央文献出版社2014年版，第310页。
[2]《十八大以来重要文献选编》（上），中央文献出版社2014年版，第309页。
[3]《习近平关于全面从严治党论述摘编》，中央文献出版社2016年版，第190页。
[4]《习近平关于全面从严治党论述摘编》，中央文献出版社2016年版，第193—194页。

二、把为人民谋幸福作为根本使命

"为什么人的问题,是检验一个政党、一个政权性质的试金石。"[1] 坚持以人民为中心,把为人民谋幸福作为根本使命,与时俱进地回答了"为了谁""依靠谁""由谁评判""由谁享有"等事关发展方向和全局的根本问题,确立了人民在经济社会发展中的核心地位。

(一)人民对美好生活的向往就是我们的奋斗目标

我们的一切工作都是为了人民。习近平总书记指出:"为人民谋幸福,是中国共产党人的初心。我们要时刻不忘这个初心,永远把人民对美好生活的向往作为奋斗目标。"

共产党就是为人民谋幸福的。党的十九大报告指出:"中国共产党人的初心和使命,就是为中国人民谋幸福、为中华民族谋复兴。"我们干革命、搞建设、抓改革,都是为了让人民过上幸福生活。习近平总书记强调,毛泽东同志要求全党同志必须全心全意为人民服务,邓小平同志要求我们做工作必须考虑群众拥护不拥护、赞成不赞成、高兴不高兴、答应不答应,江泽民同志提出我们党要代表中国最广大人民根本利益,胡锦涛同志提出必须把实现好、维护好、发展好最广大人民根本利益作为一切工作的出发点和落脚点,我们这一届党中央明确提出"人民对美好生活的向往,就是我们的奋斗目标",是一以贯之的。全党同志一定要不忘初心、继续前进,永远铭记为民族独立、人民解放抛头颅洒热血的革命先辈,永远保持中国共产党人的奋斗精神,永远保持对人民的赤子之心,努力为人民创造更美好、更幸福的生活。

带领人民创造美好生活。党的十九大报告,200多次提到"人民",

---

[1] 习近平:《决胜全面建成小康社会 夺取新时代中国特色社会主义伟大胜利——在中国共产党第十九次全国代表大会上的报告》,人民出版社2017年版,第44页。

3次强调"人的全面发展",4次提出"以人民为中心"。对于中国共产党来说,无论走过多长的路,无论走到多远的未来,全部奋斗的根本目的,就是带领人民创造美好生活。习近平总书记指出,实现中华民族伟大复兴,不是哪一个人、哪一部分人的梦想,不是成就哪一个人、哪一部分人,而是造福全体人民。马克思曾说,"历史承认那些为共同目标劳动因而自己变得高尚的人是伟大人物;经验赞美那些为大多数人带来幸福的人是最幸福的人"。党的十九大以来,中国特色社会主义各项事业取得新的巨大进步,从科技创新到脱贫攻坚,从军队建设到依法治国,千千万万的奋斗者用自己的智慧和汗水,浇灌着一个民族的成就感和获得感,点滴创造着人民的幸福生活,也定义着各级党员干部和广大人民群众自身的价值与成就。

千方百计为群众排忧解难。"共产党就是为人民谋幸福的,人民群众什么方面感觉不幸福、不快乐、不满意,我们就在哪方面下功夫,千方百计为群众排忧解难。"何为美好生活?答案写在群众脸上,密码藏在老百姓心里。发展的核心要义,就是要找到这些答案,解开这些密码。习近平总书记指出:"能否坚持求真务实,为人民群众真心诚意办实事,坚持不懈做好事,尽心竭力解难事,与领导干部的政绩观、发展观是否正确、是否科学有密切关系。"坚持以人民为中心,要把人民群众的难点痛点作为工作的关键点和着力点,想群众之所忧,急群众之所难,谋群众之所需,从人民最关心最直接最现实的利益问题入手,抓住最需要关心的人群,聚焦群众的操心事、烦心事,实实在在为群众解难事、办好事。

(二)依靠人民创造历史伟业

我们一切工作都要依靠人民。习近平总书记指出:"人民是历史的创造者,人民是真正的英雄。波澜壮阔的中华民族发展史是中国人民书写的!博大精深的中华文明是中国人民创造的!历久弥新的中华民族精神是中国人民培育的!中华民族迎来了从站起来、富起来到强起来的伟大飞跃是中国人民奋斗出来的!"[1]

中国人民是伟大的人民。中国人民在长期奋斗中培育、继承、发展起来的伟大民族精神,为中国发展和人类文明进步提供了强大精神动力。习近平总书记指出:"中国人民是具有伟大创造精神的人民、伟大奋斗精神的人民、伟大团结精神的人民、伟大梦想精神的人民。"[2]全党同志尤其是各级领导干部要深刻认识到,有这样伟大的人民,有这样伟大的民族,有这样伟大的民族精神,是我们的骄傲,是我们坚定"四个自信"的底气,也是我们风雨无阻、高歌前进的根本力量。只要近14亿中国人民始终发扬这种伟大的民族精神,我们就一定能够创造出一个又一个人间奇迹,就一定能够达到创造人民更加美好生活的宏伟目标,就一定能够形成勇往直前、无坚不摧的强大力量,就一定能够实现中华民族伟大复兴。

坚持人民主体地位。习近平总书记指出:"人民是创造历史的动力,我们共产党人任何时候都不要忘记这个历史唯物主义最基本的道理。"我国是工人阶级领导的、以工农联盟为基础的人民民主专政的社会主义国家,国家一切权力属于人民。党的十八大以来,我们坚持人民是实现中国梦的主体,是中国梦的创造者和享有者。习近平总书记强调,无论遇到任何困难和挑战,只要有人民支持和参与,就没有克服不了的困难,就没有越不过的坎。我们必须始终坚持人民主体地位,虚心向人民学习,倾听人民呼声,汲取人民智慧。

尊重人民首创精神。我们党发展壮大的一条重要经验,就是始终把群众作为智慧和力量的源泉,始终把政治智慧的增长、执政本领的增强深深扎根于人民的创造性实践中。历史和人民选择了中国共产党、选择了社会主义,人民开创了中国特色社会主义伟大事业。改革开放在认识和实践上

---

1 《习近平在第十三届全国人民代表大会第一次会议上的讲话》,载《人民日报》2018年3月21日第2版。
2 《习近平在第十三届全国人民代表大会第一次会议上的讲话》,载《人民日报》2018年3月21日第2版。

的每一次突破和发展，改革开放每一个新生事物的产生和发展，改革开放每一方面经验的创造和积累，无不来自亿万人民的实践和智慧。"要全面调动人的积极性、主动性、创造性，为各行业各方面的劳动者、企业家、创新人才、各级干部创造发挥作用的舞台和环境。"[1] 正如习近平总书记所指出的："在人民面前，我们永远是小学生，必须自觉拜人民为师，向能者求教，向智者问策；必须充分尊重人民所表达的意愿、所创造的经验、所拥有的权利、所发挥的作用。"

原声再现

> 人民是历史的创造者，是决定党和国家前途命运的根本力量。必须坚持人民主体地位，坚持立党为公、执政为民，践行全心全意为人民服务的根本宗旨，把党的群众路线贯彻到治国理政全部活动之中，把人民对美好生活的向往作为奋斗目标，依靠人民创造历史伟业。
> ——2017年10月18日习近平总书记在中国共产党第十九次全国代表大会上的报告

（三）人民是阅卷人

我们一切工作都要由人民评判。习近平总书记指出："时代是出卷人，我们是答卷人，人民是阅卷人。"坚持以人民为中心，要求我们一切工作都要坚持群众标准、经得起群众检验。

人民是最高评判者和最终评判者。"知政失者在草野。"我们党的执政水平和执政成效都不是由自己说了算的，必须而且只能由人民来评判。党面临新的时代考验，世界处于百年未有之大变局，安全稳定是人心所向，合作共赢是大势所趋，但单边主义、保护主义愈演愈烈，世界不稳定性和

---

[1]《习近平关于社会主义经济建设论述摘编》，中央文献出版社2017年版，第41页。

不确定性增加；我国经济运行面临一些新问题新挑战，社会主要矛盾的变化对党和国家工作提出了许多新要求，"三大攻坚战"任务艰巨。面对新的时代问卷，我们必须担当作为、认真答卷。无论是全面深化改革，还是制定政策、出台规定，评选评比、考核表彰，都要注重群众评价，增强群众的话语权、评判权，不能关起门来搞自我评价、自我认可。习近平总书记多次指出，如果只实现了增长目标，而解决好人民群众普遍关心的突出问题没有进展，即使到时候我们宣布全面建成了小康社会，人民群众也不会认同。坚持由人民来评判，群众拥护什么就鼓励什么，群众期盼什么就做好什么，群众反对什么就纠正什么，不能走过场，要有约束力。

一切工作经得起群众检验。以习近平同志为核心的党中央，始终把改善人民生活、增进人民福祉置于重中之重的位置。为了更好服务人民，我们深化党和国家机构改革；为了实现"小康路上一个都不能掉队"目标，我们坚决打好脱贫攻坚战这场硬仗；为了解决发展不平衡不充分问题，我们大力推动高质量发展……一项项利民措施精准落地，一系列改革任务加速推进，我们党始终同人民想在一起、干在一起，推动党和国家事业朝着满足人民日益增长的美好生活需要的目标迈进。习近平总书记多次要求，"要把是否促进经济社会发展、是否给人民群众带来实实在在的获得感，作为改革成效的评价标准"。他强调，"政策好不好，要看乡亲们是哭还是笑"。

（四）朝着实现全体人民共同富裕不断迈进

我们的一切成果都要由人民共享。全面建成小康社会，一个不能少；共同富裕路上，一个不能掉队。这是我们党作出的庄严承诺。

共同富裕是中国共产党矢志不渝的奋斗目标。孔子说："不患寡而患不均，不患贫而患不安。"孟子说："老吾老以及人之老，幼吾幼以及人之幼。"《礼记·礼运》具体而生动地描绘了"小康"社会和"大同"社会的状态。按照马克思、恩格斯的构想，共产主义社会将彻底消除阶级之间、城乡之间、脑力劳动和体力劳动之间的对立与差别，实行各尽所能、按需分配，真正实现社会共享，实现每个人自由而全面的发展。在革命、建设和改革的各个历史时期，我们党为实现人民幸福、迈向共同富裕而不懈奋斗，取得了令人瞩目的伟大成就。党的十八大以来，我们党把实现人民幸福作为发展的根本目的和归宿，努力使发展成果更多更公平惠及全体人民，不断朝着全体人民共同富裕的目标前进。正如习近平总书记所指出的："经过艰苦奋斗，我国人民生活质量和社会共享水平显著提高，这是了不起的成就。"

逐步实现全体人民共同富裕是新时代中国特色社会主义的一个鲜明特征。我们党领导人民全面建成小康社会、进行改革开放和社会主义现代化建设的根本目的，就是要通过发展社会生产力，不断提高人民物质文化生活水平，促进人的全面发展。习近平总书记强调："我们追求的发展是造福人民的发展，我们追求的富裕是全体人民共同富裕。"[1] 改革开放以来，我国实现了 7.4 亿农村贫困人口成功脱贫。党的十八大以来，6000 多万贫困人口稳定脱贫，中国人民的生活从短缺走向充裕、从贫困走向小康，创造了大幅减少贫困、推动消除绝对贫困的历史奇迹。党的十九大提出，在全面建成小康社会的基础上，分两步走，到本世纪中叶把我国建设成为富强民主文明和谐美丽的社会主义现代化强国。这一战略安排，体现了我国发展量的提升和质的飞跃的统一，体现了我们党为实现全体人民共同富裕作出的重大战略决策，对新时代坚持和发展中国特色社会主义必将产生重大和深远的影响，必将不断开辟中国共产党为人民谋幸福的新境界。

---

[1]《中共中央召开党外人士座谈会，习近平主持并发表重要讲话》，载《人民日报》2015 年 10 月 31 日第 1 版。

我国脱贫攻坚取得决定性进展

实现共同富裕的基本目标需要一个漫长的历史过程,需要不断地落实。我们不能做超越阶段的事情,但不是说在逐步实现共同富裕方面就无所作为,而是要根据现有条件把能做的事情尽量做起来,积小胜为大胜,不断朝着全体人民共同富裕的目标前进。

紧扣新时代我国社会主要矛盾的新变化,自觉用新发展理念统领发展全局,着力破解发展不平衡不充分问题,不断满足人民日益增长的美好生活需要。新时代我国社会主要矛盾的变化是关系全局的历史性变化,对党和国家工作提出了许多新要求。习近平总书记强调,党员干部特别是领导干部要提高贯彻新发展理念的能力和水平,成为领导经济社会发展的行家里手,把新发展理念融入建设现代化经济体系之中,全面创新发展机制、重塑发展生态,在增强发展的整体性、协调性、平衡性、包容性等方面破解难题、建设机制,使各项改革举措落地生根,使人民的获得感、幸福感、安全感更加充实、更有保障、更可持续。

在全民共享、全面共享、共建共享、渐进共享中,不断实现好、维护好、发展好最广大人民的根本利益。习近平总书记指出:"共享理念实质就是坚持以人民为中心的发展思想,体现的是逐步实现共同富裕的要求。"

共享发展包括全民共享、全面共享、共建共享、渐进共享四个方面，相互贯通，要整体理解和把握。一口吃不成胖子，共享发展必将是一个从低级到高级、从不均衡到均衡的过程，即使达到很高的水平也会有差别。习近平总书记指出："我们要立足国情、立足经济社会发展水平来思考设计共享政策。"

大力弘扬"幸福都是奋斗出来的"理念，鼓励人民群众艰苦奋斗、勤劳致富、守法经营，通过自身努力创造美好生活。习近平总书记指出，"中华民族伟大复兴，绝不是轻轻松松、敲锣打鼓就能实现的。全党必须准备付出更为艰巨、更为艰苦的努力。"实现共同富裕，最终要靠全体人民辛勤劳动。人世间的美好梦想，只有通过诚实劳动才能实现；发展中的各种难题，只有通过诚实劳动才能破解；生命中的一切辉煌，只有通过诚实劳动才能铸就。必须牢固树立劳动最光荣的观念，让全体人民进一步焕发劳动热情、释放创新潜能，依靠辛勤劳动、诚实劳动、创造性劳动开创更加美好的生活。

三、践行全心全意为人民服务的根本宗旨

习近平总书记指出，"全心全意为人民服务，是我们党一切行动的根本出发点和落脚点，是我们党区别于其他一切政党的根本标志。"[1]

（一）永远保持对人民的赤子之心

"我们要永远保持建党时中国共产党人的奋斗精神，永远保持对人民的赤子之心。"在纪念中国共产党成立95周年重要讲话中，习近平总书记始终强调"赤子之心"，不断提醒全党要"不忘初心，继续前进"。中

---

[1]《十八大以来重要文献选编》（上），中央文献出版社2014年版，第697—698页。

中国共产党人的初心和使命

不忘初心·牢记使命

★ 不忘初心·方得始终 ★

中国共产党人的初心和使命，就是为中国人民谋幸福，为中华民族谋复兴。这个初心和使命是激励中国共产党人不断前进的根本动力。全党同志一定要永远与人民同呼吸、共命运、心连心，永远把人民对美好生活的向往作为奋斗目标，以永不懈怠的精神状态和一往无前的奋斗姿态，继续朝着实现中华民族伟大复兴的宏伟目标奋勇前进。

国共产党作为伟大的马克思主义政党，其对人民的赤子之心，是在历史中诞生，在历史中培育，在历史中锤炼的。

热爱人民。中国共产党的诞生与成长，秉持一颗救国家人民于水火的赤子之心。习近平总书记指出："对人民，要爱得真挚、爱得彻底、爱得持久，就要深深懂得人民是历史创造者的道理。"要解决好"为了谁、依靠谁、我是谁"的问题，拆除"心"的围墙，不仅要"身入"，更要"心入""情入"。习近平总书记心中时刻牵挂的，正是最广大的人民群众。在一次次基层调研中，习近平总书记都率先垂范，无论是对困难群众的关怀，还是对青年学子的期望，体现的是总书记的人民情怀，在细微处展示着领导干部应该如何亲民、爱民，为民着想，敬畏人民。

始终把人民放在心中最高位置。1949年3月23日上午，党中央从西柏坡动身前往北京时，毛泽东同志说："今天是进京赶考的日子。"70年的实践证明，我们党在这场历史性考试中取得了优异成绩。习近平总书记指出："这场考试还没有结束，还在继续。今天，我们党团结带领人民所做的一切工作，就是这场考试的继续。"[1] 而这场考试的考官，仍然是

---

1 习近平：《在庆祝中国共产党成立95周年大会上的讲话》，载《人民日报》2016年7月2日第2版。

人民群众。只有真正对人民和人民赋予的权力心存敬畏，我们党才能摆脱脱离群众的危险，始终走在时代前列，始终成为中国特色社会主义事业的坚强领导核心。

为民担当。习近平总书记指出，全国各族人民的期望，是对我们做好工作的巨大鼓舞，也是我们肩上的重大责任。担当是共产党人的优秀品质，我们共产党人的忧患意识，就是忧党、忧国、忧民意识，这是一种责任，更是一种担当。担当是人民的期望，"敢于担当责任，勇于直面矛盾，善于解决问题，努力创造经得起实践、人民、历史检验的实绩。"担当给人民以信心，广大党员干部必须忠诚敬业、锐意进取、勇于创新、乐于奉献，努力作出无愧于时代、无愧于人民、无愧于历史的业绩。全党同志特别是各级领导干部要始终坚持"两个务必"，不安于现状、盲目乐观，不囿于眼前、轻视长远，不掩盖矛盾、回避问题，不贪图享受、攀比阔气，自觉为党和人民不懈奋斗。

（二）始终保持党同人民的血肉联系

始终保持党同人民群众的血肉联系，是我们党的制胜法宝，是加强和规范党内政治生活的根本要求。党的十九大报告指出："增强群众观念和群众感情，不断厚植党执政的群众基石。"习近平总书记指出："只要我们党把自身建设好、建设强，确保党始终同人民想在一起、干在一起，就一定能够引领承载着中国人民伟大梦想的航船破浪前进，胜利驶向光辉的彼岸！"

在实践中增进对人民群众的感情。习近平总书记在不同层级、不同地域，多层次接触群众、接触各种不同的群众，增进了对人民群众的感情。他曾多次回顾："上山下乡的经历，使我增进了对基层群众的感情。对于我们共产党人来说，老百姓是我们的衣食父母，我们必须牢记全心全意为人民服务的宗旨。"血肉联系不是凭空而来的，也不是仅靠理论学习就能产生的，党员干部必须在具体实践中培养和增进对人民的深厚感情，志愿做人民的知心人和贴心人。

把做好群众工作作为重要职责。习近平总书记指出，是否重视群众工作，是否善于做群众工作，是衡量领导干部政治上是否合格、工作上是否称职、领导能力强不强的一个基本标准。有的党员领导干部不想、不会同群众打交道，遇事躲着群众、瞒着群众；有的口头上说是穷苦家庭出身，是党和人民培养了自己，心里却想的是当了干部要享受做官的尊荣，摆起架子来比谁都大。凡此种种，根源都在于从政治立场和思想感情上弄不清"我是谁、为了谁、依靠谁"。在改革发展稳定各项工作中，党员干部想作为、敢作为、能作为，不可避免会遇到很多新问题新挑战。习近平总书记指出："做群众工作要注意换位思考，设身处地为群众着想。只有将心比心，才能换取真心，才能找到解决问题、推动工作的良策。"广大党员干部要弯下腰去联系群众，深入基层调查研究，不断提高凝聚群众、服务群众本领，多干群众急需的事，多干群众受益的事，多干打基础的事，多干长远起作用的事，扎扎实实把改革开放和现代化建设推向前进，在办实事、解难事中赢得群众信赖。

小贴士

《习近平的七年知青岁月》是由中央党校出版社出版的系列访谈实录。这组系列访谈，通过29位受访者讲述自己当年亲身经历的往事，用真实的历史细节再现了习近平总书记1969年1月至1975年10月在陕北黄土高原七年知青岁月的艰苦生活和成长历程。这部书，是当代青年树立正确人生观、励志成才的鲜活教材，是党员干部锤炼党性、提升素质的生动范本，对于深刻理解和认真贯彻习近平总书记新时代中国特色社会主义思想具有重要意义。

（三）把群众路线融入经济社会发展全过程

群众路线始终是党的生命线和根本工作路线，是我们党永葆青春活力和战斗力的重要传家宝。习近平总书记指出，以人民为中心的发展思想，不是一个抽象的、玄奥的概念，不能只停留在口头上、止步于思想环节，而要体现在经济社会发展各个环节。

在经济建设方面要贯彻新发展理念。解放和发展社会生产力，是社会主义的本质要求。不断提高人民生活水平，必须坚定不移把发展作为党执政兴国的第一要务，坚持解放和发展社会生产力，坚持社会主义市场经济改革方向。要聚焦影响人民生活水平提高的各方面、各环节，深化供给侧结构性改革，加快建设创新型国家，实施乡村振兴战略和区域协调发展战略，加快完善社会主义市场经济体制，推动形成全面开放新格局，激发全社会创造力和发展活力，努力实现更高质量、更有效率、更加公平、更可持续的发展。

在政治建设方面要健全人民当家作主制度体系。中国特色社会主义政治发展道路，是近代以来中国人民长期奋斗历史逻辑、理论逻辑、实践逻辑的必然结果，是坚持党的本质属性、践行党的根本宗旨的必然要求。要坚持党的领导、人民当家作主、依法治国有机统一，加强人民当家作主制度保障，发挥社会主义协商民主重要作用，深化依法治国实践，深化机构和行政体制改革，巩固和发展爱国统一战线。要积极稳妥推进政治体制改革，推进社会主义民主政治制度化、规范化、程序化，保证人民依法通过各种途径和形式管理国家事务，管理经济文化事业，管理社会事务，巩固和发展生动活泼、安定团结的政治局面。

在文化建设方面要坚持为人民服务、为社会主义服务。文化兴国运兴，文化强民族强。必须推进马克思主义中国化时代化大众化，建设具有强大凝聚力和引领力的社会主义意识形态，使全体人民在理想信念、价值理念、道德观念上紧紧团结在一起。要培育和践行社会主义核心价值观，提高人民思想觉悟、道德水平、文明素养，繁荣发展社会主义文艺，推动文化事业和文化产业发展，提供丰富的精神食粮，满足人民过上美好生活的新期待。

在社会建设方面要抓住人民最关心最直接最现实的利益问题。坚持把人民群众的小事当作自己的大事，从人民群众关心的事情做起，从让人民群众满意的事情做起。优先发展教育事业，办好人民满意的教育，提高就业质量和人民收入水平，加强社会保障体系建设，坚决打赢脱贫攻坚战，实施健康中国战略，打造共建共治共享的社会治理格局，有效维护国家安全，使人民获得感、幸福感、安全感更加充实、更有保障、更可持续。

在生态文明建设方面要坚持人与自然和谐共生。我们既要更多物质财富和精神财富以满足人民日益增长的美好生活需要，也要提供更多优质生态产品以满足人民日益增长的优美生态环境需要。要推进绿色发展，着力解决环境突出问题，加大生态系统保护力度，改革生态环境监管体制，坚定走生产发展、生活富裕、生态良好的文明发展道路。

第五章

决胜全面建成小康社会，开启社会主义现代化国家新征程

★

　　决胜全面建成小康社会、开启社会主义现代化国家新征程，是党的十九大报告为未来中国经济社会发展所设定的奋斗目标。"改革开放之后，我们党对我国社会主义现代化建设作出战略安排，提出'三步走'战略目标。解决人民温饱问题、人民生活总体上达到小康水平这两个目标已提前实现。在这个基础上，我们党提出，到建党一百年时建成经济更加发展、民主更加健全、科教更加进步、文化更加繁荣、社会更加和谐、人民生活更加殷实的小康社会，然后再奋斗三十年，到新中国成立一百年时，基本实现现代化，把我国建成社会主义现代化国家。"到建党一百周年时，完成全面建设小康社会的任务；到新中国成立一百周年时，基本实现现代化，把我国建设成为社会主义现代化国家。这就是"两个一百年"的奋斗目标。

一、决胜全面建成小康社会

决胜全面建成小康社会,是以习近平同志为核心的党中央对全党、全国各族人民所作出的历史性庄严承诺,是中国共产党为人民服务价值理念与精神风范的集中彰显。全面建成小康社会的庄严承诺,既是对改革开放以来中国共产党建设小康社会初心的继承,更是在党的十八大以来中国社会发展巨大历史性变革与成就基础上所作出的进一步推进与发展。当前历史条件下,全面建成小康社会具有极其丰富的内涵,同时决胜全面建成小康社会也遇到了诸多新情况与新特征,"既要坚定必胜的信心,又要激励攻坚克难的斗志,靠苦干实干,如期高质量全面建成小康社会,为开启全面建设社会主义现代化国家新征程奠定坚实基础。"[1]

(一)从建设小康社会到全面建成小康社会

习近平总书记曾明确指出,全面建成小康社会,"既深深体现了今天中国人的理想,也深深反映了我们先人们不懈追求进步的光荣传统"[2]。在改革开放初期,邓小平最早使用"小康"一词来诠释中国共产党人的奋斗目标,运用"小康社会"来表达中国式现代化的道路。他在1979年12月6日会见日本首相大平正芳时的谈话中指出,中国要实现的四个现代化与日本的现代化概念不同,而是"小康之家"。"到本世纪末,中国的四个现代化即使达到了某种目标,我们的国民生产总值人均水平还是很低的。要达到第三世界中比较富裕一点的国家的水平,比如国民生产总值人均一千美元,也还得付出很大的努力。就算达到那样的水平,同西方来比,也还是落后的。所以,我只能说,中国到那时也还是一个小康的状态。"[3]

---

[1]《习近平新时代中国特色社会主义思想三十讲》,学习出版社2018年版,第115页。
[2]《十八大以来重要文献选编》(上),中央文献出版社2014年版,第234页。
[3]《邓小平文选》第2卷,人民出版社1994年版,第237页。

可以说，使用小康这个概念来描绘中国未来社会发展目标，既符合中国社会历史发展的具体实际，而且也容易得到中国最广大人民群众的支持与理解。[1]从此以后，建设小康社会成为中国共产党推动中国特色社会主义事业前进与发展的重要目标，成为中国共产党向全党、全国各族人民所作出的庄严承诺。

一方面，"建成"一词表达了一种基于现实实践基础之上的理论自信心态。如果说，"建设"在时态上更多是一种进行时的话，那么，"建成"更多是一种完成时的状态。"建设"表达了我们对于未来奋斗目标的一种期盼，小康社会目标的实现需要经过不断努力才能一步步加以推进；"建成"则是立足于当前实践经验与成就的基础，对于小康社会目标的实现表达了一种必然性，这是新时代中国特色社会主义自信的充分彰显。党的十八大以来，在以习近平同志为核心的党中央的坚强领导下，中国特色社会主义事业取得了前所未有的历史性变革与历史性成就，"我们党以巨大的政治勇气和强烈的责任担当，提出一系列新理念新思想新战略，出台一系列重大方针政策，推出一系列重大举措，推进一系列重大工作，解决了许多长期想解决而没有解决的难题，办成了许多过去想办而没有办成的大事，推动党和国家事业发生历史性变革"[2]。其中非常重要的一条就是，将全面建成小康社会的伟大奋斗目标推进到一个新阶段，为最后决胜全面建成小康社会奠定坚实的基础。当前，我国经济平稳发展，对世界经济发展的贡献率已经超过30%，经济总量稳居世界第二；经济结构不断优化升级，通过调结构、转动能的方式推动新发展理念的践行，全面深化改革不断推进，过去五年有超过1500项改革措施落地，为经济社会发展注入了强大的动力。同时，民主法治、社会生态文明、思想文化建设等方面也都取得了长足进步。上述历史性成就与变革，标志着中国特色社会主义事

---

[1] 参见《习近平关于全面建成小康社会论述摘编》，中央文献出版社2016年版，第5页。
[2] 习近平：《决胜全面建成小康社会 夺取新时代中国特色社会主义伟大胜利——在中国共产党第十九次全国代表大会上的报告》，人民出版社2017年版，第8页。

业发展到新的起点，为完成全面建成小康社会的目标奠定具有决定性意义的基础。[1]

另一方面，"全面"一词彰显关于小康社会内涵理解的更加辩证的丰富性。改革开放初期，因为当时我国经济文化水平相对落后，社会的主要矛盾仍然是人民群众日益增长的物质文化需求同落后的社会生产之间的矛盾。因此，改革开放初期我们关于小康社会的理解，更多的是从物质文化层面出发的，例如人均国民生产总值800美元、满足温饱基础之上的小康等。随着改革开放的深入推进与中国经济社会的快速发展，当前我们对于小康社会的理解已经超越以往单纯从物质文化层面出发的逻辑，而进一步上升到从整体性、全面性的高度出发综合把握小康社会的丰富理论内涵。"如期全面建成小康社会，更重要、更难做到的是'全面'。'小康'讲的是发展水平，'全面'讲的是发展的平衡性、协调性、可持续性。"[2] 小康社会的"全面"性，一方面是指小康覆盖面的全面性，另一方面是指小康内涵的全面性。所谓小康社会覆盖面的全面性，就是指我们全面建成的小康社会是惠及中国全体人民与区域的小康社会。以习近平同志为核心的党中央，将以人民为中心的发展理念提升到重要的高度，始终坚持发展为了人民、发展依靠人民、发展成果由人民共享，始终坚持全面建成小康社会，小康路上一个都不能少，共同富裕路上一个都不能掉队的理念。小康不小康，关键看老乡，关键看中国中西部欠发达地区的发展情况，关键看建设全面小康伟大征程中的短板，看广大农村地区的进一步发展与进步。不能在2020年宣布全面建成小康社会的时候，还有几千万人口处于贫困线以下，城乡差距与区域差距没有呈现缩小趋势，这些与全面建成小康社会的"全面性"之间存在着巨大差异，"这既影响人民群众对全面建成小康社会的满意度，也影响国际社会对我国全面建成小康社会的认可

---

[1] 参见《党的十九大报告辅导读本》，人民出版社2017年版，第22—24页。
[2] 《习近平新时代中国特色社会主义思想三十讲》，学习出版社2018年版，第119页。

度。"[1] 所谓小康社会内涵的全面性，就是指小康不仅仅是针对经济发展水平而言的，而且也包括政治、社会、文化、生态等多方面内容于一体。新时代中国特色社会主义实践坚持"五位一体"的总体布局与"四个全面"的战略布局，小康社会不仅仅是经济的快速发展，而且也包括人民民主的不断扩大、文化自信与文化实力的不断提升、社会公平正义环境的不断完善与社会发展活力的不断提高、美好环境的不断建设，等等。在决胜全面建成小康社会的伟大历史征程中，政治、经济、文化、社会和生态等各方面都处于一个辩证有机统一的关系之中。

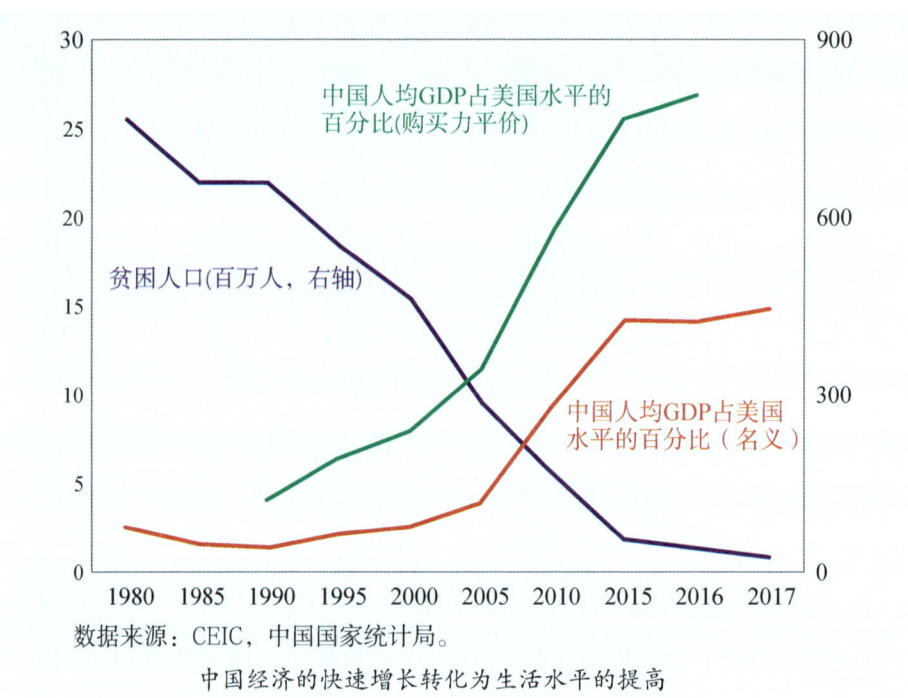

数据来源：CEIC，中国国家统计局。

中国经济的快速增长转化为生活水平的提高

（二）全面建成小康社会的现实要求

全面建成小康社会是我国社会主义现代化进程中的一个非常重要的里程碑，它标志着中国特色社会主义事业发展到了一个前所未有的新阶段与

---

[1]《习近平新时代中国特色社会主义思想三十讲》，学习出版社2018年版，第120页。

新高度。全面建成小康社会具有丰富的理论内涵，也进而对现实工作提出了整体性的要求。习近平总书记在党的十九大报告中用"六个更加"对全面建成小康社会的理想目标作出了全景式勾画，即经济更加发展、民主更加健全、科教更加进步、文化更加繁荣、社会更加和谐、人民生活更加殷实。

经济更加发展。在改革开放初期，由于社会主义初级阶段基本国情与社会主要矛盾等客观条件的限制，我国经济发展主要是以粗放型方式加以推进的，即高投入、高消耗、高污染与低产出的"三高一低"模式。党的十八大以来，以习近平同志为核心的党中央从实现中华民族伟大复兴的历史高度重新审视传统经济发展模式的问题，旗帜鲜明地提出了转变经济发展方式、引入全新发展理念的战略设计。中国经济经过调结构、转动能等巨大变革，以创新、协调、绿色、开放、共享的新发展理念为指导，不断推动中国经济的高质量发展。

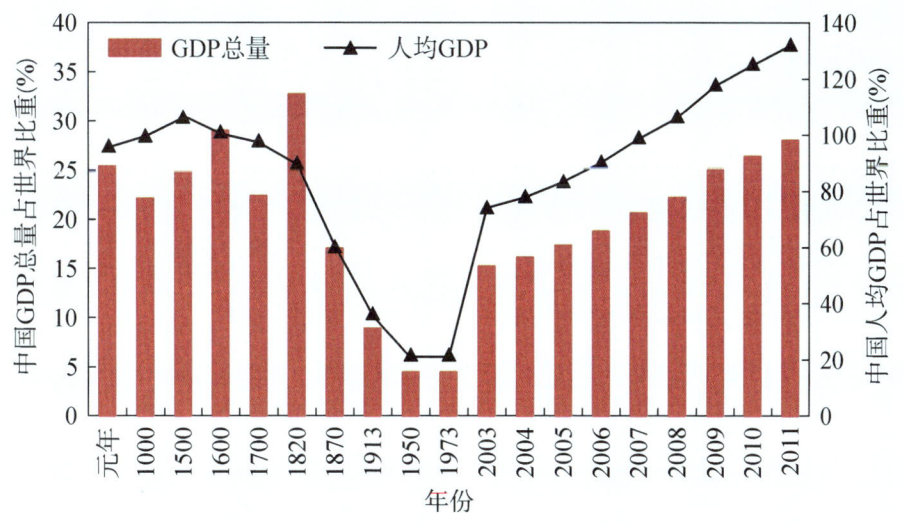

数据来源：蔡昉，《破解"李约瑟之谜"》，中国社会科学网。

民主更加健全。全面建成小康社会，需要发挥社会主义民主制度的作用。党的十八大以来，我们积极发展社会主义民主政治，将全面依法治国和全面从严治党提升到"四个全面"这一关系到中国特色社会主义事业战略布局的高度加以把握。党的领导、人民当家作主、依法治国有机统一的制度建设全面加强,党的领导体制机制不断完善,社会主义民主不断发展,党内民主更加广泛,社会主义协商民主全面展开,爱国统一战线巩固发展,民族宗教工作创新推进。[1]

科教更加进步。全面建成小康社会,不仅体现在经济发展水平上,而且体现为科学技术与教育水平的全方位发展。当前,创新驱动发展战略深入推进,科学技术与教育水平呈现同步增长的良好态势,尤其是党的十八大以来大力推进科教兴国战略,科教因素在推动新时代经济社会高质量发展中正发挥着更加重要的作用。在一些尖端技术行业,我国已经逐步由以往的跟跑状态转变为并跑甚至是领跑状态。诸如"天宫""蛟龙""天眼""悟空""墨子""大飞机"等重大科技成果相继问世。

文化更加繁荣。在中国共产党关于全面建成小康社会的理论构想中,文化因素被提升到前所未有的高度加以把握,没有文化高度繁荣与自信的小康社会就不是真正的小康状态。党的十八大以来,以习近平同志为核心的党中央高度重视社会主义文化建设事业,明确提出了更为深远、更为持久的文化自信问题,并将文化自信提升到与道路、理论、制度自信同等重要的高度,共同构成了中国特色社会主义的"四个自信",标志着我们关于中国特色社会主义规律的认识逐步实现了从物质逻辑建构向文化逻辑建构的转变,实现了物质逻辑与文化逻辑的辩证统一。正如习近平总书记所明确指出的那样:"没有高度的文化自信,没有文化的繁荣兴盛,就没有中华民族的伟大复兴。"[2]

---

[1] 参见习近平《决胜全面建成小康社会 夺取新时代中国特色社会主义伟大胜利——在中国共产党第十九次全国代表大会上的报告》,人民出版社2017年版,第4页。
[2] 习近平:《决胜全面建成小康社会 夺取新时代中国特色社会主义伟大胜利——在中国共产党第十九次全国代表大会上的报告》,人民出版社2017年版,第41页。

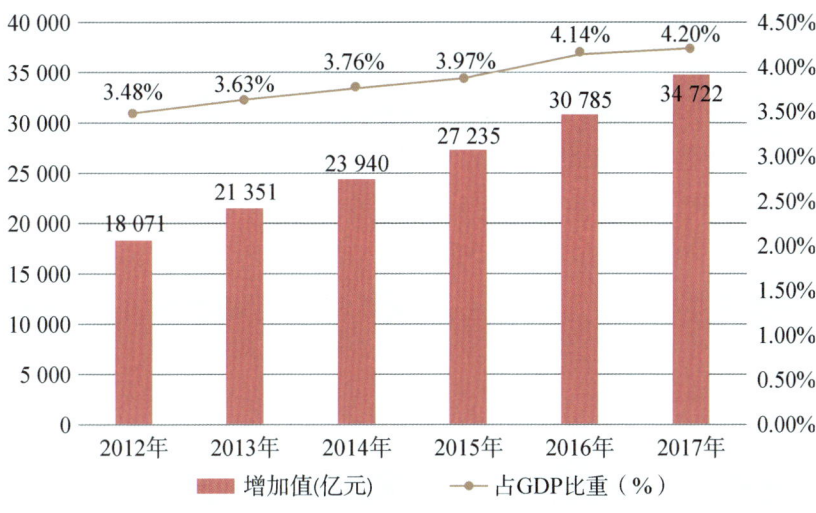

2012—2017年我国文化产业增加值及占GDP比重状况

数据来源：中国国家统计局。

社会更加和谐。小康社会从根本上说是和谐的社会状态，社会是否和谐成为衡量是否达到小康的重要评价标准。党的十六大报告第一次将社会更加和谐视为中国特色社会主义事业的重要目标，从此以后，历届党中央都坚持了这一奋斗目标与理念，不断锐意进取、开拓创新，通过机制和体制等方面的调整与革新，不断建构和谐的社会关系，和谐社会的理念不断深入人心，和谐社会的机制不断得到巩固与保障。

人民生活更加殷实。全面小康社会的关键在于人民群众，人民生活水平是否得到提升、是否更加殷实，成为评判是否小康的重要标准之一。党的十八大以来，我们毫不动摇地坚持以人民为中心的发展理念，在全面深化改革与全面建成小康社会的伟大历史征程中，不断满足人民群众日益增长的美好生活的需要，一大批惠民举措落地实施，人民群众的获得感得到了显著增强，人民群众的生活水平得到巨大提升。

> **原声再现** 🔊
>
> 全面建成小康社会，不是一个"数字游戏"或"速度游戏"，而是一个实实在在的目标。在保持经济增长的同时，更重要的是落实以人民为中心的发展思想，想群众之所想、急群众之所急、解群众之所困，在学有所教、劳有所得、病有所医、老有所养、住有所居上持续取得新进展。人民群众关心的问题是什么？是食品安不安全、暖气热不热、雾霾能不能少一点、河湖能不能清一点、垃圾焚烧能不能不有损健康、养老服务顺不顺心、能不能租得起或买得起住房，等等。相对于增长速度高一点还是低一点，这些问题更受人民群众关注。如果只实现了增长目标，而解决好人民群众普遍关心的突出问题没有进展，即使到时候我们宣布全面建成了小康社会，人民群众也不会认同。
>
> ——2016年12月21日习近平总书记在中央财经领导小组第十四次会议上的讲话

（三）决胜全面建成小康社会的着力点

决胜全面建成小康社会，是以习近平同志为核心的党中央在推动中国特色社会主义事业发展步入新时代的全新历史条件下，向全党和全国人民作出的历史性庄严承诺。正如习近平总书记所明确指出的那样："我们必须清醒看到，如期全面建成小康社会，既具有充分条件，也面临艰巨任务，前进道路并不平坦，诸多矛盾叠加、风险隐患增多的挑战依然严峻复杂。如果应对不好，或者发生系统性风险、犯颠覆性错误，就会延误甚至中断全面建成小康社会进程。"在决胜全面建成小康社会的伟大历史征程中，需要着重处理好如下几个方面的重大问题，只有将这些问题都解决好，全面建成小康社会才能经得起历史的检验、人民的检验。

一是坚持贯彻新发展理念不动摇。全面建成小康社会必须建立在经济高度发展的基础之上，建立在物质生产力水平充分发展的基础之上。当前，中国经济发展步入新常态，这是我国经济发展新的阶段性特征。"认识新常态，适应新常态，引领新常态，是当前和今后一个时期我国经济发展的大逻辑。"[1] 经济新常态的一个显著特征就是，经济增长速度由高速转向中高速，因而经济发展理念与经济发展方式也需要作出相应的调整，即由粗放型向集约型、由简单分工向复杂分工转换，加快转变发展方式、调整经济结构、转换经济动能、培育新增长动力，已经成为影响如期全面建成小康社会的重要挑战。坚持创新、协调、绿色、开放和共享的新发展理念，是关系到我国发展全局的一场深刻变革，也是关系到全面建成小康社会的重要环节。"这五大发展理念相互贯通、相互促进，是具有内在联系的集合体，要统一贯彻，不能顾此失彼，也不能相互替代。哪一个发展理念贯彻不到位，发展进程都会受到影响。"[2]

原声再现

> 坚持创新发展、协调发展、绿色发展、开放发展、共享发展，是关系我国发展全局的一场深刻变革。这五大发展理念相互贯通、相互促进，是具有内在联系的集合体，要统一贯彻，不能顾此失彼，也不能相互替代。哪一个发展理念贯彻不到位，发展进程都会受到影响。全党同志一定要提高统一贯彻五大发展理念的能力和水平，不断开拓发展新境界。
> ——2015年10月29日习近平总书记在中共十八届五中全会第二次全体会议上的讲话

二是坚持打胜精准扶贫攻坚战不懈怠。精准脱贫攻坚战是关系到全面建成小康社会目标能否完成的决定性因素。目前全国范围内大约还有

---

[1]《习近平关于社会主义经济建设论述摘编》，中央文献出版社2017年版，第79—80页。
[2]《习近平谈治国理政》第2卷，外文出版社2017年版，第200页。

3000万贫困人口，在当前决胜全面建成小康社会的关键阶段，完成脱贫攻坚任务仍然面临着诸多考验与挑战，仍然需要花大力气着力推动这一问题的根本性解决。正如习近平总书记所明确指出的那样："扶贫工作事关全局，全党必须高度重视。做不好，不但贫困群众不满意，人们也会怀疑全面建成小康社会的真实性。"[1] 解决全面建成小康社会路上的贫困人口问题这一拦路虎，不能采取运动战的方式一哄而上、一阵风而过，而必须采取精准的办法，即找准贫困的根源，把准贫困的脉搏，并在此基础上开出科学药方。习近平总书记明确指出，现阶段，精准扶贫的机制体制还不完善，扶贫开发的责任还没有完全落到实处，扶贫的合力还没有形成，扶贫资金的投入还不能满足需要，贫困地区和贫困人口的主观能动性还有待提高，因地制宜分类指导还有待加强。因此，打好脱贫攻坚战仍然需要树立直面问题的勇气，"坚持问题导向，以改革为动力，以构建科学的机制体制为突破口，充分调动各方面积极因素，用心、用情、用力开展工作"[2]。

> **原声再现**
>
> 全面建成小康社会，标志性的指标是农村贫困人口全部脱贫、贫困县全部摘帽。
> ——2018年3月5日习近平总书记参加十三届全国人大一次会议内蒙古代表团审议时的讲话

三是坚持打好污染防治攻坚战不放松。经过改革开放40年的发展，中国经济社会与人民生活水平得到了巨大提升，但在此过程中也积累了一

---

[1]《习近平关于全面建成小康社会论述摘编》，中央文献出版社2016年版，第5页。
[2]《十八大以来重要文献选编》（下），中央文献出版社2018年版，第38页。

些问题与矛盾，有的已经成为制约改革深入推进与经济社会进一步发展的桎梏，例如生态环境问题。当前，我国生态环境形势依然严峻，大气污染、水污染等问题频发，严峻的生态环境问题已经成为制约满足人民群众对于美好生活需要的一个重要因素，已经成为当前我国社会主要矛盾转变的一个重要体现。能否从根本上打好污染防治攻坚战，已经成为能否全面建成小康社会的重要考量标准。党的十八大以来，以习近平同志为核心的党中央，从经济社会可持续发展的大局和人民群众深切期盼的高度出发，将生态环境污染防治问题提升到了一个前所未有的重要高度，明确提出了"绿水青山就是金山银山"的理念，将社会主义生态文明建设视为"五位一体"总体布局和"四个全面"战略布局的重要内容加以把握。现在已经到了必须要着力解决生态环境问题的关键时刻，因为一方面近些年来环境问题凸显，已经严重影响人民群众的生活质量，也严重影响了经济社会的可持续发展；另一方面，随着经济社会的发展和技术水平的提高，我们目前已经具备了解决环境问题的能力和条件。[1]

我国水污染治理行业市场规模（亿元）

数据来源：前瞻产业研究院。

---

[1] 参见《习近平谈治国理政》第2卷，外文出版社2017年版，第392页。

二、全面建设社会主义现代化强国

全面建设社会主义现代化国家,是以习近平同志为核心的党中央从我国社会主义建设实际情况出发,经过科学考量所作出的关于未来中国社会发展的理想蓝图,这一目标构成了未来中国特色社会主义的重要实践指向,即"两个一百年"奋斗目标的第二个阶段。

(一)从社会主义现代化到全面建设社会主义现代化强国

近代以来,中国不断遭受西方列强的侵略与欺辱,"落后就要挨打"成为近代中国悲惨境遇的真实写照。中国的先进分子开启了救国救民、求索国富民强的艰辛之路,其中,追求现代化、实现现代化构成了近代以来中国仁人志士所孜孜追求的目标,现代化也因而成为近代以来中国梦的重要内容。中国共产党在马克思主义理论的指导下,开启了新一轮求索中国现代化的艰辛之路。可以说,从中国共产党成立至今90余年的历史进程来看,实现中国的现代化构成了中国共产党人始终不变的理论初心。中国共产党关于中国现代化道路探索的历史进程,大致可以划分为如下几个阶段:

一是革命战争年代的最初理论设计。尽管1949年之前中国共产党的主要任务是革命与战争,工作重心也主要是在农村,但是它始终高度重视中国的现代化事业,并将实现现代化视为中国革命未来的发展方向。早在1945年党的七大的政治报告《论联合政府》中,毛泽东就曾明确提出了中国的工业问题:"就整个来说,没有一个独立、自由、民主和统一的中国,不可能发展工业。……中国工人阶级的任务,不但是为着建立新民主主义的国家而斗争,而且是为着中国的工业化和农业近代化而斗争。"[1]党的七届二中全会正式作出将党的工作重心由农村转移到城市的决定,标志着中

---

[1]《毛泽东选集》第3卷,人民出版社1991年版,第1080—1081页。

国现代化建设事业发展到了一个崭新的历史起点。

二是新中国成立后关于现代化的艰辛探索。新民主主义革命的胜利与新中国的建立，为中国现代化事业的胜利推进奠定了坚实的政治基础与制度保障。在向社会主义过渡的时期内，毛泽东在全国人大一次会议开幕式上的致辞中明确指出，中国需要在几个五年计划之内，将经济文化上的落后国家建设成为一个具有高度工业化和现代文化程度的伟大国家。[1] 周恩来在全国人大一次会议上所作的政府工作报告中明确提出："我国的经济原来是很落后的。如果我们不建设起强大的现代化的工业、现代化的农业、现代化的交通运输业和现代化的国防，我们就不能摆脱落后和贫困，我们的革命就不能达到目的。"[2] 随着1956年"三大改造"的完成，社会主义制度第一次在古老的中国大地上生根发芽。社会主义制度的建立，从根本上保障了中国现代化建设得以在正确的框架内、沿着正确的轨道加以推进，这就是社会主义的现代化模式。中国共产党对于如何在社会主义制度下推进中国现代化事业展开了艰辛探索。1964年，经毛泽东提议，周恩来在三届人大一次会议上正式提出"四个现代化"思想，即在不太长的时间内，把我国建设成为一个具有现代农业、现代工业、现代国防和现代科学技术的社会主义强国。并且，为实现社会主义现代化强国目标设定了"两步走"的方针，即第一步建立一个独立的比较完整的工业体系和国民经济体系；第二步全面实现农业、工业、国防和科学技术的现代化，使我国经济走在世界前列。

> **小贴士**
>
> 三大改造：中华人民共和国成立后，由中国共产党领导的对农业、手工业和资本主义工商业三个行业的社会主义改造。

三是改革开放以来关于现代化道路的全新探索。党的十一届三中全会召开以来，我们实现了党和国家工作重心的转移，开启了改革开放、建设

---

[1] 参见《毛泽东文集》第6卷，人民出版社1999年版，第350页。
[2] 《建国以来重要文献选编》第5册，中央文献出版社1993年版，第584页。

中国特色社会主义事业的伟大历史征程。在社会主义初级阶段的具体历史条件下，推进中国社会主义现代化建设事业面临诸多困难与挑战。以邓小平为代表的中国共产党人坚持实事求是的思想原则，从中国的具体实际出发，重新设定了未来社会主义现代化的目标与基本步骤。他在1978年就曾明确指出："我们一定要以国际上先进的技术作为我们搞现代化的出发点。最近我们的同志出去看了一下，越看越感到我们落后。什么叫现代化？五十年代一个样，六十年代不一样了，七十年代就更不一样了。"[1] 针对中国经济文化相对落后的具体实际，我们将社会主义现代化的目标设定为人均国民生产总值达到800美元的小康社会。党的十三大在此基础上，为未来中国社会主义现代化设定了"三步走"的战略安排，即第一步实现国民生产总值翻两番，第二步实现人民生活达到小康水平的目标，第三步是到21世纪中叶，实现人均国民生产总值达到中等发达国家水平，人民生活比较富裕，基本实现现代化。自此以后的历次党代会，都高度重视社会主义现代化的战略设计，并作出了非常重要的理论与实践探索。尤其是党的十八大以来，中国特色社会主义事业进入新时代，取得了前所未有的历史性成就与历史性变革，为开启全面建设社会主义现代化国家的新征程设定了科学的目标与完备的战略安排，吹响了全面建设社会主义现代化国家的号角。

（二）建设社会主义现代化强国的理想蓝图

以习近平同志为核心的党中央，从新时代中国特色社会主义发展崭新的历史阶段与时代特征出发，结合实际情况与时代要求，为建设社会主义现代化强国构筑了一幅内容丰富的理想蓝图。新时代中国特色社会主义已经取得了前所未有的显著成就，中国经济总量已经跃居世界第二，中国经济对世界经济发展的贡献率已经超过30%，中国在诸多方面都已经处于

---

[1]《邓小平年谱（一九七五—一九九七）》（上），中央文献出版社2004年版，第360页。

世界领先水平。在这样一个新的历史条件与实践基础之上，我们对未来社会主义现代化强国的目标也作出了相应的符合实际的理论调整与战略重构。

> **原声再现** 🔊
>
> 改革开放之后，我们党对我国社会主义现代化建设作出战略安排，提出"三步走"战略目标。解决人民温饱问题、人民生活总体上达到小康水平这两个目标已提前实现。在这个基础上，我们党提出，到建党一百年时建成经济更加发展、民主更加健全、科教更加进步、文化更加繁荣、社会更加和谐、人民生活更加殷实的小康社会，然后再奋斗三十年，到新中国成立一百年时，基本实现现代化，把我国建成社会主义现代化国家。
>
> ——2017年10月18日习近平总书记在中国共产党第十九次全国代表大会上的报告

第一，结合时代特征调整了社会主义现代化强国目标的表述。以往我们在论述这一问题的时候，往往采用社会主义现代化国家的表述方式，党的十九大报告中明确提出社会主义现代化强国。"社会主义现代化国家"与"社会主义现代化强国"尽管只有只字之差，但是二者的内涵存在着极为重要的理论差别。社会主义现代化强国更突出"强"字，这是一个综合性的理论概念，它并非单纯指向经济发展的问题，而且也包含政治、文化、社会、生态等方方面面。这些方面从整体上构成了衡量社会主义现代化强国目标的综合评价标准，即我们经常谈到的"五位一体"的衡量标准。上述五个方面的布局及发展，从根本上处于有机统一的关系之中，任何一个方面都不能偏废，否则便不能称之为社会主义现代化强国目标的实现。正如党的十九大报告中所明确表述的那样，物质文明、政治文明、精神文明、社会文明和生态文明，在社会主义现代化强国的目标下都将得到全面提升。[1] 此外，就社会主义现代化强国的经济维度而言，也不仅仅如以往一般将强国的目标界定为经济发展速度或数量的增长层面，而是更加注重从经济发展的综合质量角度去理解社会主义现代化强国目标。也就是说，社会主义现代化强国目标应当以实现经济社会高质量发展为依托，以贯彻新发展理念为保障，"这一战略安排更加注重发展质量，不仅有数量指标，而且更注重质的提升，让广大人民群众对美好生活有更多更实在的获得感、幸福感、安全感。这充分表明我们党进一步深化了对社会主义现代化建设规律的认识"[2]。

第二，结合实际情况调整了实现社会主义现代化强国的时间。我们党对我国基本实现社会主义现代化目标的具体时间，原先设定为21世纪中叶，即"三步走"战略的第三步，这主要是基于当时我国生产力水平还未处于世界领先地位这一基本国情之上的具体考虑。但是，经过改革开放40年发展的积淀，尤其是党的十八大以来，我国经济社会发展取得巨大成就，许多方面都已经远远超出当时的预期，许多方面都表现出巨大的发展潜力。因此，在结合现实发展的巨大变革与成就的基础上，我们将基本实现现代化目标的时间提前了15年。从过去的历史来看，中国共产党提出的关于社会主义现代化建设的"三步走"的战略目标，前面两步都已提前完成，"其中第一步比原先实践提前3年，第二步提前5年"[3]。中国特色社会主义制度的创造性与中国共产党带领中国人民的积极能动性，从根本上推动了中国社会主义现代化建设目标的不断提前完成。当前，我国经济保持中高速增长，经济社会发展态势良好，新时代中国特色社会主义正处于大有可为的历史机遇期。根据世界银行公布的"2018世界经济展望"报告，中国2019年的经济增长率预计为6.3%，2020年则为6.2%。中国

---

[1] 参见习近平《决胜全面建成小康社会　夺取新时代中国特色社会主义伟大胜利——在中国共产党第十九次全国代表大会上的报告》，人民出版社2017年版，第28页。
[2]《习近平新时代中国特色社会主义思想三十讲》，学习出版社2018年版，第130页。
[3]《习近平新时代中国特色社会主义思想三十讲》，学习出版社2018年版，第129页。

经济保持良好的增长势头，届时将具备实现基本现代化并最终实现现代化强国的目标。

第三，从新的历史条件出发对社会主义现代化强国目标提出更高标准。在中国特色社会主义事业进入新时代的全新历史条件下，中国共产党继承以往发展经验、立足当下实践成就、直面未来挑战，对社会主义现代化强国的目标提出了更新更高的标准。诸如，社会主义现代化强国是一个综合性目标，是政治、经济、文化、社会和生态方面都协调发展的有机统一体。此外，新时代社会主义现代化强国目标的实现，其中一个非常重要的方面就是要推进国家治理体系和治理能力的现代化，这是以往在论述社会主义现代化过程中鲜有涉及的重要内容。推进国家治理体系和治理能力的现代化建设，构成了全面深化改革的总目标。因为在全面深化改革与推动社会主义现代化的进程中，我们一方面取得了巨大的成就，但另一方面也形成并积累了一些亟待解决的深层次问题，有的问题已经成为制约改革进一步推进的桎梏。因此，需要从推动社会主义制度建设"定型化"的高度出发，以社会主义现代化建设过程中所面临的新情况、新问题为导向，从"五位一体"总体布局和"四个全面"战略布局相统一的高度出发，实现对社会主义制度的"顶层设计"，这既构成了新时代推动社会主义现代化强国的重要手段，同时也是建设社会主义现代化强国目标的重要组成部分。

（三）建设社会主义现代化强国的战略安排

党的十九大在充分继承以往关于中国社会主义现代化战略设计思想的基础上，结合新时代的新特征，对全面建设社会主义现代化国家的新征程作出了符合实际的崭新理论设计，将这一目标的实现细化为"两步走"的战略方针。"综合分析国际国内形势和我国发展条件，从二〇二〇年到本世纪中叶可以分两个阶段来安排。"[1]

---

[1] 习近平：《决胜全面建成小康社会 夺取新时代中国特色社会主义伟大胜利——在中国共产党第十九次全国代表大会上的报告》，人民出版社2017年版，第28页。

三步走战略目标

1 现在—2020 年
全面建成小康社会决胜期

2 2020—2035 年
基本实现社会主义现代化

3 2035—2050 年
把我国建成富强民主文明和谐美丽的社会主义现代化强国

第一个阶段是，从 2020 年到 2035 年，即"第一个十五年"。2020 年我们会预期完成决胜全面建成小康社会的奋斗目标，在这一基础之上，经过 15 年时间的奋斗，基本实现社会主义现代化。党的十九大为基本实现社会主义现代化构筑了如下理想蓝图：

一是在经济方面，经济实力、科技实力大幅跃升，跻身创新型国家前列。经过这一段时间的艰苦奋斗，中国经济将继续保持中高速增长的势头，继续领跑世界经济发展的潮流，对世界经济发展的贡献率将更高。随着新发展理念的不断深入，中国经济将完成调结构、转动能的伟大历史任务，经济社会发展将以更加高质量的方式加以推进。社会主义市场经济体制将不断完善，全面开放的经济格局将不断生成。到那时，创新将成为推动经济发展的第一动力，成为建设现代化经济体系的战略支撑。[1] 国家综合创新能力也将随之不断增强，尤其是在科技创新方面，科技创新和机制体制创新将成为双轮驱动，[2] 在 2020 年建成创新型国家之后，2035 年将跃升至创新型国家前列。

二是在政治方面，人民平等参与、平等发展权利得到充分保障，法治国家、法治政府、法治社会基本建成，各方面制度更加完善，国家治理体

---

[1] 参见习近平《决胜全面建成小康社会 夺取新时代中国特色社会主义伟大胜利——在中国共产党第十九次全国代表大会上的报告》，人民出版社 2017 年版，第 30 页。
[2] 《党的十九大报告辅导读本》，人民出版社 2017 年版，第 208 页。

系和治理能力现代化基本实现。这意味着社会主义制度更加定型、更加成熟、更加完善。党的领导、人民当家作主、依法治国高度有机统一。国家的治理体系和治理能力更加适合社会主义现代化的要求。

三是在文化方面，社会文明程度达到新的高度，国家文化软实力显著增强，中华文化影响更加广泛深入。这意味着社会主义现代化的文化维度的建构取得了更为重要的成就，中国梦和社会主义核心价值体系不断深入人心，中国特色社会主义的文化自信不断增强，文化产业体系和公共服务体系不断成熟，中华文明不断走出去并取得更为广阔的世界影响力。

四是在社会方面，人民生活更为宽裕，中等收入群体比例明显提高，城乡区域发展差距和居民生活水平差距显著缩小，基本公共服务均等化基本实现，全体人民共同富裕迈出坚实步伐；现代社会治理体系不断形成，社会充满活力和谐有序。这意味着经过未来15年的艰苦奋斗，我国经济实力不断增强，迈入高收入国家行列，在此基础上人民群众的生活水平不断提升，人均寿命和国民受教育程度也将迈入世界先进行列。在国家宏观政策的调整下，城乡和区域之间的差异呈现逐步缩小的趋势，人民群众的获得感与公平正义感不断得到显著增强，为实现共同富裕奠定了坚实的物质基础与思想保障。

五是生态环境根本好转，美丽中国目标基本实现。这意味着随着新发展理念的深入人心，我国绿色经济发展体系基本得以建立，绿色发展方式和绿色发展观念更加深入推进，生态文明制度更加健全，现阶段较为突出的生态环境问题将得到根本性解决。

第二个阶段是，从2035年到本世纪中叶，即"第二个十五年"。2035年在基本实现现代化的基础上，再奋斗15年，把我国建成富强民主文明和谐美丽的社会主义现代化强国。党的十九大为社会主义现代化强国构筑了如下理想蓝图：

一是"五位一体"总体布局不断深入，"五大文明"不断提升。到那时，我们将继续大力推进新时代中国特色社会主义"五位一体"的总体布局，统筹协调经济、政治、文化、社会和生态五大方面的协调发展，继续推动物质文明、政治文明、精神文明、社会文明和生态文明朝着更高阶段深入发展。其中，社会主义生产力不断提升，创新能力跃居世界前列；政治制度不断完善，建成民主的社会主义现代化强国；文化创新活力增强，文化自信显著提升；社会高度文明，社会治理体系和治理能力显著增强，社会更加和谐有序；生态文明不断推进，绿水青山遍布全国。

二是实现国家治理体系和治理能力现代化，成为综合国力和国际影响力领先的国家。到那时，我国国家治理体系与治理能力现代化水平将达到世界先进行列，综合国力与国际影响力处于全球领先地位，我国将以更加昂扬的姿态立足于世界舞台的中心，并为全球治理输送更多的中国经验和中国智慧。

三是全体人民共同富裕基本实现，我国人民将享有更加幸福安康的生活，中华民族将以更加昂扬的姿态屹立于世界民族之林。到那时，随着我国社会主义物质生产力的巨大飞跃，以及人民群众精神文化水平的不断提升，实现共同富裕已经具有了理论与现实上的可能性。中华民族将以更加强大、和谐的姿态屹立于世界民族之林，实现中华民族伟大复兴中国梦的目标也将顺利完成。

第六章

坚持全面深化改革

党的十八大以来，中国社会进入全面深化改革时期。全面深化改革是一项复杂的社会系统工程和艰巨任务。着力推进这一宏大的战略性工程、有效攻坚克难，不仅要审时度势、高度重视、加大投入，更要掌握新理念新思想新战略，站在历史的制高点上，精心设计蓝图，把握科学方法，突显新境界，确保蹄疾步稳、卓有成效、再创辉煌。

一、改革是决定当代中国命运的关键一招

改革是社会主义社会发展的基本途径，通过40年的改革，中国社会呈现勃勃生机、充满活力。尤其是党的十八大以来的中国特色社会主义新时代，在统筹推进"五位一体"总体布局、协调推进"四个全面"战略布局过程中，全面深化改革的力度、效用、成果更加突出，呈现良好的发展态势。

（一）全面深化改革是中国特色社会主义发展的历史必然

社会发展的总趋势是不断上升的，又是一个需要分若干阶段逐步推进的过程。1956年以后我们就在党的领导下探索社会主义发展道路，虽然走了弯路，但社会主义的性质和基本方向未变，并取得了经济文化等各方面成就。1978年党的十一届三中全会召开，吹响了进入改革开放时代的号角，拉开了新的以经济建设为中心的改革开放历史的序幕；十二大明确了建设有中国特色社会主义的目标模式，开辟了中国特色社会主义发展道路；十三大明确了我国正处于社会主义初级阶段的历史方位，确定了以"一个中心、两个基本点"为主要内容的党在初级阶段的基本路线，制定了经济"三步走"战略步骤；1992年，中国全面推进社会主义市场经济，经济建设获得快速发展；2011年，经过33年的发展，社会主义市场经济得到巩固，生产力得到很大提高，人民生活得到了很大改善，取得了举世瞩目的巨大成就。2012年党的十八大召开，以习近平同志为核心的党中央确定了推进全面深化改革的重大战略决策，把中国带进中国特色社会主义新时代，也是中国由富起来迈向强起来的新的历史里程碑。

恩格斯指出："'社会主义社会'不是一种一成不变的东西，而应当

和任何其他社会制度一样,把它看成是经常变化和改革的社会。"[1]改革只有进行时没有完成时。邓小平早就讲过,中国不搞改革只能是死路一条。尽管在改革中我们也有失误和挫折,但总方向是正确的,总体上是成功进步的,我们不能因噎废食;一旦停滞或废除以往的改革进程,我们将付出更大的代价。因此,习近平总书记坚定地指出,"在整个社会主义现代化进程中,我们都要高举改革开放的旗帜,决不能有丝毫动摇"[2]。作为复合有机体的社会充满着复杂多变的矛盾,旧的矛盾解决了,新的矛盾又会出现,改革愈深入,触及的利益主体愈多,因而引发的矛盾也愈多。问题倒逼改革,如同箭在弦上不得不发。改革永远在路上!我们必须坚定地做改革的促进派和实干家,全面推进改革开放向纵深发展。

---

[1]《马克思恩格斯全集》第37卷,人民出版社1982年版,第443页。
[2]《习近平总书记系列重要讲话读本》,学习出版社、人民出版社2014年版,第39—40页。

（二）全面深化改革是实现伟大目标和伟大梦想的必由之路

有梦想才有活力，有目标才有追求。习近平总书记强调指出："改革开放是决定当代中国命运的关键一招，也是决定实现'两个一百年'奋斗目标、实现中华民族伟大复兴的关键一招。"[1]这一重大论述和判断充分表明，改革是实现"两个一百年"奋斗目标和中华民族伟大复兴中国梦的必由之路。

首先，改革是实现"两个一百年"奋斗目标的强国之路。中国共产党是科学社会主义与中国工人运动相结合的产物，中国共产党成立是中国开天辟地的大事件。自从有了共产党，中国的面貌就为之一新。共产党人树立了为人民谋幸福、为民族谋复兴的初心使命，并带领人民进行了艰苦卓绝的斗争，推翻了压在中国人民头上的三座大山，建立了新中国，实现了中国人民从此站立起来的夙愿；又经过长期的改革探索，走出了一条中国特色社会主义道路，通过体制改革，进一步解放了生产力，让广大人民真正富起来。2012年党的十八大召开，拉开了中国走向强起来的序幕，开始了中国全面深化改革新的历史新征程；党的十九大进一步绘制蓝图，对决胜全面小康、全面实现建党100周年和建国100周年的伟大目标进行了实事求是的科学布局和总体设计，使我们迈向未来的步伐更加坚强有力、更加成熟。

其次，改革是实现伟大梦想的必要途径。人是要有一点精神的，有梦想才会有激情。国家富强、民族振兴、人民幸福是中国梦的基本内涵，小康梦、强国梦、复兴梦是当代中国人的共同梦想。社会主义核心价值体系和核心价值观是中国梦的灵魂。历史与现实的逻辑表明，顺应历史潮流和时代发展要求，就必须高瞻远瞩地追逐民族复兴的中国梦，并与世界人民一道共同实现世界梦。习近平总书记在中共中央政治局第二十九次集体学习时强调："要大力弘扬伟大爱国主义精神，大力弘扬以改革创新为核心

---

[1]《习近平关于全面深化改革论述摘编》，中央文献出版社2014年版，第3页。

的时代精神，为实现中华民族伟大复兴的中国梦提供共同精神支柱和强大精神动力。"[1] 要实现中国梦，就需要着力培育和践行社会主义核心价值体系与核心价值观，促进广大人民对中国传统文化与先进文化的了解、理解和认同，强化民族复兴意识、历史使命感和社会责任感。

要实现伟大的中国梦和目标，必须进一步推进全面深化改革。实现中华民族伟大复兴的中国梦，必须依靠并拥有持续的经济建设、政治建设、文化建设、社会建设和生态文明建设等的全面发展；必须依靠更加完善和成熟的中国特色社会主义制度与现代化的国家治理体系和治理能力，必须通过全面深化改革，破除阻碍国家和民族发展的一切思想与体制障碍，进一步解放思想、解放和发展社会生产力，不断增强社会活力，为实现伟大的中国梦奠定科学的制度基础和环境。

中国发展道路和实践经验已经表明，只有社会主义才能救中国，只有改革开放才能发展中国、发展社会主义、发展马克思主义。改革开放推动中国特色社会主义实践取得了举世瞩目的伟大成就，中国人民生活水平发生了翻天覆地的变化，党和国家、军队等的发展面貌也发生了前所未有的变化，我国经济实力、科技实力、国防实力和综合国力进入世界前列。尤其是党的十八大以来的五年，中央推出1500多项改革举措，重要领域和关键环节改革取得突破性进展，主要领域改革主体框架基本确立。经过党和人民的共同奋斗，国内生产总值从54万亿元增长到80多万亿元人民币，稳居世界第二大经济强国的位置，对世界经济增长贡献率超过30%，展示着充满创新活力、蓬勃向上、实力雄厚、竞争强劲的优势。

---

[1] 习近平：《大力弘扬伟大爱国主义精神——为实现中国梦提供精神支柱》，载《人民日报》2015年12月31日。

全面深化改革 增强人民获得感、幸福感、安全感

人民生活水平显著提高

全国居民人均可支配收入：
2013 年　18311 元
2017 年　25974 元

2017 年全国居民恩格尔系数为 29.3%

首次进入联合国划分的
20%—30% 的富足区间

脱贫攻坚取得决定性进展

2013—2017 年
我国农村贫困人口减少 6800 多万
年均减少 1300 万人以上

2018 年又有 1000 万农村贫困人口摆脱贫困

就业形势持续向好

2013—2017 年
城镇新增就业 6600 万人以上
13 亿多人口大国实现了比较充分就业

第三产业吸纳就业人口的能力显著提升
2013 年第三产业就业比重为 38.5%
2017 年第三产业就业比重上升至 44.9%

社会保障安全网更密更牢

社会养老保险覆盖　　基本医疗保险覆盖

 9 亿多人　　 13.5 亿人

织就了世界上最大的社会保障网

生态文明建设取得巨大成就

2013—2017 年
单位国内生产总值能耗、水耗均下降 20% 以上
主要污染物排放量持续下降

天更蓝、山更绿、水更清

放管服改革成效显著

2013—2017 年
国务院部门行政审批事项削减 44%
"放管服"改革激发市场活力
为人民群众办事创业提供便利
有力支撑了经济社会持续健康发展

数据来源：《人民日报》2019 年 1 月 15 日。

原声再现 🔊

只有社会主义才能救中国，只有改革开放才能发展中国、发展社会主义、发展马克思主义。必须坚持和完善中国特色社会主义制度，不断推进国家治理体系和治理能力现代化，坚决破除一切不合时宜的思想观念和体制机制弊端，突破利益固化的藩篱，吸收人类文明有益成果，构建系统完备、科学规范、运行有效的制度体系，充分发挥我国社会主义制度优越性。

——2017年10月18日习近平总书记在中国共产党第十九次全国代表大会上的报告

（三）全面深化改革能够有效推进国家治理体系和治理能力的现代化

2013年党的十八届三中全会通过的《中共中央关于全面深化改革若干重大问题的决定》中明确，我国全面深化改革的总目标是完善中国特色社会主义制度，推进国家治理体系和治理能力现代化。这个总目标回答了推进各领域改革最终是为了什么、要取得什么样的整体效果这个问题。总目标是同一系列前后相辅相成的两句话组成的一个整体。前一句，规定了中国特色社会主义道路的根本方向，表达了改革的实质旨归和基本前提；后一句，规定了在根本方向指引下完善和发展中国特色社会主义制度的鲜明指向，表达了改革的基本规格和高质量要求。两句话为我们进一步做好改革工作定了总基调，也明确了按照总目标所要推进的总任务和策略选择依据。

原声再现 🔊

坚持把完善和发展中国特色社会主义制度，推进国家治理体系和治理能力现代化作为全面深化改革的总目标。邓小平同志在一九九二年提出，再有三十年的时间，我们才会在各方面形成一整

> 套更加成熟更加定型的制度。这次全会在邓小平同志战略思想的基础上，提出要推进国家治理体系和治理能力现代化。这是完善和发展中国特色社会主义制度的必然要求，是实现社会主义现代化的应有之义。我们之所以决定这次三中全会研究全面深化改革问题，不是推进一个领域改革，也不是推进几个领域改革，而是推进所有领域改革，就是从国家治理体系和治理能力的总体角度考虑的。
>
> ——2013年11月12日习近平总书记在中共十八届三中全会第二次全体会议上的讲话

首先，全面深化改革可以完善中国特色社会主义制度。完善中国特色社会主义制度是全面深化改革的基本前提。制度问题是带有根本性、全局性、战略性的问题。改革与社会革命不一样，狭义的社会革命即政治革命是被剥削被压迫的政治力量组织人民根本推翻社会基本制度，用新制度取代原有制度，用新政权替代旧政权，从根本上解放生产力；改革是作为代表劳动人民根本利益的统治者在坚持社会基本制度不变的前提下，用自我革命的方式调节不适应生产力发展的生产关系及其上层建筑中的有关方面和环节，属于局部调整。经过多年的改革，我们实现了用新的市场经济体制替代旧的计划经济体制的"第二次革命"，但在具体制度上不健全不配套，需要进一步制定和落实制度，进一步规范社会主体行为。因而必须推进改革开放由总体浅层次的前半程向深入而全面推进的后半程接续发展。习近平总书记指出："从形成更加成熟更加定型的制度看，我国社会主义实践的前半程已经走过了，前半程我们的主要历史任务是建立社会主义基本制度，并在这个基础上进行改革，现在已经有了很好的基础。后半程，我们的主要历史任务是完善和发展中国特色社会主义制度，为党和国家事业发展、为人民幸福安康、为社会和谐稳定、为国家长治久安提供一整套更完备、更稳定、更管用的制度体系。"[1]"两个半程"的论述具有深邃的历史和战略眼光,阐明了建立更完备、更稳定、更管用的制度体系这一改革新的历史任务和长远战略目标,明确了全面深化改革的历史方位。

其次,全面深化改革可以进一步推进国家治理体系和治理能力的现代化。国家治理体系和治理能力是一个国家的制度和制度执行能力的集中体现。党的十八大之前,我国经过多年的改革,已初步形成国家治理体系和治理能力,但还不完善,在体制转型过程中仍有许多制度漏洞,造成一些干部权力寻租、搭便车、以权谋私、钱权色交易、滥用职权等现象,引发各种贪污腐败及其他犯罪行为。党的十八届三中全会提出的推进国家治理体系和治理能力现代化,是完善和发展中国特色社会主义制度的必然要求,是进一步实现社会主义现代化的题中应有之义。国家治理体系是在党的领导下管理国家的制度体系,是一整套紧密相连、相互协调的国家制度;国家治理能力则是运用国家制度管理社会各方面事务的能力。国家治理体系和治理能力是一个有机整体,相辅相成。有了好的国家治理体系才能提高治理能力,提高国家治理能力才能充分发挥国家治理体系的效能。推进国家治理体系和治理能力现代化,就是要使各方面制度更加科学、更加完善,实现党、国家、社会各项事务治理制度化、规范化、程序化,善于运用制度和法律治理国家,提高党科学执政、民主执政、依法执政的水平,推进源头治理、系统治理、依法治理、综合施策,从而把中国特色社会主义各方面的制度优势转化为治理国家的效能。它包括国家治理理念、治理制度、治理方式手段、治理能力、治理实效等方面的现代化。我们应当及时更新治理理念,深入改革治理体制,丰富完善治理体系,努力提高治理能力;应依据新时代的主导性、开放性、多样性、自主性、创新性、整合性等特征,把握主导性与多样性统一的时代发展规律,立足中国特色社会

---

1 《习近平关于全面深化改革论述摘编》,中央文献出版社2014年版,第27页。

主义共同理想及初级阶段基本国情，明确国家治理现代化思维向度和价值取向，不断完善以人为本、协同治理的社会治理方式，法治与德治统一的治国方略。

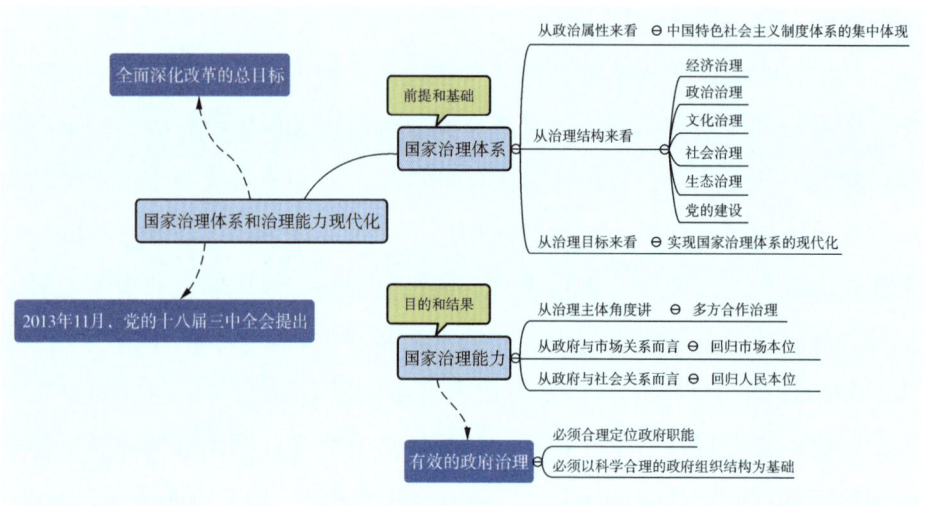

二、将改革进行到底

任何事物都不是一帆风顺的。改革愈深化，面临的难题愈多，风险愈大。挑战与机遇共存、风险与利益同在。在来自国内外的风险挑战面前，能否坚定不移地高举改革大旗，保持战略定力，化不利为有利，化腐朽为神奇，有勇有谋地将改革进行到底，是新时代对中国共产党人的新考验新期待。

（一）坚持用改革的办法破解前进道路上的难题

全面深化改革不仅任务繁重，而且要求更高，既需要凸显改革的全面性、系统性和协调性，又要善于抓住关键环节，聚焦重点领域，坚持问题导向，实现系统集成，凸显全面深化改革的协同效应、整体效应和集成效应。中国特色社会主义进入新时代，我们应当根据新时代特点，直面新难题，集中力量突破新难关。办法总比困难多。改革中的难题只能用适合中国国情的改革办法来解决。

应当坚持用先进理论引领改革创新。事物是在不断变化的。面对发展起来之后社会各种矛盾的新变化新挑战，有不少人思想迷茫、信念动摇、志向缺失、视线模糊，需要我们加强宣传思想工作的引导。应落实习近平总书记在全国宣传思想工作会议上提出的要求："完成新形势下宣传思想工作的使命任务，必须以新时代中国特色社会主义思想和党的十九大精神为指导，增强'四个意识'、坚定'四个自信'，自觉承担起举旗帜、聚民心、育新人、兴文化、展形象的使命任务，坚持正确政治方向，在基础性、战略性工作上下功夫，在关键处、要害处下功夫，在工作质量和水平上下功夫，推动宣传思想工作不断强起来，促进全体人民在理想信念、价值理念、道德观念上紧紧团结在一起，为服务党和国家事业全局作出更大贡献。"[1] 旗帜引领方向，展现形象，鼓舞人心，凝聚力量。我们需要在中国特色社会主义伟大旗帜引领下，传承和弘扬中华优秀传统文化，激发爱国主义的民族精神，树立改革创新的时代精神，突破僵化体制障碍和人们的思想障碍，拨乱反正，正本清源；需要把握机遇，统一认识，凝聚力量，为进一步推进全面深化改革激发源源不断的动力。

（二）保持改革的战略定力

中国特色社会主义是一个新生事物，是一项前无古人的伟大事业，我们党在经济文化落后、人均资源低于世界平均水平、有着世界上最多人口的国度中展开了波澜壮阔的改革开放画卷，在大胆探索中经受了前所未有的困难和考验。

---

1 习近平：《举旗帜聚民心育新人兴文化展形象　更好完成新形势下宣传思想工作使命任务》，载《人民日报》2018年8月23日。

鼓励探索并非没有任何原则地胡作非为或盲目行动，而是有原则、有方向、有底线的。在改革开放之初，邓小平就提出衡量改革及各项工作是非得失的"三个有利于"标准，即：是否有利于发展社会主义社会的生产力，是否有利于增强社会主义国家的综合国力，是否有利于提高人民的生活水平，强调改革中"老祖宗不能丢"，改革中要坚持社会主义原则。习近平总书记也在鼓励人们大胆探索的同时，强调"保持战略定力，保持政治坚定性，明确政治定位"[1]，"我们的改革开放是有方向、有立场、有原则的。我们当然要高举改革旗帜，但我们的改革是在中国特色社会主义道路上不断前进的改革，既不走封闭僵化的老路，也不走改旗易帜的邪路"[2]。新时代的全面深化改革尽管风险挑战很大，然而更要增强政治定力，坚守政治原则和底线，决不能在根本性问题上出现颠覆性错误。

三、把握全面深化改革的方法论

在全面深化改革进程中统筹推进"五位一体"总体布局、协调推进"四个全面"战略布局，需要采取科学的方法论，掌握好改革的力度、发展的速度及社会能承受的程度，需要稳扎稳打、步步为营，精心设计每一步骤，确保社会复合系统良性稳态演进和可持续发展。习近平总书记总结我国改革开放 40 周年的经验时说道："我们坚持加强党的领导和尊重人民首创精神相结合，坚持'摸着石头过河'和顶层设计相结合，坚持问题导向和目标导向相统一，坚持试点先行和全面推进相促进，既鼓励大胆试、大胆

---

[1] 赵凌云、苏娜：《习近平同志关于全面深化改革的十个重要论点》，载《红旗文稿》2014 年第 23 期。

[2] 《习近平关于全面深化改革论述摘编》，中央文献出版社 2014 年版，第 14 页。

闯，又坚持实事求是、善作善成，确保了改革开放行稳致远。"[1]这是新时代推进中国特色社会主义改革方法论的最新表达，必须为新时代进一步推进全面深化改革提供重要指导。

（一）坚持加强党的领导和尊重人民首创精神相结合

40年改革开放的实践证明，我国改革开放取得的一切成就，都是靠全体人民群众发挥积极性和创造性取得的。人民群众是改革开放的主体，是决定我国前途和命运的根本力量。新时代向共产党人提出更高更艰难的历史使命，需要进一步加强党的领导和尊重人民首创精神。人民群众的实践和创造活动离不开党的领导，党的各项改革目标的实现离不开人民群众的拥护和支持。党的领导及广大党员干部的模范带头作用是中国改革大业得以顺利进行的政治保证，人民群众的创新和支持是党的各项改革政策得以落实的动力源泉。

> **原声再现**
>
> 改革重在落实，也难在落实。改革进行到今天，抓改革、抓落实的有利条件越来越多，改革的思想基础、实践基础、制度基础、民心基础更加坚实，要投入更多精力、下更大气力抓落实，加强领导，科学统筹，狠抓落实，把改革重点放到解决实际问题上来。
>
> ——2018年9月20日习近平总书记在主持召开中央全面深化改革委员会第四次会议时的讲话

（二）坚持摸着石头过河和顶层设计相结合

改革开放之初，由于缺乏经验，我国改革开放主要靠摸着石头过河的

---

[1] 习近平：《在庆祝改革开放40周年大会上的讲话》，载《人民日报》2018年12月19日。

办法循序渐进地探索中国特色社会主义道路。随着改革进入新时代，在有了比较成熟的中国特色社会主义理论体系的基础上，迫切需要加强顶层设计和总体规划，提高改革决策的科学性，增强改革措施的协调性。摸着石头过河和加强顶层设计是辩证统一的。在改革方略上，推进局部的阶段性改革要在加强顶层设计的前提下进行；顶层设计要根据现实许可的条件，在推进局部的阶段性改革的基础上实事求是地谋划。在改革布局上，既鼓励基层单位开拓创新，又加强宏观调控，提高总揽全局、协调八方的效能。在改革尺度上，要掌握改革的节律，在该快的地方看准了就要加大力度地改革，在暂时条件不成熟时要把握时间节点和机会，待条件成熟时再去突破，实行治标与治本相结合、渐进与突破相促进，松紧有度，快慢适当，务求实效。

（三）坚持问题导向和目标导向相统一

马克思曾指出，任何真正的哲学都是自己时代精神的精华。只有准确把握、科学回答时代和实践提出的问题，才能带来思想理论的进步，进而引领和推动实践发展。矛盾是事物发展的动力。坚持问题导向就是要有问题意识，用怀疑的、批判的眼光审视客观存在的现实难题和矛盾，以问题为先导和线索去调查研究、寻找资料，把握矛盾的特殊性和关键，不盲目盲从、主观武断，在梳理有关矛盾问题、澄清真相、透过现象看清本质后，再相应制定解决问题的方案和策略。发现问题是为了解决问题。要以目标为导向，没有理想目标就没有追求的动机；明确了理想目标就能以此为追求的动力，积极努力地攻坚克难、化解矛盾，不断向理想目标逐步靠近。问题导向和目标导向是辩证的统一。虽然二者的着眼点和价值取向不同，但在改革进程中是推进事业发展的两个基本动力。理想目标的实现是从发现和解决现实问题为起点的，现实问题的有效解决是为实现长远目标奠定量的基础。坚持问题导向和目标导向相统一，就是要在实现美好理想的方向、道路和任务中，不断地解决前进中遇到的各种困难和问题，在不断克服困难、解决问题中向着既定目标迈进。中国40年的改革正是在问题导向与目标导向、化解现实问题与实现理想目标相统一的实践进程中不断走向成功和辉煌的。

（四）坚持试点先行和全面推进相促进

按照习近平总书记有关全面深化改革的有关论述，在改革实际工作中应着力处理好以下四方面关系：一是处理好解放思想与实事求是的关系。作为改革探路先锋的试点单位和地区，要打破常规和以往旧的思维定势的局限，用创新思维积极开拓进取，将马克思主义基本原理与自身具体实际情况相结合，制定特殊实效性政策，走适合自身发展的道路。二是处理好胆子要大与步子要稳的关系。只要经过充分论证和评估，符合实践需求和发展规律，能试点先行的地区和单位就应抓住机遇、大胆谋划、真抓实干、把握分寸，力求"战略上要勇于进取，战术上则要稳扎稳打"。三是处理好全局与局部的关系。试点先行的局部地区和单位利用了政策放宽及周围有益的人力物力资源条件，在实现先富先发达起来的同时，应从大局整体利益着想，积极带动、帮助后富地区，最终达到共同富裕、共享发展。四是处理好政策配套与政策落实的关系。无论改革试点还是全面推广，均应注重各项事业的整体推进、各项谋略的合理安排，体现"审大小而图之，酌缓急而布之，连上下而通之，衡内外而施之"，充分考虑各项改革治理举措之间的关联性、耦合性，合理安排轻重缓急，融会贯通上下内外，从整体系统上推进各种社会力量的协同创新和共同发展。改革40年来，中国先在深圳、珠海、汕头、厦门等地设经济特区进行改革试点，进而由沿海向内地全面推进，在其他各具体领域的改革亦奉行先试点再推广的实践方略。实践证明，坚持试点先行和全面推进相促进的改革方法，符合中国实际，保证了中国改革在正确的方向上不断前进。

原声再现

注重系统性、整体性、协同性是全面深化改革的内在要求，也是推进改革的重要方法。改革越深入，越要注意协同，既抓改革方案协同，也抓改革落实协同，更抓改革效果协同，促进各项改革举措在政策取向上相互配合、在实施过程中相互促进、在改革成效上相得益彰，朝着全面深化改革总目标聚焦发力。

——2017年6月26日习近平总书记在主持召开中央全面深化改革领导小组第三十六次会议时的讲话

"长风破浪会有时，直挂云帆济沧海"。中国的改革是在中国共产党领导下，依靠中国特色社会主义制度自我发展与完善的方式所开展的波浪式前进运动。从党的十一届三中全会拉开改革序幕到党的十八届三中全会开启全面深化改革的新航程，中国改革大潮不断风起云涌、奇迹迭出。党的十九大进一步规划和明确了未来的新征程新方略新蓝图，我们将在习近平新时代中国特色社会主义新思想的指导下更加充满信心，更加自觉地团结一切可以团结的力量，共同驱动中国巨轮向着社会主义现代化强国的伟大目标迈进。

第七章

构建全面开放新格局

全面开放是实现国家繁荣富强的根本出路。以开放促改革、促发展，是我国现代化建设不断取得新成就的重要法宝。党的十八大以来，以习近平同志为核心的党中央总揽战略全局，推进对外开放理论和实践创新，确立开放发展新理念，实施共建"一带一路"倡议，加快构建开放型经济新体制，倡导发展开放型世界经济，积极参与全球经济治理，对外开放取得新的重大成就。发展更高层次的开放型经济，推动形成更高水平全面开放新格局，这是以习近平同志为核心的党中央，准确判断世界大势，深刻把握新时代改革发展新要求而作出的重大战略部署。

一、新时代对外开放的基本内涵

党的十九大报告从统筹国内国际两个大局的高度、从理论和实践两个维度，系统回答了新时代要不要开放、要什么样的开放、如何更好推动开放等重大命题。认真回答和解决这些重大命题，就要顺应中国人民要发展、要创新、要美好生活的历史要求，契合世界各国人民要发展、要合作、要和平生活的时代潮流，善于发现问题、解决问题，把握好新时代对外开放的新特点。

（一）坚持主动开放

推进新时代全面开放格局的形成需要中国共产党人以开阔的胸襟和勇于担当的勇气坚持主动开放，把开放作为发展的内在要求，更加积极主动地扩大对外开放。习近平总书记指出："世界经济的大海，你要还是不要，都在那儿，是回避不了的。想人为切断各国经济的资金流、技术流、产品流、产业流、人员流，让世界经济的大海退回到一个一个孤立的小湖泊、小河流，是不可能的，也是不符合历史潮流的。"

从积极主动参与全球治理的角度来看，主动扩大对外开放，就要不断增强参与全球治理和区域治理的能力，努力营造一个互利共赢的国际经贸环境。要在多边和区域层面积极参与全球治理，在重塑经贸规则等重大议题上发中国声音、提中国方案、贡献中国智慧。从积极构建全球话语权的角度来看，就要主动参与各国际组织并发挥好引导作用，提高我国在国际经济领域的话语权。大力推进新型国际合作，带动我国装备、技术、标准、服务走出去，实现优势互补。大力推进国际贸易和投资自由化便利化。切实推进我国对外贸易结构转型升级，加快我国从贸易大国向贸易强国转变。增强我国技术和资本密集产品的国际竞争力，提升我国的出口结构。此外，要主动处理好对外开放同维护经济安全的关系，坚持底线思维，注重风险防控和评估,在扩大开放中动态地谋求更高层次的总体安全。

(二)坚持双向开放

坚持双向开放,把引进来与走出去更好结合起来,拓展经济发展空间。在引进来方面,适应我国加快转变经济发展方式的要求,着力提高引资质量,注重吸收国际投资搭载的技术创新能力、先进管理经验,吸引高素质人才。坚持引资和引技引智并举,提升利用外资的技术溢出效应和产业升级效应。在走出去方面,适应我国对外开放从贸易大国迈向贸易强国、对外投资大国,以及市场、资源能源、投资"三头"对外深度融合的新局面,支持我国企业扩大对外投资,推动装备、技术、标准、服务走出去,提升在全球价值链中的地位。

(三)坚持全面开放

追求全面开放是提高开放水平的必然,也是新时代中国经济社会发展的内在要求。习近平总书记指出,中国将继续全面对外开放,推进同世界各国的互利合作。

首先,坚持全面开放体现在开放空间上,就是优化区域开放布局,坚持沿海开放与内陆沿边开放更好结合。推动内陆和沿边地区从开放的洼地变为开放的高地,形成陆海内外联动、东西双向互济的开放格局,进而形成区域协调发展新格局。坚持向发达国家开放与向发展中国家开放更好结合,扩大同各国的利益交汇点,积极发展全球伙伴关系,全面发展同各国的平等互利合作,实现出口市场多元化、进口来源多元化、投资合作伙伴多元化。其次,坚持全面开放体现在开放举措上,就是推动"一带一路"建设,坚持自主、包容、共赢开放,加强创新能力开放合作,做到多边开放与区域开放更好结合,做开放型世界经济的建设者贡献者。积极参与全球治理体系改革和建设,支持多边贸易体制,促进自由贸易区建设,推动建设开放型世界经济。这既是拓展自身开放空间的需要,也体现了维护国际经济秩序的责任担当。最后，坚持全面开放体现在开放内容上，就是要大幅度放宽市场准入，进一步放开一般制造业，有序扩大服务业对外开放，扩大金融业双向开放，促进基础设施互联互通。推进全面开放，还要求协同推进战略互信、经贸合作、人文交流。

（四）坚持公平开放

坚持公平开放，构建公平竞争的内外资发展环境。习近平总书记强调，保护外商投资合法权益，凡是在我国境内注册的企业，一视同仁、公平对待。公平开放要求改变过去依靠土地、税收等优惠政策招商引资的做法，通过加强法制建设，为外资企业提供公平、透明、可预期的市场环境，实现各类企业平等使用生产要素、公平参与市场竞争、同等受到法律保护。公平公正对待包括外资企业在内的所有市场主体，努力营造公开透明的法律政策环境、高效的行政环境、平等竞争的市场环境，尤其是保护好知识产权。

原声再现

推动形成全面开放新格局。开放带来进步，封闭必然落后。中国开放的大门不会关闭，只会越开越大。要以"一带一路"建设为重点，坚持引进来和走出去并重，遵循共商共建共享原则，加强创新能力开放合作，形成陆海内外联动、东西双向互济的开放格局。拓展对外贸易，培育贸易新业态新模式，推进贸易强国建设。实行高水平的贸易和投资自由化便利化政策，全面实行准入前国民待遇加负面清单管理制度，大幅度放宽市场准入，扩大服务业对外开放，保护外商投资合法权益。凡是在我国境内注册的企业，都要一视同仁、平等对待。优化区域开放布局，加大西部开放力度。赋予自由贸易试验区更大改革自主权，探索建设自由贸易港。创新对外投资方式，促进国际产能合作，形成面向全球的贸易、投融资、生产、服务网络，加快培育国际经济合作和竞争新优势。

——2017年10月18日习近平总书记在中国共产党第十九次全国代表大会上的报告

（五）坚持共赢、包容开放

推动共赢包容对外开放是我国经济社会发展的内在要求。党的十九大强调，要以"一带一路"建设为重点，坚持引进来和走出去并重，遵循共商共建共享原则，加强创新能力开放合作，形成陆海内外联动、东西双向互济的开放格局。

从国内看，当前我国劳动力成本持续攀升，资源约束日益趋紧，环境承载能力接近上限，加快转变发展方式、优化经济结构、转换增长动力的任务更加紧迫。只有打开国门搞建设，坚定不移实施对外开放的基本国策，实行更加积极主动的开放战略，才能获得更多推动发展所必需的资金、技术、资源、市场、人才乃至机遇，才能不断为经济发展注入新动力、增添新活力、拓展新空间。实践充分证明，对外开放是推动我国经济社会发展的重要动力，只有坚持对外开放，顺应经济全球化潮流，才能更好实现可持续发展。

> **小贴士**
>
> 中国国际进口博览会：英文名称为China International Import Expo，简称CIIE。由中华人民共和国商务部、上海市人民政府主办，旨在坚定支持贸易自由化和经济全球化、主动向世界开放市场，吸引了58个"一带一路"沿线国家的超过1000多家企业参展，将成为共建"一带一路"的又一个重要支撑。2018年11月5日至10日，首届中国国际进口博览会在国家会展中心（上海）举行。

标识　　　　　　　　　　国家会展中心（上海）

从国际社会发展动态来看，推动共赢包容开放要综合研判世界发展大势。经济全球化是不可逆转的时代潮流，滴水不成海，独木难成林，世界经济的浪潮谁都回避不了。当今人类面临的不稳定不确定因素依然很多，新一轮科技和产业革命给人类社会发展带来新的机遇，也提出前所未有的挑战。和平与发展是世界各国人民的共同心声，只有坚持走开放融通、互利共赢之路，构建开放型世界经济，推动贸易和投资自由化便利化，维护多边贸易体制，共同打造新技术、新产业、新业态、新模式，才能推动经济全球化朝着更加开放、包容、普惠、平衡、共赢的方向发展。

推动共赢包容开放要敞开胸怀、拥抱世界。我们要兼容并蓄、和而不同，加强双边和多边框架内合作，推动文明互鉴，使文明交流互鉴成为增进各国人民友谊的桥梁、推动社会进步的动力、维护地区和世界和平的纽带。

二、新时代对外开放面临新形势

当前，世界正处于大发展大变革大调整时期，我国经济正处在转变发展方式、优化经济结构、转换增长动力的攻关期，对外开放面临的国内外形势正在发生深刻复杂变化，机遇前所未有，挑战前所未有，总的来说，机遇大于挑战。

（一）新旧动能转换成为经济复苏繁荣的关键

党的十九大报告指出，我国经济已由高速增长阶段转向高质量发展阶段，正处在转变发展方式、优化经济结构、转换增长动力的攻关期，建设现代化经济体系是跨越关口的迫切要求和我国发展的战略目标。当前，中国经济作为世界经济的重要组成部分，应积极应对新一轮工业革命背景下知识化、信息化、经济全球化的新挑战和新机遇，实现新旧动能转换，推动经济实现高质量发展。从经济发展的实际来看，实现新旧动能转换是中国经济社会发展动力转换的内生要求，具有重要意义。

国际金融危机爆发以来，深层次影响持续显现，世界经济复苏艰难曲折，全球贸易增速连续五年低于世界经济增速，跨国投资尚未恢复到危机前水平。近期，世界经济呈现回暖向好态势，全球贸易和投资回升，国际金融市场总体稳定，新一轮科技革命和产业变革蓄势待发，新产业、新技术、新业态层出不穷。但世界经济尚未走出亚健康和弱增长的调整期，深

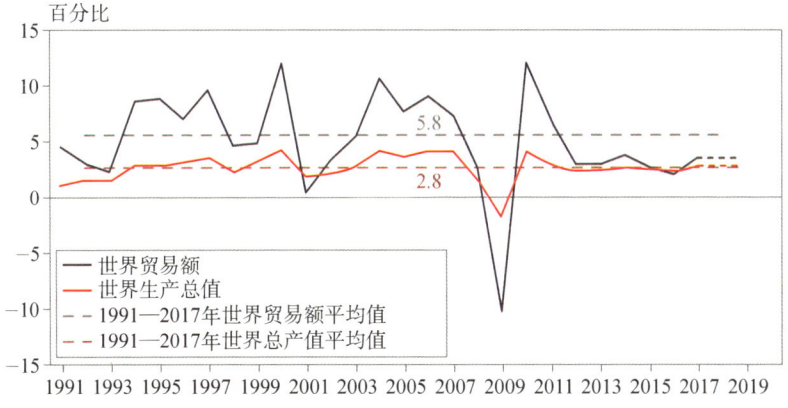

1991—2017年间世界贸易和世界总产值增长图

数据来源：UN/DESA（收录于"World Economic Situation and Prospects 2018"）。

层次结构性矛盾并未有效解决，新的增长动力仍未形成，潜在增长率不升反降，不确定因素较多。我国 2016 年政府工作报告指出要推动新技术、新产业、新业态加快成长，培育壮大新动能，加快发展新经济。"旧动能"对应于传统产业和传统经济模式，既包括"两高一剩"产业，也包括对经济增长支撑作用下降的对外贸易。对于"旧动能"，实行产业转型升级与提升发展效率和质量，可转换为"新动能"。

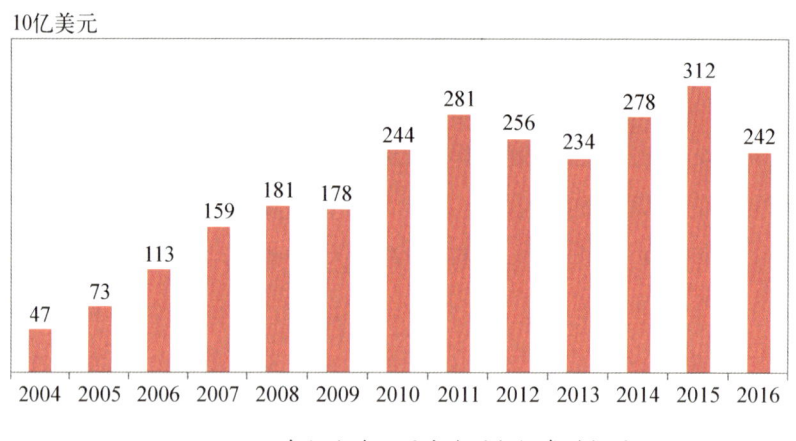

2004—2016 年间全球可再生能源新投资增长图

数据来源：Frankfurt School–UNEP Centre/BNEF (2017)（收录于"World Economic Situation and Prospects 2018"）。

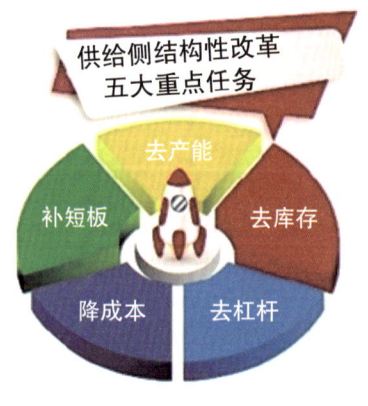

面对新旧动能转换新形势，要在坚持创新驱动、增强经济社会发展的内生动力上下功夫，在优化要素配置、提升全要素生产率上下功夫，在扩大内需、提升产品质量和引领消费升级上下功夫，在提升对外开放度、构建有利的全球价值链、强化制度供给、提升制度环境软实力上下功夫。推动新旧动能转换，加快培育新动能、改

造升级旧动能、促进新旧动能混合提升，是推进一二三产业协同发展、融合发展的重要方式，关系到整个产业结构的转型升级。新旧动能能否转换，成为经济复苏的关键，如何在错综复杂的全球经济形势下抓住机遇、化解挑战，是我国对外开放工作面临的重要任务。

（二）更趋平衡成为国际力量对比的走势

由于世界经济格局深度调整，新兴市场和发展中国家群体性崛起，国际力量"东升西降""南升北降"态势更加明显。2016年，新兴市场和发展中国家对世界经济增长的贡献率达80%，占全球经济的比重达38.8%，较2007年提高10.5个百分点；金砖五国占全球经济的比重达22.4%，提高8.8个百分点。发展中国家在国际经济规制改革中的参与权和话语权增大，一批国家进入世界事务的中心舞台。特别是金融危机之后，中国的世界影响力日益扩大，没有中国的参与，就不可能实现有效的多边主义。随着大国关系的调整，中国的话语权日益提升。

过去五年，中国对世界经济增长的贡献率保持在30%以上，在全球经济治理体系中的制度性话语权显著提升，这有利于维护我国的发展利益。应看到，印度等新兴国家经济发展持续上升，也为世界经济发展作出了贡献，作为新兴经济体在全球经济中的占比也在提升。与此同时，随着我国日益走近世界舞台中央，国际社会希望中国在国际事务中发挥更大作用、在应对全球性挑战中承担更多责任。如何扮演好新的国际角色，承担与自身发展阶段相适应的责任，是不容回避的重要课题。习近平总书记出席系列多边峰会时，多次发出反对保护主义、支持经济全球化的中国强音，起到了稳定人心、增强信心的重要作用。中国日益成为世界乱局中的稳定器、变局中的正能量。

（三）在曲折中深入发展成为经济全球化的特征

世界多极化格局使世界各种力量逐渐形成既相互借重又相互制约与制

衡的关系，在不断发展的科技革命和生产国际化的推动下，各国经济的相互依赖、相互渗透日益加深，阻碍生产要素在全球自由流通的各种壁垒正处在不断削减的历史过程中。经济全球化使各国经济相互交织、相互融合、相互依赖、相互渗透，以致世界经济发展为一个密不可分的整体。但也要看到，世界多极化的最终形成将经历一个漫长、曲折、复杂的演进过程。在这个过程中，单极与多极的矛盾、称霸与反霸的斗争，将成为相当长一个时期内国际斗争的焦点。合作中的竞争和竞争中的合作成为世界格局多极化趋势发展过程中的重要特征。

在日趋激烈的综合国力竞争中，经济技术的地位越来越重要。强大的经济技术力量是成为世界一极的根本条件。因此，各国都把发展经济摆在优先地位。世界格局多极化能否成为现实，归根到底，取决于世界各大力量中心的经济能否迅速发展，取决于后发国家的技术能否后来居上，取决于发展中国家的经济能否实现腾飞。

以贸易和投资自由化便利化为代表的经济全球化，促进了世界和平、稳定和繁荣，符合世界各国的共同利益，代表了人类文明发展的方向。但经济全球化从来不是一帆风顺的，而是在曲折中向前发展。近年来，世界经济疲弱，发展失衡、治理困境、公平赤字等问题更加突出，反全球化思潮涌动，保护主义和内顾倾向有所上升，给世界经济贸易发展蒙上了阴影。经济全球化是时代大潮，其深入发展的大势不可逆转，但速度可能有所放缓、动力可能有所转换、规则可能有所改变。如何更好适应和引导经济全球化，推动经济全球化朝着更加开放、包容、普惠、平衡、共赢的方向发展，是中国与世界各国的共同责任。

（四）加快培育竞争优势成为开放型经济的发展方向

加快培育竞争新优势成为我国开放型经济的发展方向。我国经济发展进入新常态，劳动力成本持续攀升，资源约束日益趋紧，环境承载能力接近上限，开放型经济传统竞争优势受到削弱，传统发展模式遭遇瓶颈。但也要看到，我国人力资源丰富，市场规模庞大，基础设施比较完善，产业配套齐全，创新发展的制度环境和政策环境不断完善，开放型经济仍然具备综合竞争优势。

在传统的竞争环境下，竞争优势一旦建立，可能维持几十年而不会发生变化。在超竞争环境下，一个国家、一个企业能否成功取得竞争优势取决于其能否快速地从一种优势转向另一种优势。在这种情况下，即使是一个小企业有时也能驱动整个行业向上升级。这种超竞争性企业迫使其他公司或者背水一战，或者被竞争淘汰。在严峻复杂的国内外环境倒逼下，我国加工贸易加快转型升级，服务贸易持续快速发展，外贸新产品、新业态、新模式不断涌现，企业国际化经营能力明显增强，在国际分工中的地位逐步提升。如何因势利导、乘势而上，推动开放型经济加快由要素驱动向创新驱动转变，由规模速度型向质量效益型转变，由成本、价格优势为主向以技术、标准、品牌、质量、服务为核心的综合竞争优势转变，从而实现质量变革、效率变革、动力变革，这是对外开放工作必须把握的主攻方向。

三、新时代对外开放开启新征程

纵观世界大势，经济全球化是不可逆转的时代潮流。党的十九大报告既有很强的理论性、战略性、思想性，又有很强的针对性、实践性、操作性，明确了新时代的开放理念、开放战略、开放目标、开放布局、开放动力、开放方式等，规划了今后一个时期对外开放的路线图，推出了一系列新任务新举措。

（一）坚定不移地贯彻新发展理念

理念是行动的先导，一定的发展实践都是由一定的发展理念来引领的。发展理念是否对头，从根本上决定着发展成效乃至成败。《中共中央关于制定国民经济和社会发展第十三个五年规划的建议》强调，首先要把应该树立什么样的发展理念搞清楚，发展理念是战略性、纲领性、引领性的东西，是发展思路、发展方向、发展着力点的集中体现。该建议提出要坚持创新、协调、绿色、开放、共享的发展理念。其中，创新发展注重的是解决发展动力问题，抓住了创新就抓住了牵动经济社会发展的"牛鼻子"；协调发展注重的是解决发展不平衡问题，更加注重发展机会公平、资源配置均衡；绿色发展注重的是解决人与自然和谐问题，注重尊重自然、顺应自然、保护自然；共享发展注重的是解决社会公平正义问题，坚持以人民为中心的发展思想，体现的是逐步实现共同富裕的要求。

开放发展理念注重的是解决发展内外联动问题。当前，国际经济合作和竞争局面正在发生深刻变化，全球经济治理体系和规则正在面临重大调整，引进来、走出去在深度、广度、节奏上都是过去所不可比拟的，应对外部经济风险、维护国家经济安全的压力也是过去所不能比拟的。我国对外开放水平总体上还不够高，用好国际国内两个市场、两种资源的能力还不够强，应对国际经贸摩擦、争取国际经济话语权的能力还比较弱，运用国际经贸规则的本领也不够强，需要加快弥补。为此，我们必须坚持对外开放的基本国策，奉行互利共赢的开放战略，深化人文交流，完善对外开放区域布局、对外贸易布局、投资布局，形成对外开放新体制，发展更高层次的开放型经济，以扩大开放带动创新、推动改革、促进发展。"一带一路"建设是扩大开放的重大战略举措和经济外交的顶层设计，要找准突破口，以点带面、串点成线、步步为营、久久为功。要推动全球经济治理体系改革完善，引导全球经济议程，维护多边贸易体制，加快实施自由贸易区战略，积极承担与我国能力和地位相适应的国际责任和义务。

（二）坚持引进来与走出去并重

引进来与走出去并重是开放型经济发展到较高阶段的重要特征，也是更好统筹国际国内两个市场、两种资源、两类规则的有效途径。改革开放之初，我们主要强调引进来，通过吸引外资，利用国外资金、先进技术和管理经验促进我国自身发展，对外贸易以加工贸易产品输出为主，对外投资很少。如何更好适应和引导全球化，推动经济全球化朝更加开放、包容、普惠、平衡、共赢的方向发展，是中国和世界共同的责任与时代课题。目前，我国各行业领域仍有较大引进来的开放空间，同时也需要进一步扩大国际影响力，实行高水平走出去。

随着对外开放的不断深化，我国利用外资转向着力提高引资的质量，注重吸收国际投资搭载的技术创新能力、先进的管理经验以及高素质人才。在降低生产成本方面，全面推进"营改增"、清理整顿涉企收费、完善价格形成机制、提高物流运输集约化水平等一系列"降成本"措施。外资领域"放管服"改革也在深入推进，投资便利化程度不断提高。在市场准入方面，全面实行准入前国民待遇加负面清单管理制度。这为改善营商环境指明了方向。出口从以消费品为主向投资品比重上升转变。对外投资更加注重推进"一带一路"建设，深化国际产能合作，带动国内优势产能、优质装备、适应技术输出，提升我国技术研发和生产制造能力，弥补我国能源资源短缺，推动我国相关产业提质升级。我国对外开放已经进入新阶段，推动装备、技术、标准、服务"走出去"，打造中国制造金字品牌，有利于统筹国际国内两个大局，提升开放型经济发展水平，实现从产品输出向产业输出的华丽转身。同时，人民生活水平的日益提高，生产生活消费的升级，对于进口有了更大的需求。因此，需要推进更高水平的双向开放，坚持引进来和走出去并重，促进国内国际要素有序流动、资源高效配置、市场深度融合。

资料链接

"放管服"改革与党的十一届三中全会以来市场取向改革的大思路一脉相承，是"放开搞活"历史经验的延续和发展，是完善社会主义市场经济体制丰富实践的重要内容。……2013年，我们提出把简政放权、放管结合作为"当头炮"和"先手棋"，承诺五年内国务院部门行政审批事项压减三分之一，实际上仅用两年就实现了这个目标；2014年强化放管结合，2015年又将优化服务纳入其中，形成了"放管服"三管齐下、全面推进的格局，改革综合效应不断显现。同时，"放管服"改革作为政府管理经济社会方式的创新和革命，牵一发而动全身，有效带动了价格、财税、金融、社会事业等领域改革，助推全面深化改革不断深入。

——李克强：《在全国深化"放管服"改革转变政府职能电视电话会议上的讲话》（2018年6月28日）

（三）加快建设贸易强国

加快建设贸易强国，是在新时代坚持和发展中国特色社会主义对外贸易的行动纲领，是向中国对外贸易工作和事业发出了奋进新时代、开启新征程的进军号令。党的十八大以来，中国坚持对外开放基本国策，加快建设开放型经济强国，不断提升发展的内外联动性，大力推动"一带一路"建设和国际产能合作，推进自由贸易区建设，中国的货物贸易大国地位不断巩固，连续保持全球货物贸易第一大出口国和第二大进口国地位，对外贸易由量的扩张转向质的提升，表明中国正在从贸易大国向贸易强国转变。

新时代提出发展新要求，开启新时代的中国对外贸易事业更需要拿出新的精气神，加快转变外贸发展方式，从以货物贸易为主向货物和服务贸易协调发展转变，从依靠模仿跟随向依靠创新创造转变，从大进大出向优质优价、优进优出转变。首先，做优做强做大以先进制造业为主的实体经济部门，这是全面建设现代化经济体系的基础任务。其次，要依靠真正落实创新驱动发展战略和构建创新型国家，这是全面建设现代化经济体系的战略支撑。必须培育起以技术、品牌、服务为核心的产品质量优势，用创新提升竞争力，逐步掌握国际定价权，以此打造中国企业主导的全球价值链。再次，加快完善社会主义市场经济体制，这是全面建设现代化经济体系的制度安排。对内要深化外贸管理职能的转变，实行高水平的贸易和投资自由化便利化政策；对外更多掌握国际经贸规则的制定权和话语权，在切实维护国家利益的同时形成互利共赢的国际经贸格局。要长期保持较大规模的进出口总量，在全球贸易中有较强影响力，具有主导权和话语权；要打造一批拥有较强的国际竞争力、创新能力突出的出口企业，要有一批能够整合全球资源、主导全球价值链和产业链、掌握国际定价权的全球性跨国公司，积极参与国际经贸规则制定，成为国际经贸规则体系的引领者和责任人，做世界和平的建设者、全球发展的贡献者、国际秩序的维护者，对世界经济增长和贸易复苏作出更多更新更大的贡献。

（四）推进共建"一带一路"走深走实

"一带一路"建设是我国扩大对外开放的重大举措，也是今后一段时期对外开放的工作重点。习近平总书记在主持召开中央外事工作委员会第一次会议时强调,几年来,"一带一路"建设从理念到行动,发展成为实实在在的国际合作,取得了令人瞩目的成就。越来越多的国际人士、国际组织和国家高度认同并积极响应和参与"一带一路"建设。今后,我们仍需要继续扩大对外开放,加强同各国的沟通、协商、合作,推动"一带一路"建设走深走实、行稳致远,让世界共享"一带一路"倡议的机会和成果。秉承和遵循共商共建共享的原则,积极促进"一带一路"国际合作,努力实现政策沟通、设施联通、贸易畅通、资金融通、民心相通,打造国际合作新平台,把"一带一路"打造成为顺应经济全球化潮流的最广泛国际合作平台,增添共同发展新动力,让共建"一带一路"更好造福各国人民。

具体来说,要抓好以下几方面工作:一是加强同沿线国家发展战略对接,增进战略互信,寻求合作的最大公约数,将"一带一路"建成和平之路。二是聚焦发展这个根本,大力推动互联互通和产业合作,拓展金融合作空间,将"一带一路"建成繁荣之路。三是提高贸易和投资自由化便利化水平,与相关国家商谈优惠贸易安排和投资保护协定,全面加强海关、检验检疫、运输物流、电子商务等领域合作,将"一带一路"建成开放之路。四是抓住新一轮科技革命和产业变革的机遇,加强创新能力开放合作,将"一带一路"建成创新之路。五是建立多层次的人文合作机制,推动教育、科技、文化、体育、卫生、青年、媒体、智库等领域合作,夯实民意基础,将"一带一路"建成文明之路。

习近平总书记在出席亚洲博鳌论坛开幕式时宣布了一系列对外开放重大举措,他指出,"我们将尽快使之落地,宜早不宜迟,宜快不宜慢,努力让开放成果及早惠及中国企业和人民,及早惠及世界各国企业和人民。我相信,经过努力,中国金融业竞争力将明显提升,资本市场将持续健康发展,现代产业体系建设将加快推进,中国市场环境将大大改善,知识产权将得到有力保护,中国对外开放一定会打开一个全新的局面"。

人类的历史就是在开放中发展的。回首40年改革开放历程,中国共产党领导中国人民坚持对外开放基本国策,打开国门搞建设,成功实现从

4次自主下调关税，达成17个自贸协定

封闭半封闭到全方位开放的伟大转折。中国人民更加坚定地认识到，只有改革开放才能发展中国，我们将继续坚定奉行互利共赢的开放战略，在更高水平的对外开放中拥抱世界。面向未来，中国将以更负责的精神、更开放包容的胸襟、更高质量的增长，在实现自己发展的同时，为世界各国共同繁荣作出更大贡献。习近平总书记在首届中国国际进口博览会开幕式上说："中国坚持对外开放的基本国策不会改变，坚持打开国门搞建设不会改变，中国开放的大门不会关闭，只会越开越大。"

第八章

坚持全面依法治国，建设社会主义法治国家

党的十八大以来，中央对全面依法治国作出一系列重大决策，提出一系列全面依法治国新理念新思想新战略，明确了全面依法治国的指导思想、发展道路、工作布局、重点任务，为新时代深化依法治国实践，加快建设社会主义法治国家提供了根本遵循。党的十九大明确了全面推进依法治国总目标，即建设中国特色社会主义法治体系、建设社会主义法治国家，这就明确了全面依法治国的道路方向。全面推进依法治国是一项庞大的系统工程，必须统筹兼顾、把握重点、整体谋划，坚持依法治国、依法执政、依法行政共同推进，坚持法治国家、法治政府、法治社会一体建设。

一、全面依法治国的基本方略

党的十九大明确了全面推进依法治国总目标，即建设中国特色社会主义法治体系、建设社会主义法治国家，这就明确了全面依法治国的道路方向。全面推进依法治国是一项庞大的系统工程，必须统筹兼顾、把握重点、整体谋划，坚持依法治国、依法执政、依法行政共同推进，坚持法治国家、法治政府、法治社会一体建设。

（一）建设中国特色社会主义法治体系、建设社会主义法治国家

走什么样的法治道路、建设什么样的法治体系，是由一个国家的基本国情决定的。在坚持和拓展中国特色社会主义法治道路这个根本问题上，我们要树立自信、保持定力。世界上不存在定于一尊的法治模式，也不存在放之四海而皆准的法治道路。当今世界不同国家和地区，由于各自的历史背景、政治制度、法律文化和发展道路不同，法治模式和法律体系也各不相同。正确的法治道路书上抄不来，别人送不来，只能靠自己走出来。改革开放以来，我国法治建设最大的成就是开辟了中国特色社会主义法治道路。

坚持中国特色社会主义法治道路，就要从我国实际出发，同推进国家治理体系和治理能力现代化相适应，突出中国特色、实践特色、时代特色，既不能罔顾国情、超越阶段，也不能因循守旧、墨守成规。要学习借鉴世界上优秀的法治文明成果，但必须坚持以我为主、为我所用，认真鉴别、合理吸收，不能搞"全盘西化"，不能搞"全面移植"，不能照搬照抄。中国特色社会主义法治道路是我国社会主义法治建设成就和经验的集中体现，是建设社会主义法治国家的唯一正确道路。

建设中国特色社会主义法治体系、建设社会主义法治国家，是全面推进依法治国的总目标，依法治国各项工作都要围绕总目标来部署和展开。

资料链接

全面推进依法治国这件大事能不能办好，最关键的是方向是不是正确、政治保证是不是坚强有力，具体讲就是要坚持党的领导，坚持中国特色社会主义制度，贯彻中国特色社会主义法治理论。党的领导是中国特色社会主义最本质的特征，是社会主义法治最根本的保证。中国特色社会主义制度是中国特色社会主义法治体系的根本制度基础，是全面推进依法治国的根本制度保障。中国特色社会主义法治理论是中国特色社会主义法治体系的理论指导和学理支撑，是全面推进依法治国的行动指南。这三个方面实质上是中国特色社会主义法治道路的核心要义，规定和确保了中国特色社会主义法治体系的制度属性和前进方向。

——2014年10月20日习近平总书记关于《中共中央关于全面推进依法治国若干重大问题的决定》的说明

建设中国特色社会主义法治体系是总揽全局、牵引各方的抓手，没有社会主义法治体系就不可能建成社会主义法治国家。

建设中国特色社会主义法治体系，第一，要完善以宪法为核心的法律规范体系，推进科学立法、民主立法、依法立法，充分发挥立法的引领和推动作用，抓住提高立法质量这个关键，主动适应改革和经济社会发展需要，使每一项立法都符合宪法精神、反映人民意志、得到人民拥护。

第二，要建设高效的法治实施体系。要维护宪法权威，推动宪法和法律有效实施，按照有法必依、执法必严、违法必究的要求，加快完善执法、司法、守法等方面的体制机制，做到严格执法、公正司法、全民守法，确保法律全面有效实施。

第三，要建设严密的法治监督体系。要以规范和约束公权力为重点，构建党统一指挥、全面覆盖、权威高效的监督体系，把党内监督同国家机关监督、民主监督、司法监督、群众监督、舆论监督贯通起来，增强监督合力，强化监督责任，提高监督实效，做到有权必有责、有责要担当、失责必追究。

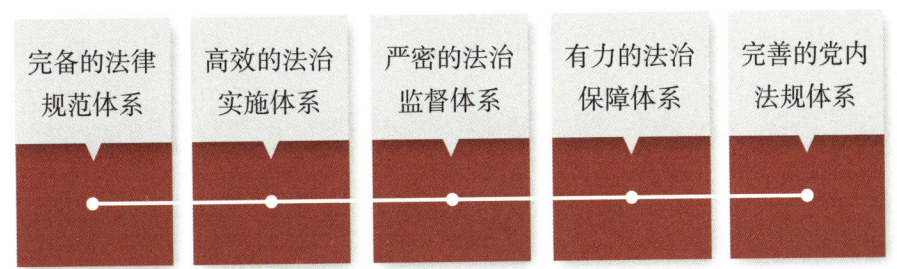

第四,要建设有力的法治保障体系。最重要的是加强党对全面依法治国的领导,提高依法执政水平和能力,为法治建设提供强有力的政治和组织保障。同时,要改革和完善不符合法治规律、不利于依法治国的体制机制,加快建设包括宪法实施和执法、司法、守法等方面的工作体制机制,为全面依法治国提供完备的制度保障;要加强法治队伍建设,为全面依法治国提供有力的队伍保障和物质保障。

第五,建设中国特色社会主义法治体系,还包括形成与国家法律衔接协调的完善的党内法规体系。要构建以党章为根本,以民主集中制为核心,以准则、条例等中央党内法规为主干,由各领域各层级党内法规制度组成的党内法规制度体系。

(二)依法治国、依法执政、依法行政共同推进

依法治国是我国国家治理的基本方略,依法执政是我们党治国理政的基本方式,依法行政是依法治国的重要环节,三者本质一致、目标一体、成效相关,是有机联系的整体,必须共同推进。依法治国需要通过党依法执政和政府依法行政来推进与体现,能否做到依法治国,关键在于党能不能坚持依法执政,各级政府能不能坚持依法行政。党依法执政、政府依法行政的能力和水平决定了依法治国的实现程度。

我们党是执政党,党坚持依法执政对全面推进依法治国具有引领作用。依法执政要求必须坚持党领导立法、保证执法、支持司法、带头守法。我们党要增强依法执政意识,坚持以法治的理念、法治的体制、法治的程序开展工作,改进党的领导方式和执政方式,推进依法执政制度化、规范化、程序化,不断提高依法执政的能力和水平。党带头遵守和执行法律是依法治国方略对执政党的要求,是实现坚持全面依法治国方略的重要内容。各级党委、组织部门必须在宪法法律范围内活动,各级领导干部要带头依法办事、带头遵守法律。

依法行政是实现依法治国的重要手段和依托,是各级政府活动的基本准则。依法行政要求各级政府及其公职人员要树立宪法法律的权威,将法治作为一种思维方式和工作方式,在"法定职责必须为,法无授权不可为"的基本原则指导下,按照法定程序处理行政事务。推进依法行政,要健全依法决策机制,完善执法程序,严格执法责任,做到严格规范公正文明执法。要下大力气解决执法领域存在的有法不依、执法不严、违法不究甚至以权压法、权钱交易、徇私枉法等老百姓深恶痛绝的突出问题。

（三）法治国家、法治政府、法治社会一体建设

法治国家、法治政府、法治社会三者相互依存、相辅相成,共同构成了法治中国的内涵和要求。党的十九大明确提出,到2035年法治国家、法治政府、法治社会基本建成,各方面制度更加完善,国家治理体系和治理能力现代化基本实现,这就要求全面依法治国必须坚持三者同步规划、同步实施、一体建设。

法治国家是对国家治理方式和治理方略的要求,是社会主义法治建设的目标。建设法治国家,就是坚持在中国共产党的领导下按宪法和法律规定进行国家治理,涉及国家立法、执法、司法、守法等方面的体制机制建设。

法治政府是对行政机关依法行政的要求,是全面推进依法治国的主体。在建设法治国家的总目标下,法治政府的建设是全面推进依法治国的重点

和关键。各级政府必须坚持在党的领导下、在法治轨道上开展工作，加快建设职能科学、权责法定、执法严明、公开公正、廉洁高效、守法诚信的法治政府。进入新时代，法治政府建设必须更加优化顶层设计，各级政府必须进一步创新执法体制，完善执法程序，推进综合执法，严格执法责任，做到公正文明执法。

法治社会是对全社会尊法学法守法用法的要求，是全面推进依法治国的基础。全面推进依法治国需要全社会共同参与，需要全社会法治观念增强，必须在全社会弘扬社会主义法治精神，建设社会主义法治文化。要在全社会树立法律权威，使人民认识到法律既是保障自身权利的有力武器，也是必须遵守的行为规范，培育社会成员办事依法、遇事找法、解决问题靠法的良好环境，自觉抵制违法行为，自觉维护法治权威。建设法治社会，必须进一步强化和提升社会治理法治化水平，在法治的轨道上，不断完善党委领导、政府主导、社会协同、公众参与、法治保障的社会治理体制。推进法治社会建设，要依法防范风险、化解矛盾、维护权益，加快形成共建共治共享的现代基层社会治理新格局。

二、加强党对全面依法治国的领导

党的领导是中国特色社会主义最本质的特征，是社会主义法治最根本的保证。坚持和发展中国特色社会主义要依靠法治，坚持中国特色社会主义法治道路最根本的是坚持中国共产党的领导。

（一）坚持党的领导、人民当家作主、依法治国有机统一

坚持全面依法治国、建设社会主义法治国家离不开党的领导。全面推进依法治国，绝不是要虚化、弱化甚至动摇、否定党的领导，而是为了进

一步巩固党的执政地位、改善党的执政方式、提高党的执政能力，保证党和国家长治久安。要正确认识把握党和法的关系。习近平总书记强调，党和法的关系是一个根本问题，这个问题处理得好，则法治兴、党兴、国家兴；处理得不好，则法治衰、党衰、国家衰。抓住了这个根本问题，就抓住了中国特色社会主义法治的本质和核心。习近平总书记指出，"党大还是法大"是一个政治陷阱，是一个伪命题。在我国，法是党的主张和人民意愿的统一体现，党领导人民制定宪法法律，党领导人民执行宪法法律，党自身必须在宪法法律范围内活动。党和法、党的领导和依法治国是高度统一的，决不能把党的领导和法治割裂开来、对立起来。我们讲依宪治国、依宪执政，同西方所谓"宪政"有着本质区别。坚持依宪治国、依宪执政，就包括坚持宪法确定的中国共产党的领导地位不动摇，坚持宪法确定的人民民主专政的国体和人民代表大会制度的政体不动摇。任何人以任何借口否定中国共产党领导和我国社会主义制度，都是错误的、有害的，都是违反宪法的，都是绝对不能接受的。当然，我们说不存在"党大还是法大"的问题，是把党作为一个执政整体而言的，是就党的执政地位和领导地位而言的，具体到每个党组织、每个领导干部、每个党员，就必须服从和遵守宪法法律，不能以党自居，不能把党的领导作为个人以言代法、以权压法、逐利违法、徇私枉法的挡箭牌。这个界限一定要划分清楚。

党的领导必须依靠社会主义法治。法治是我们党治国理政的根本依托。在新的历史时期，我们党面临诸如解放和增强社会活力、促进社会公平正义、维护社会和谐稳定、确保党和国家长治久安等重大问题，要解决这些问题，就必须全面推进社会主义法治国家建设，从法治上为解决这些问题提供制度化方案。同时，我们党加强自身建设、强化执政地位离不开法治，党自身也必须在宪法和法律范围内活动。

坚持党的领导、人民当家作主、依法治国有机统一，这是我国社会主义法治建设的一条基本经验。党的领导是人民当家作主和依法治国的根本保证，人民当家作主是社会主义民主政治的本质特征，依法治国是党领导人民治理国家的基本方式，三者统一于我国社会主义民主政治伟大实践。党的领导与人民当家作主是根本一致的。只有在党的领导下依法治国、厉行法治，人民当家

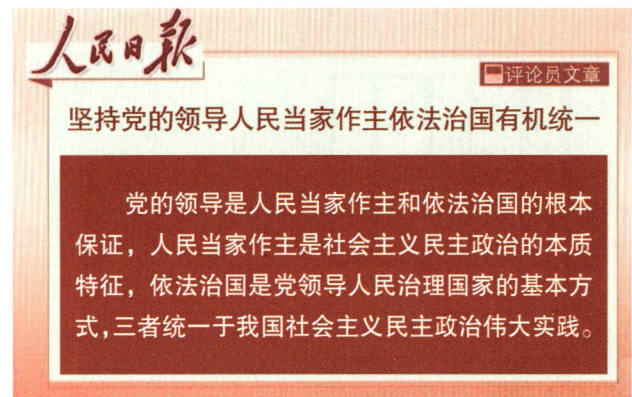

作主才能充分实现，国家和社会生活法治化才能有序推进。在我国政治生活中，党是居于领导地位的，加强党的集中统一领导，支持人大、政府、政协和法院、检察院依法依章程履行职能、开展工作、发挥作用，这两个方面是统一的。

要贯彻以人民为中心的思想，改进党的领导方式和执政方式，保证党领导人民有效治理国家。我国社会主义制度保证了人民当家作主的主体地位，也保证了人民在全面依法治国中的主体地位。要保证人民在党的领导下，依照法律规定，通过各种途径和形式管理国家事务，管理经济和文化事业，管理社会事务，扩大人民有序政治参与，保证人民依法实行民主选举、民主协商、民主决策、民主管理、民主监督。要维护国家法制统一、尊严、权威，加强人权法治保障，保证人民依法享有广泛权利和自由，把体现人民利益、反映人民愿望、维护人民权益、增进人民福祉落实到依法治国全过程，使法律及其实施充分体现人民意志。

（二）坚持依法治国和依规治党的有机统一

坚持全面依法治国、建设社会主义法治国家，体现在党的建设领域，就是坚持依法治国与依规治党有机结合，把依法治国的基本方略同依法执政的基本方式有机统一起来，提高党员干部运用法治思维和法治方式深化改革、推动发展、化解矛盾、维护稳定的能力。

把权力关进制度的笼子

坚持依法治国与依规治党有机统一，是我们党提升执政能力、履行执政兴国重大历史使命的必然选择，是赢得具有许多新的历史特点的伟大斗争的客观需要。我们党要团结带领人民有效应对重大挑战、抵御重大风险、克服重大阻力、解决重大矛盾，就必须坚持依法治国和依规治党有机统一，用党章党规和宪法法律统一全党全国的行动。当前，反腐败斗争的压倒性态势已经形成并巩固发展，但还未取得压倒性胜利。党要取信于民，赢得人心，关键在于正风肃纪、厉行法治，把权力关进制度的笼子里。只有坚持依法治国与依规治党有机统一，进一步强化不敢腐的震慑、扎牢不能腐的笼子、增强不想腐的自觉，综合运用党规国法惩治贪污腐败、净化党风政风，才能保证干部清明、政府清廉、政治清明，实现党和国家的长治久安。

党内法规既是全面从严治党的重要依据，也是全面依法治国的有力保障。党的十八届四中全会把依规治党纳入依法治国总目标，明确提出要加强党内法规制度建设，运用党内法规把党要管党、从严治党落到实处，努力形成国家法律法规和党内法规制度相辅相成、相互促进、相互保障的格局。要坚持依法治国与制度治党、依规治党统筹推进、一体建设，完善党内法规制定的体制机制，注重党内法规同国家法律的衔接和协调，建设完善的党内法规体系。党章等

反贪反腐坚持"老虎""苍蝇"一起打

党规对党员的要求比法律要求更高，党员不仅要严格遵守法律法规，而且要严格遵守党章等党规，对自己提出更高要求。要切实提高党内法规执行能力和水平，严格执行党内法规，强化监督执纪问责，抓住党的各级领导干部尤其是高级干部这个关键，促进党员干部带头遵守国家法律法规。要把法治思维和法治方式融入全面从严治党的全过程，增强党内的规则意识，坚持依法治国与依规治党统筹推进、一体建设，推动党的制度优势更好转化为治国理政的实际效能。

（三）健全党领导全面依法治国的制度和工作机制

习近平总书记强调指出，坚持党的领导，不是一句空的口号，必须具体体现在党领导立法、保证执法、支持司法、带头守法上。要健全党领导全面依法治国的制度和工作机制，把党的领导贯彻落实到依法治国全过程和各方面，把法治建设贯穿于经济建设、政治建设、文化建设、生态文明建设以及党的建设的各个方面，不断提高党领导依法治国的能力和水平。

健全党领导全面依法治国的制度和工作机制，要继续推进党的领导制度化、法治化，为全面建成小康社会、全面深化改革、全面从严治党提供长期稳定的法治保障。党要坚持依法治国、依法执政，自觉在宪法法律范围内活动。各级党组织和广大党员、干部要自觉发挥在依法治国中的政治核心作用；各级人大、政协、纪委、公检法机关要着力发挥监督职能，对各类违法行为进行严格处理；各级党组织负责人要带头遵守宪法法律，依法行使职权，切实提高辖下领导干部队伍依法办事的能力和意识，发挥模范带头作用。

健全党领导全面依法治国的制度和工作机制，要完善党确定依法治国方针政策和决策部署的工作机制和程序，加强党对全面依法治国的统一领导、统一部署、统筹协调。充分发挥各级党委的领导核心作用，把法治建设真正摆在全局工作的突出位置，与经济社会发展同部署、同推进、同督促、同考核、同奖惩。进一步完善党委统一领导和各方分工负责、齐抓共管的责任落实机制，强化全面依法治国方针政策和决策部署的有效贯彻执行。完善党委依法决策机制，发挥政策和法律的各自优势，促进党的政策和国家法律互联互动。党的十九大以后，党组建成立了中央全面依法治国委员会，有利于健全党领导全面依法治国的制度和工作机制，统筹推进全面依法治国工作，更好发挥全面依法治国在"四个全面"战略布局中的基础性、保障性作用，这将促进法治中国建设迈入系统推进的新阶段。

三、深化依法治国实践

全面依法治国是国家治理的一场深刻革命。全面推进依法治国，必须从目前的法治工作基本格局出发，突出重点任务，扎实推进科学立法、严格执法、公正司法、全民守法。

（一）科学立法、严格执法、公正司法、全民守法

科学立法，就是要求尊重法律发展的基本规律，提高立法的针对性、及时性、系统性。推进科学立法，要抓住提高立法质量这个关键，按照上下有序、内外协调、科学规范、运行有效的原则，加快建设符合新时代要求的完备法律规范体系。要坚持问题导向，统筹考虑我国经济社会发展状况、法治建设总体进程、人民群众需求变化等综合因素，提高法律法规的可执行性、可操作性。要加强重要领域立法，围绕党的十九大战略部署以及深化党和国家机构改革涉及的立法问题，完善全国人大常委会和国务院的立法规划，确保国家发展、重大改革于法有据，把发展改革决策同立法决策更好结合起来。民主立法，就是要求立法真正反映最广大人民群众的意愿和意志，最大程度保障社会公众有效参与立法的权利，增强立法程序的公开性、公正性。依法立法，就是要求立法部门遵守宪法等法律法规规

定的基本程序和授权界限，依法履行法律法规赋予的立法职责。依法立法是新的历史时期对立法工作提出的更高要求，是立法原则上的一大变化。要优化立法职权配置，发挥人大及其常委会在立法工作中的主导作用，健全立法起草、论证、协调、审议机制，完善法律草案表决程序。要加大对法律规章制度与司法解释的审核力度，从体制机制和工作程序上有效防止部门利益和地方保护主义法律化。

严格执法，建设法治政府。党的十九大报告提出，要建设法治政府，推进依法行政，严格规范公正文明执法。执法是把纸面上的法律变为现实生活中活的法律的关键环节，执法人员必须忠于法律、捍卫法律，严格执法、敢于担当。严格执法要求各级政府坚持"法定职责必须为、法无授权不可为"的原则，依法决策、简政放权、严格执法、优化服务，不断提高政府工作法治化水平。推进严格执法，要健全依法决策机制，完善行政决策程序，规范重大行政决策程序，建立行政机关内部重大决策合法性审查机制，积极推行政府法律顾问制度，推进机构、职能、权限、程序、责任法定化，推进各级政府事权规范化、法律化。要强化对行政权力的制约和监督，重点解决执法不规范、不严格、不透明、不文明以及不作为、乱作为等突出问题，建立权责统一、权威高效的依法行政体制。要进一步深化行政执法体制改革，严格执法资质、完善执法程序，不断创新行政执法方式，合理配置执法力量，提高行政执法效能。要改革和加强行政复议工作，努力把矛盾化解在行政机关内部、化解在基层、化解在初发阶段，提升政府公信力、促进社会和谐稳定。

公正司法，维护公平正义。公正司法为坚持和发展中国特色社会主义提供善治保障。司法是维护社会公平正义的最后一道防线，公正是司法的灵魂和生命。司法公正对社会公正具有重要引领作用，司法不公对社会公正具有致命破坏作用。党的十九大报告指出，要深化司法体制综合配套改革，全面落实司法责任制，努力让人民群众在每一个司法案件中感受到公平正义。要紧紧抓住影响司法公正、制约司法能力的重大问题和关键问题，优化司法职权配置，规范司法行为，加快构建权责一致的司法权运行新机制。要紧紧牵住司法责任制这个"牛鼻子"，加强对司法活动的监督，深化司法绩效评价，提升案件办理质效，司法办案人员要对案件质量终身负责。要提升司法公信力，各级党组织和领导干部要旗帜鲜明支持司法机关依法独立行使职权，绝不容许利用职权干预司法；司法人员要刚正不阿，勇于担当，敢于依法排除来自司法机关内部和外部的干扰，坚守公正司法的底线；要坚持以公开促公正、树公信，杜绝暗箱操作，坚决遏制司法腐败。要完善公共法律服务体系，加快科技化、信息化建设，更好满足人民群众的法治新需求。

资料链接

"一次不公正的裁判，其恶果甚至超过十次犯罪。因为犯罪虽是无视法律——好比污染了水流，而不公正的审判则毁坏法律——好比污染了水源。"这其中的道理是深刻的。政法机关是老百姓平常打交道比较多的部门，是群众看党风政风的一面镜子。如果不努力让人民群众在每一个司法案件中都感受到公平正义，人民群众就不会相信政法机关，从而也不会相信党和政府。

——《严格执法，公正司法》（2014年1月7日），载《十八大以来重要文献选编》（上），中央文献出版社2014年版，第718页

全民守法，建设社会主义法治文化。坚持全面依法治国要调动全社会的力量，在全社会牢固树立法治信仰、法治观念、法治思维、法治习惯。首先，要在全社会树立宪法法律至上、法律面前人人平等的理念。要坚持把全民普法和全民守法作为依法治国的基础性工作，使全体人民成为社会主义法治的忠实崇尚者、自觉遵守者、坚定捍卫者。在全社会增强尊法学法守法用法意识，形成守法光荣、违法可耻的社会氛围，让越来越多的人在遇到问题时学会通过法律途径解决，使尊法守法成为全体人民共同追求

和自觉行动。全民守法，必须抓住领导干部这个"关键少数"。其次，领导干部要率先守法，各级党组织和全体党员要带头尊法学法守法用法，既要坚持高标准，更要守住底线，带头强化对法治的追求、信仰和执守，真正将法治思维和法治方式变成想问题、办事情的思想自觉与行为习惯，提高运用法治思维和法治方式深化改革、推动发展、化解矛盾、维护稳定的能力。要把能不能遵守法律、依法办事作为考察干部的重要内容，以领导干部示范引领的实际行动营造人人遵守法律、全社会崇尚法治的良好风气。

资料链接

"关键少数"

各级领导干部在推进依法治国方面肩负着重要责任。现在，一些党员、干部仍然存在人治思想和长官意识，认为依法办事条条框框多、束缚手脚，凡事都要自己说了算，根本不知道有法律存在，大搞以言代法、以权压法。这种现象不改变，依法治国就难以真正落实。必须抓住领导干部这个"关键少数"，首先解决好思想观念问题，引导各级干部深刻认识到，维护宪法法律权威就是维护党和人民共同意志的权威，捍卫宪法法律尊严就是捍卫党和人民共同意志的尊严，保证宪法法律实施就是保证党和人民共同意志的实现。

——《习近平谈治国理政》第2卷，人民出版社2017年版，第116页

（二）依法治国和以德治国相结合

坚持依法治国和以德治国相结合是中国特色社会主义法治道路的鲜明特征，强调法治和德治两手抓、两手都要硬，这既是历史经验的总结，也是对治国理政规律的深刻把握。在新的历史条件下，必须坚持依法治国和以德治国相结合，使法治和德治在国家治理中相互补充、相互促进、相得益彰，推进国家治理体系和治理能力现代化。

第一，要强化道德对法治的支撑作用。重视发挥道德的教化作用，在道德体系中体现法治要求，发挥道德对法治的滋养作用，努力使道德体系同社会主义法律规范相衔接、相协调、相促进。要在道德教育中突出法治内涵，注重培育人们的法律信仰、法治观念、规则意识，引导人们自觉履行法定义务、社会责任、家庭责任，营造全社会都讲法治、守法治的文化环境。

第二，要把道德要求贯彻到法治建设中。法律法规要树立鲜明道德导向，弘扬美德义行，要把社会主义核心价值观贯穿于立法、执法、司法、守法各环节，使社会主义法治成为良法善治。要把实践中广泛认同、较为成熟、操作性强的道德要求及时上升为法律规范，引导全社会崇德向善。要坚持严格执法，弘扬真善美、打击假恶丑。要坚持公正司法，发挥司法断案惩恶扬善功能。

第三，要运用法治手段解决道德领域突出问题。法律是底线的道德，也是道德的保障。要加强相关立法工作，明确对失德行为的惩戒措施。要依法加强对群众反映强烈的失德行为的整治。对突出的诚信缺失问题，既要抓紧建立覆盖全社会的征信系统，又要完善守法诚信褒奖机制和违法失信惩戒机制，使人不敢失信、不能失信。对见利忘义、制假售假的违法行为，要加大执法力度，让败德违法者受到惩治、付出代价。

第四，要提高全民道德自觉。要加强道德建设，弘扬中华民族传统美德，提升全社会思想道德素质。要深入实施公民道德建设工程，深化群众性精神文明创建活动，引导广大人民群众自觉践行社会主义核心价值观，树立良好道德风尚，争做社会主义道德的示范者、良好风尚的维护者。

第五，要发挥领导干部在依法治国和以德治国中的关键作用。领导干部既应该做全面依法治国的重要组织者、推动者，也应该做道德建设的积极倡导者、示范者。领导干部要努力成为全社会的道德楷模，带头践行社会主义核心价值观，讲党性、重品行、作表率，带头注重家庭、家教、家风，保持共产党人的高尚品格和廉洁操守，以实际行动带动全社会崇德向善、尊法守法。

（三）建设德才兼备的高素质法治工作队伍

全面推进依法治国，建设一支德才兼备的高素质法治队伍至关重要。我国专门的法治队伍主要包括在人大和政府从事立法工作的人员，在行政机关从事执法工作的人员，在司法机关从事司法工作的人员。全面推进依法治国，要求立法人员必须具有很高的思想政治素质，具备遵循规律、发扬民主、加强协调、凝聚共识的能力；执法人员必须忠于法律、捍卫法律，严格执法、敢于担当；司法人员必须信仰法律、坚守法治，端稳天平、握牢法槌、铁面无私、秉公司法。

加强法治工作队伍建设，要教育和引导立法、执法、司法工作者牢固树立社会主义法治理念，恪守职业道德，做到忠于党、忠于国家、忠于人民、忠于法律，确保政治过硬、业务过硬、责任过硬、纪律过硬、作风过硬。要深化司法体制综合配套改革，以全面落实司法责任制为重心，健全员额制改革，全面提升司法人员专业化水平，完善司法人员分类管理，打造职业化司法人员队伍。要完善相关配套措施，通过司法职务序列管理、人财物统管、职业保障等方面健全配套，形成符合司法人员职业特点和发展规律的管理体制，维护司法人员的职业尊严和履职安全保障，优化法治整体环境。律师队伍是依法治国的一支重要力量，要大力加强律师队伍思想政治建设，把拥护中国共产党领导、拥护社会主义法治作为律师从业的基本要求。要加强法治人才培养，更好发挥法学教育基础性、先导性作用。

第九章

贯彻新发展理念，建设现代化经济体系

　　建设现代化经济体系，是以习近平同志为核心的党中央从党和国家事业全局出发，着眼于实现"两个一百年"奋斗目标、顺应中国特色社会主义进入新时代的新要求作出的重大战略决策部署。而创新、协调、绿色、开放、共享的新发展理念集中体现了我们党对新的发展阶段基本特征的深刻洞察和科学把握，标志着我们党对经济社会发展规律的认识达到了新的高度，是我国经济社会发展必须长期坚持的重要遵循。因此，我们必须始终坚持用新发展理念引领现代化经济体系建设，科学把握建设现代化经济体系的目标和重点，推动我国经济发展焕发新活力、迈上新台阶。

一、用新发展理念引领现代化经济体系建设

新发展理念深刻揭示了实现更高质量、更有效率、更加公平、更可持续发展的必由之路，对于建设现代化经济体系、推动我国经济实现高质量发展具有重大指导意义。

（一）新发展理念的科学内涵

党的十九大把坚持新发展理念作为新时代坚持和发展中国特色社会主义的基本方略，对发展内涵作了具有新的时代特点的全方位拓展，把关于发展的思想和理论提升到新的高度。贯彻新发展理念首先要深入理解、准确把握其科学内涵和实践要求。

> **原声再现**
>
> 发展是解决我国一切问题的基础和关键，发展必须是科学发展，必须坚定不移贯彻创新、协调、绿色、开放、共享的发展理念。
> ——2017年10月18日习近平总书记在中国共产党第十九次全国代表大会上的报告

创新是引领高质量发展的第一动力。创新是经济社会发展全局的"牛鼻子"，是应对发展环境变化、增强发展动力、把握发展主动权、推动实现我国经济高质量发展的根本之策。必须把创新摆在国家发展全局的核心位置，把发展基点放在创新上，促进创新的体制架构，不断推进理论创新、制度创新、科技创新、文化创新等各方面创新，形成和塑造更多依靠创新驱动、更多发挥先发优势的引领型发展。

协调是持续健康发展的内在要求。必须牢牢把握中国特色社会主义事业总体布局，正确处理发展中的重大关系，不断增强发展整体性协调性。

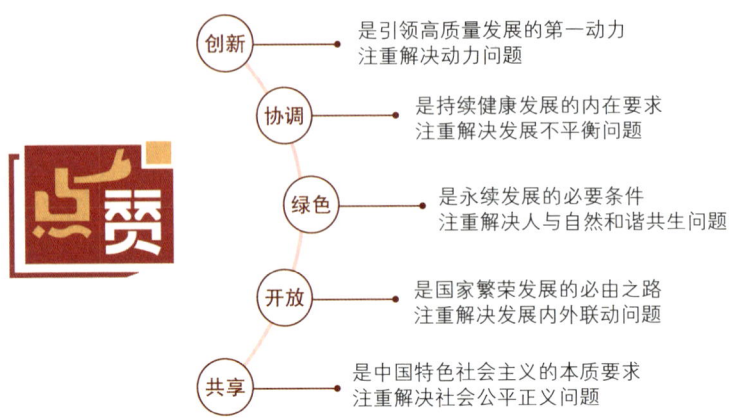

要着力塑造要素有序自由流动、主体功能约束有效、基本公共服务均等、资源环境可承载的区域协调发展新格局；要健全城乡发展一体化体制机制，推动城镇公共服务向农村延伸，提高社会主义新农村建设水平；要在抓好物质文明建设的同时，锲而不舍地抓好精神文明建设，高扬主旋律，唱响正气歌；要坚持发展和安全兼顾、富国和强军统一，形成全要素、多领域、高效益的军民深度融合发展格局。

绿色是永续发展的必要条件。习近平总书记指出，"保护生态环境就是保护生产力，改善生态环境就是发展生产力"。绿色发展从生产和消费、

供给和需求两端丰富了发展理念，拓宽了发展内涵。必须把提供生态产品作为发展应有的内涵，坚持节约资源和保护环境的基本国策，加快建设资源节约型、环境友好型社会，建设美丽中国，形成人与自然和谐发展的现代化建设新格局，推进让良好生态环境成为人民生活的增长点、经济社会持续健康发展的支撑点、展现我国良好形象的发力点。

开放是国家繁荣发展的必由之路。开放是我国发展的内在要求，只有坚定不移地走开放发展之路，才能为新时代中国特色社会主义发展持续注入动力和活力。必须奉行互利共赢的开放战略，提高对外开放的质量和水平，发展更高层次的开放型经济，积极参与全球经济治理和公共产品供给，提高我国在全球经济治理中的制度性话语权；必须完善对外开放战略布局，推进双向开放；必须形成对外开放新体制，完善法治化、国际化、便利化的营商环境，不断壮大我国经济实力和综合国力。

共享是中国特色社会主义的本质要求。"治国有常，而利民为本。"坚持共享发展，让人民群众共享改革发展成果，既是中国特色社会主义的本质要求，也是社会主义制度优越性的集中体现，更是我们党坚持全心全意为人民服务根本宗旨的重要体现。必须坚持发展为了人民、发展依靠人民、发展成果由人民共享的方向，必须坚持全民共享、全面共享、共建共享、渐进共享的原则。要通过更有效的制度安排，使全体人民有更多获得感、幸福感、安全感，朝着共同富裕方向稳步前进，形成实现中华民族伟大复兴的强大合力。

资料链接

治国有常，而利民为本；政教有经，而令行为上。苟利于民，不必法古；苟周于事，不必循旧。夫夏、商之衰也，不变法而亡；三代之起也，不相袭而王。故圣人法与时变，礼与俗化。衣服器械，各便其用；法度制令，各因其宜。故变古未可非，而循俗未足多也。

——《淮南子·氾论训》

（二）新发展理念丰富发展了中国特色社会主义政治经济学

新发展理念是习近平新时代中国特色社会主义经济思想的主要内容，新发展理念深化拓展了我们党对中国特色社会主义经济发展规律的认识，丰富发展了中国特色社会主义政治经济学。

新发展理念丰富了中国特色社会主义发展理论的时代内涵。新发展理念全面把握了新时代我国社会主要矛盾的历史性变化，着力解决好人民日益增长的美好生活需要与不平衡不充分的发展之间的矛盾，更好满足人民在经济、政治、文化、社会、生态文明等方面从外延到内涵的不断增长的需要，更好推动人的全面发展、社会全面进步。

新发展理念发展了21世纪的中国特色社会主义政治经济学。新发展理念根据新时代的新要求和人民对美好生活的新期待，更加鲜明地强调着力转变发展方式、优化经济结构、转换增长动力；更加鲜明地强调市场在资源配置中起决定性作用，更好发挥政府作用；更加鲜明地强调处理好当前和长远、局部和全局、重点和一般的关系；更加鲜明地强调坚持以人民为中心的发展思想，坚持人民主体地位，坚持调动各方面积极性、主动性、创造性。

新发展理念标志着我们党发展理论的新境界。改革开放以来，我们党提出了"发展是硬道理"的著名论断，提出了发展是党执政兴国第一要务，坚持以人为本、全面协调可持续发展等重要思想。新发展理念进一步从创新、协调、绿色、开放、共享五个维度赋予了经济建设这个中心更加鲜明的目标指向，阐明了当前与长远、公平与效率、政府与市场、对内与对外、人与自然等重大关系，标志着我们党发展理论达到的新高度。

（三）提高用新发展理念引领现代化经济体系建设的能力和水平

我国建设现代化经济体系，必须深刻领会习近平新时代中国特色社会主义思想的精髓要义，提高以新发展理念引领现代化经济体系建设的能力和水平，实现更高质量、更有效率、更加公平、更可持续的发展。

> **原声再现** 🔊
>
> 　　实现"两个一百年"奋斗目标、实现中华民族伟大复兴的中国梦，不断提高人民生活水平，必须坚定不移把发展作为党执政兴国的第一要务，坚持解放和发展社会生产力，坚持社会主义市场经济改革方向，推动经济持续健康发展。
>
> 　　我国经济已由高速增长阶段转向高质量发展阶段，正处在转变发展方式、优化经济结构、转换增长动力的攻关期，建设现代化经济体系是跨越关口的迫切要求和我国发展的战略目标。
>
> 　　——2017年10月18日习近平总书记在中国共产党第十九次全国代表大会上的报告

　　把新发展理念融入建设现代化经济体系中。要以新发展理念为引领，更加突出发展的创新性，力争前瞻性基础研究、引领性创新成果的重大突破。更加突出发展的整体性协调性，实施乡村振兴战略和区域协调发展战略，建立更加有效的区域协调发展新机制。更加突出发展的可持续性，推动形成人与自然和谐发展的现代化建设新格局。更加突出发展的内外联动性，以"一带一路"建设为重点，形成陆海内外联动、东西双向互济的开放格局。更加突出发展的包容性普惠性，不断增强人民群众的获得感、幸福感和安全感。

　　增强以新发展理念引领现代化经济体系建设的本领。要深学笃用，通过加强学习，把新发展理念落实到建设现代化经济体系的具体思路和工作举措中，形成以新发展理念引领现代化经济体系建设的体制机制，增强发展的整体性、协调性、平衡性、包容性，重塑发展生态，努力实现关系我国发展全局的深刻变革。要善于运用马克思主义哲学思维方法，坚持以系统思维建设现代化经济体系，坚持两点论和重点论的统一，坚持继承和创新的统一，坚持具体问题具体分析。要善于通过改革和法治贯彻落实新发展理念、建设现代化经济体系。要守住底线，积极主动做好应对任何形式的矛盾、风险、挑战的准备，在贯彻落实新发展理念中及时防范化解矛盾、风险。

二、科学把握建设现代化经济体系的内涵和重点

习近平总书记强调，国家强，经济体系必须强。只有形成现代化经济体系，才能更好顺应现代化发展潮流和赢得国际竞争中的主动，也才能为其他领域的现代化提供有力支撑。现代化经济体系，是由社会经济活动各个环节、各个层面、各个领域的相互关系和内在联系构成的有机整体。建设现代化经济体系，首先就需要准确把握现代化经济体系的科学内涵。

（一）建设创新引领、协同发展的产业体系

党的十九大报告提出，建设现代化经济体系的物质基础，是建设实体经济、科技创新、现代金融、人力资源协同发展的产业体系。

把发展着力点放在实体经济上，促进我国产业体系向全球产业链、价值链的中高端攀升。加强和发展实体经济并不是再走铺摊子、扩大规模的老路，而是要使实体经济内涵式发展、由大变强。要以深化供给侧结构性改革为主线，着力解决实体经济供给结构不适应需求结构变化的突出矛盾，加快从数量规模扩张切实转向高质量发展。

原声再现

高质量发展就是体现新发展理念的发展，是经济发展从"有没有"转向"好不好"。

——2018年4月24日至28日习近平总书记在湖北考察时的讲话

推动经济高质量发展，要把重点放在推动产业结构转型升级上，把实体经济做实做强做优。要立足优势、挖掘潜力、扬长补短，努力改变传统产业多新兴产业少、低端产业多高端产业少、资源型产业多高附加值产业少、劳动密集型产业多资本科技密集型产业少的状况，构建多元发展、多极支撑的现代产业新体系，形成优势突出、结构合理、创新驱动、区域协调、城乡一体的发展新格局。

——2018年3月5日习近平总书记参加十三届全国人大一次会议内蒙古代表团审议时的讲话

推动高质量发展，关键是要按照新发展理念的要求，以供给侧结构性改革为主线，推动经济发展质量变革、效率变革、动力变革。要坚持腾笼换鸟、凤凰涅槃的思路，推动产业优化升级，推动创新驱动发展，推动基础设施提升，推动海洋强省建设，推动深化改革开放，推动高质量发展取得有效进展。

——2018年6月12日至14日习近平总书记在山东考察时的讲话

> **原声再现** 🔊
>
> 建设现代化经济体系，必须把发展经济的着力点放在实体经济上，把提高供给体系质量作为主攻方向，显著增强我国经济质量优势。
>
> ——2017年10月18日习近平总书记在中国共产党第十九次全国代表大会上的报告

促进科技创新和经济发展的深度融合。新一轮科技革命和产业变革，正在以前所未有的广度和深度改变着产业发展模式。要紧紧抓住创新引领发展这个"牛鼻子"，瞄准世界科技前沿，实现前瞻性基础研究、引领性原创成果重大突破，突出关键共性技术、前沿引领技术、现代工程技术、颠覆性技术创新。建立以企业为主体、市场为导向、产学研深度融合的技术创新体系，努力使科技创新对经济发展的贡献率不断提高。

不断增加现代金融服务实体经济的能力。金融是实体经济的血脉，为实体经济服务是金融的天职和宗旨，也是防范金融风险的根本举措。要让金融回归本源，服从服务于经济社会发展，努力促进金融和实体经济、金融和房地产、金融体系内部这三个方面的良性循环，在建设创新引领、协同发展的产业体系中发挥更大作用。

增强和优化人力资源支撑实体经济发展的作用。要优先发展教育事业，加快教育现代化建设，完善职业教育和培训体系，加快一流大学和一流学科建设，办好继续教育，加快建设学习型社会，建设知识型、技能型、创新型劳动者大军，弘扬劳模精神和工匠精神，在劳动力数量减少的同时，转向以质量优势支撑实体经济高质量发展。

（二）建设统一开放、竞争有序的市场体系

习近平总书记强调，要实现市场准入畅通、市场开放有序、市场竞争充分、市场秩序规范，加快形成企业自主经营公平竞争、消费者自由选择

自主消费、商品和要素自由流动平等交换的现代市场体系。这是现代化市场体系的题中之义，也是建设统一开放、竞争有序市场体系的根本要求。

市场准入畅通包括三方面内涵。首先是开放行业准入，"法无禁止皆可为"，凡是法律法规未明确禁入的行业和领域都应该鼓励民间资本进入，凡是我国政府已向外资开放或承诺开放的领域都应该向国内民间资本开放。其次是简化行政审批，精简涉及民间投资管理的行政审批事项和涉企收费，规范中间环节、中介组织行为。最后是拓展融资渠道，特别是要健全完善金融体系，为广大民营企业、中小企业融资提供可靠、高效、便捷的服务。

原声再现

全面实施市场准入负面清单制度，清理废除妨碍统一市场和公平竞争的各种规定和做法，支持民营企业发展，激发各类市场主体活力。

——2017年10月18日习近平总书记在中国共产党第十九次全国代表大会上的报告

市场开放有序，一方面意味着深化行业的有序开放，实行准入前国民待遇加负面清单管理制度，扩大服务业对外开放；另一方面也意味着优化区域的有序开放，如赋予自由贸易试验区更大的改革自主权，探索建设自由贸易港。此外，"引进来"与"走出去"是对外开放的一体两翼，"一带一路"建设对构建有序开放的市场也具有重要意义。

市场竞争充分要求注重统一市场的构建。在区域层面消除地方保护主义的藩篱，废除妨碍统一市场和公平竞争的各种规定与做法。在产业层面打破行政性垄断，加快要素价格市场化改革，放宽服务业准入限制，激发各类市场主体尤其是民营企业的活力，实现产权有效激励、要素自由流动、价格反应灵活、竞争公平有序、企业优胜劣汰。

> **原声再现**
>
> 深化商事制度改革，打破行政性垄断，防止市场垄断，加快要素价格市场化改革，放宽服务业准入限制，完善市场监管体制。
> ——2017年10月18日习近平总书记在中国共产党第十九次全国代表大会上的报告

市场秩序规范要求理顺不同主体间的竞争与合作关系。就实体经济与虚拟经济而言，我们在大力发展实体经济的同时，也要增强金融行业等虚拟经济服务实体经济的能力。就国有资本与民营资本而言，我们在毫不动摇地巩固和发展公有制经济的同时，毫不动摇地鼓励、支持、引导非公有制经济发展。就传统经济与创新经济而言，我们在加强国家创新体系建设的同时，也要注重新技术手段对传统经济转型升级的带动作用，提升经济发展质量。

（三）建设体现效率、促进公平的收入分配体系

建设体现效率、促进公平的收入分配体系，必须坚持按劳分配为主体、多种分配方式并存的分配制度，处理好公平与效率的关系。既要体现效率，调动各种要素所有者的积极性和创造性，继续做大"蛋糕"，又要着力缩小收入分配差距，使收入分配更加合理，体现社会公平正义。

努力实现更高质量和更充分就业。就业是最大的民生。要坚持就业优先战略，扩大就业规模，优化就业结构，提高就业质量，特别是要培育壮大新动能，发挥实体经济在稳定和促进就业中的作用，提高劳动收入占国

民收入的比重。

完善初次分配制度，实行以增加知识价值为导向的分配政策，完善技术工人激励政策，增加农民收入，坚持在经济增长的同时实现居民收入同步增长、在劳动生产率提高的同时实现劳动报酬同步提高。

健全收入再分配政策，逐步缩小收入分配差距。要让"调高、扩中、保低"的政策措施有效落地，促进基本公共服务均等化，努力实现幼有所育、学有所教、劳有所得、病有所医、老有所养、住有所居、弱有所扶。其中，教育公平尤其关键，因为教育在防止贫困代际传递、增强社会流动性、促进收入分配公平方面具有不可替代的作用。

实施精准扶贫、精准脱贫。缩小收入分配差距，最重要的任务是打赢脱贫攻坚战。要坚持精准扶贫、精准脱贫，使更多的贫困人口有机会进入中等收入群体，向全体人民共同富裕的目标稳步迈进。

（四）建设彰显优势、协调联动的城乡区域发展体系

建设彰显优势、协调联动的城乡区域发展体系，既是对我国区域发展总体战略的完善和提升，也是对党的十九大报告提出的实施区域协调发展战略的具体部署，为进一步推动区域协调发展提供了行动指南。

建设区域良性互动发展体系，增强区域发展的互动性。东部率先、西部开发、东北振兴、中部崛起"四大板块"是区域良性互动的基础，京津冀协同发展、长江经济带发展、粤港澳大湾区建设、长三角区域一体化发展国家战略是区域良性互动的桥梁和纽带，以城市群为主体、大中小城市和小城镇协调发展的城镇体系是区域良性互动的新动力和增长极。深入实施区域发展总体战略，需要综合施策、分类指导，实现一体联动、重点突破，打造新的增长极、拓展区域发展新空间，增强区域发展的协同效应，形成区域经济政策的叠加效应，提高区域发展的质量和水平。

建设城乡融合发展体系，增强区域发展的融合性。要把新型城镇化和乡村振兴战略作为一个有机整体统筹推进，促进城乡要素双向流动，做到

"进城""下乡"各得其所，形成相得益彰的生产生活格局。要坚持以产业为基础，以产业化促进城乡一体化，为城乡融合提供强有力的产业支撑。进一步缩小城乡差距，努力实现基本公共服务均等化。

建设陆海统筹整体优化发展体系，增强区域发展的整体性。坚持陆海统筹，发展海洋经济，科学开发海洋资源，保护海洋生态环境，对区域协调发展和国民经济整体发展具有十分重要的意义。要优化海洋产业结构，发展海洋技术，推进智慧海洋建设，加强海洋资源环境保护，坚决维护国家海洋权益，大力建设海洋强国。

（五）建设资源节约、环境友好的绿色发展体系

建设资源节约、环境友好的绿色发展体系，就是要实现绿色循环低碳发展、人与自然和谐共生，牢固树立和践行绿水青山就是金山银山的理念，形成人与自然和谐发展的现代化建设新格局。

树立人与自然和谐共生的自然观念。马克思曾经指出，人是自然界的一部分，其生存发展一刻也离不开自然界。要扭转对自然的传统观念，树立尊重自然、爱护自然的观念，并将这种人与自然和谐共生的自然观念真正融入绿色发展实践中去。

践行绿色发展理念。习近平总书记指出："保护生态环境就是保护生产力，改善生态环境就是发展生产力。"要构建资源利用效率高、生态环境影响小、以技术创新为主要驱动的新型工业体系。适应社会主要矛盾转化，创造更多绿色低碳的新供给，推动绿色成为发展普遍形态，成为新业态、新技术、新动能的重要来源。要切实聚焦民生和民众的绿色获得感，明确绿色发展的分阶段目标和重点任务，创造更多的公共生态产品，推动绿色循环低碳发展，使民众分享更多绿色福利。

提升绿色治理能力和水平。目前我国在资源环境领域还存在许多政府管理不到位和市场失灵的地方，也是深化改革的重点领域。要加快资源和能源价格、税费等关键环节改革，确保市场在资源配置中发挥决定性作用

和政府调控与绿色发展有效衔接，构建与高水平市场经济体系相融合的现代绿色治理体系。

（六）建设多元平衡、安全高效的全面开放体系

对外开放是推动我国经济社会发展的重要动力。当前，世界经济格局正在发生深刻变化，建设多元平衡、安全高效的全面开放体系，必须发展更高层次开放型经济，推动开放朝着优化结构、拓展深度、提高效益方向转变。

实现沿海与内陆沿边开放相互协调。从区域开放布局看，要推进引进来和走出去相结合、沿海开放和内陆沿边开放相结合的高水平内外联动的双向开放，既要开放国内市场又要开拓国外市场，使引进来和走出去相辅相成。

原声再现

> 开放带来进步，封闭必然落后。中国开放的大门不会关闭，只会越开越大。要以"一带一路"建设为重点，坚持引进来和走出去并重，遵循共商共建共享原则，加强创新能力开放合作，形成陆海内外联动、东西双向互济的开放格局。
> ——2017年10月18日习近平总书记在中国共产党第十九次全国代表大会上的报告

实现制造领域开放与服务领域开放相互促进。要着力推进工业制造业开放和服务业等开放相结合的高水平产业开放，在继续深化制造业开放的同时，着力扩大服务业对外开放。

实现全球多边开放和区域、双边开放相得益彰。要着力推进对发达国家开放和对发展中国家开放相结合的高水平全方位多层次开放。通过"一

带一路"建设、国际产能合作等,大力提升对新兴市场和发展中国家的开放水平,积极主动地拓展经济合作新空间。

(七)建设充分发挥市场作用、更好发挥政府作用的经济体制

让市场在资源配置中起决定性作用和更好发挥政府作用,是我们党对政府与市场关系认识的一次质的飞跃。在现代化经济体系中,建设充分发挥市场作用、更好发挥政府作用的经济体制的目标,就是要实现市场机制有效、微观主体有活力、宏观调控有度。

市场机制有效,就是要始终坚持使市场在资源配置中起决定性作用。以此为出发点和落脚点,尊重市场规律,各项经济改革措施都应以充分发挥市场机制的作用为根本,并以市场机制的作用是否得到有效发挥作为衡量改革成效的依据。通过继续深化简政放权、放管结合,优化服务改革,大幅减少政府不必要的干预,管好用好政府这只"有形的手",更好地发挥政府作用。

原声再现

我国经济已由高速增长阶段转向高质量发展阶段,正处在转变发展方式、优化经济结构、转换增长动力的攻关期,建设现代化经济体系是跨越关口的迫切要求和我国发展的战略目标。必须坚持质量第一、效益优先,以供给侧结构性改革为主线,推动经济发展质量变革、效率变革、动力变革,提高全要素生产率,着力加快建设实体经济、科技创新、现代金融、人力资源协同发展的产业体系,着力构建市场机制有效、微观主体有活力、宏观调控有度的经济体制,不断增强我国经济创新力和竞争力。

——2017年10月18日习近平总书记在中国共产党第十九次全国代表大会上的报告

微观主体有活力，就是要充分调动各类微观主体创业、兴业、乐业的积极性。在推动国有资本做强做优做大、进一步推进国企国资改革的同时，更要大力支持民营企业发展，依法全面保护各类产权，破除歧视性限制和各种隐性障碍，激发创新创业活力，构建公平、公正、法治的营商环境。

宏观调控有度，就是要坚持稳中求进工作总基调，创新和完善宏观调控方式方法。统筹财政、货币、产业、区域等经济政策，加强诸项政策间的协调从而形成政策合力，促进经济社会持续健康发展。防范化解以金融风险为重点的重大风险，保持经济运行在合理区间，为转变经济发展方式、优化经济结构、转换经济增长动力创造有利条件，为建设现代化经济体系并推动高质量发展奠定坚实基础。

三、贯彻落实建设现代化经济体系的任务和要求

党的十九大报告站在新的历史起点，对建设现代化经济体系作出了全面部署。习近平总书记强调，现代化经济体系建设要"一体建设、一体推进"。我们要按照建设社会主义现代化强国的要求，以扎实管用的政策举措和行动加快现代化经济体系建设，确保社会主义现代化强国目标如期实现。

（一）大力发展实体经济，筑牢现代化经济体系的坚实基础

习近平总书记强调，实体经济是一国经济的立身之本，是财富创造的根本源泉，是国家强盛的重要支柱。建设现代化经济体系，实体经济是不可动摇的根基，必须把深化供给侧结构性改革作为建设现代化经济体系的战略措施，把发展经济的着力点放在实体经济上，把提高供给体系质量作为主攻方向，显著增强我国经济质量优势。

要加快发展先进制造业、现代服务业，建设制造强国。促进我国产业迈向全球价值链中高端，培育若干世界级先进制造业集群。要加快形成新动能，鼓励更多社会主体投身创新创业，在中高端消费、创新引领、绿色低碳、共享经济、现代供应链、人力资本服务等领域培育更多新增长点。要支持传统产业优化升级，优化存量资源配置，扩大优质增量供给，实现供需动态平衡。加强基础设施网络建设，推动互联网、大数据、人工智能和实体经济深度融合。要推动资源要素向实体经济集聚、政策措施向实体经济倾斜、工作力量向实体经济加强。激发和保护企业家精神，鼓励更多社会主体投身创新创业。建设知识型、技能型、创新型劳动者大军，弘扬劳模精神和工匠精神，营造脚踏实地、勤劳创业、实业致富的发展环境和社会氛围。

（二）加快实施创新驱动发展战略，强化现代化经济体系的战略支撑

创新是国家竞争力的核心。建设现代化经济体系，创新是第一动力，也是最根本的战略支撑。

加强国家创新体系建设，强化战略科技力量。我国科技创新能力与经济实力相比还不相称，与经济建设主战场和人民美好生活的需求相比还显滞后。要瞄准世界科技前沿，力争实现前瞻性基础研究、引领性原创成果重大突破，突出关键共性技术、前沿引领技术、现代工程技术、颠覆性技术创新，为建设科技强国、质量强国、航天强国、网络强国、交通强国、数字中国、智慧社会提供有力支撑，塑造更多依靠创新驱动、更多发挥先发优势的引领型发展。深入实施科教兴国战略、人才强国战略、创新驱动发展战略，努力实现到2035年跻身创新型国家前列。要深化科技体制改革，建立以企业为主体、市场为导向、产学研深度融合的技术创新体系，加强对中小企业创新的支持，促进科技成果转化。要倡导创新文化，支持大众创业、万众创新，强化知识产权的创造、保护、运用。要实行更加积极、更加开放、更加有效的人才政策，培养造就一大批具有国际水平的战略科

技人才、科技领军人才、青年科技人才和高水平创新团队。

原声再现 🔊

> 创新始终是推动一个国家、一个民族向前发展的重要力量。我国是一个发展中大国，正在大力推进经济发展方式转变和经济结构调整，必须把创新驱动发展战略实施好。实施创新驱动发展战略，就是要推动以科技创新为核心的全面创新，坚持需求导向和产业化方向，坚持企业在创新中的主体地位，发挥市场在资源配置中的决定性作用和社会主义制度优势，增强科技进步对经济增长的贡献度，形成新的增长动力源泉，推动经济持续健康发展。
>
> ——2014年8月18日习近平总书记主持召开中央财经领导小组第七次会议时的讲话

（三）实施乡村振兴战略，夯实现代化经济体系的重要基础

农业农村农民问题是关系国计民生的根本性问题。建设现代化经济体系，离不开乡村振兴。必须始终把解决好"三农"问题作为重中之重，按照产业兴旺、生态宜居、乡风文明、治理有效、生活富裕的总要求，全面实施乡村振兴战略，加快推进农村农业现代化，使农业成为有奔头的产业，农民成为有吸引力的职业，农村成为安居乐业的美丽家园。

原声再现 🔊

> 农业农村现代化是实施乡村振兴战略的总目标，坚持农业农村优先发展是总方针，产业兴旺、生态宜居、乡风文明、治理有效、生活富裕是总要求，建立健全城乡融合发展体制机制和政策体系是制度保障。
>
> ——2018年9月21日习近平总书记在中共中央政治局第八次集体学习时的讲话

当前，我国农业的主要矛盾已由总量不足转变为结构性失衡，矛盾的主要方面在供给侧。要深化农业供给侧结构性改革，确保国家粮食安全，把中国人的饭碗牢牢端在自己手里。要构建现代农业产业体系、生产体系、经营体系，完善农业支持保护制度，发展多种形式的适度规模经营，培育新型农业经营主体，健全农业社会化服务体系，实现小农户和现代农业发展有机衔接。要促进农村一二三产业融合发展，拓宽农民就业创业和增收渠道。要巩固和完善农村基本经营制度，完善承包地"三权"分置制度。保持土地承包关系稳定并长久不变，第二轮土地承包到期后再延长30年。深化农村土地制度改革，深化农村集体产权制度改革，保障农民财产权益，壮大集体经济。要加强农村基础工作，健全自治、法治、德治相结合的乡村治理体系，培养造就一支懂农业、爱农村、爱农民的"三农"工作队伍，建立健全城乡融合发展体制机制和政策体系，建设社会主义新农村。

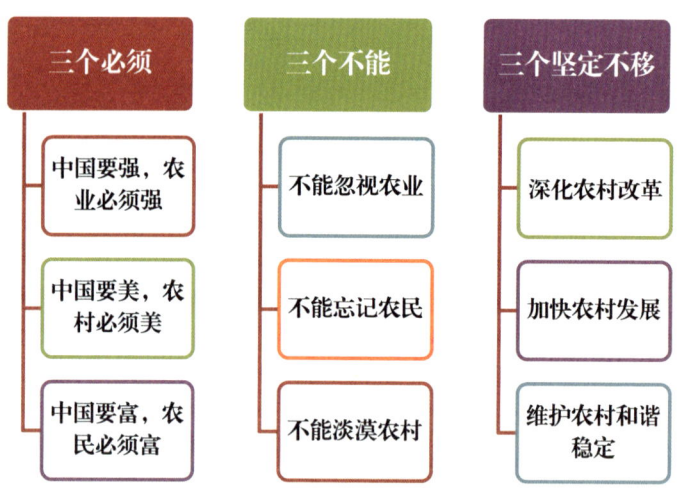

（四）实施区域协调发展战略，优化现代化经济体系的空间布局

区域协调发展是建设现代化经济体系的内在要求。我国幅员辽阔，各地发展很不平衡，必须坚持协调发展理念，逐步缩小发展差距，优化区域发展格局。

要建立更加有效的区域协调发展新机制。协调推进西部开发形成新格局，深化改革加快东北等老工业基地振兴，发挥优势推动中部地区崛起，创新引领率先实现东部地区优化发展。要协调推动"一带一路"相关地区开放开发、京津冀协同发展、长江经济带保护发展。高起点规划、高标准建设雄安新区，推动京津冀协同发展，建设以首都为核心的世界级城市群，辐射带动环渤海地区和北方腹地发展。以共抓大保护、不搞大开发为导向，发挥长江经济带联通东中西部地区的特殊优势，形成促进区域协调发展的重要支撑带，建设全国生态文明建设的先行示范带、创新驱动带和协调发展带。发挥"一带一路"建设的开放引领作用，形成陆海内外联动、东西双向互济的全面开放新格局。发挥粤港澳大湾区重要经济增长极和技术创新领头羊作用，打造世界级城市群，带动泛珠三角区域合作。以城市群为主体构建大中小城市和小城镇协调发展的城镇格局，提高城市承载能力，加快农业转移人口市民化。要加大力度支持革命老区、民族地区、边疆地区、贫困地区加快发展，支持资源型地区经济转型发展，加快建设海洋强国，加快边疆发展，确保边疆巩固、边境安全。

（五）着力发展开放型经济，提高现代化经济体系的国际竞争力

开放是活力的源泉。我国的发展离不开开放，必须贯彻开放发展理念，坚持对外开放的基本国策，发展更高层次的开放型经济，提升我国经济的国际竞争力。

要更好利用全球资源和市场，以"一带一路"建设为重点，积极推进"一带一路"框架下的国际交流合作。打造国际合作新平台，推动经济全球化朝着更加开放、包容、普惠、平衡、共赢方向发展。坚持引进来和走出去并重，遵循共商共建共享原则，加强创新能力开放合作，形成陆海内外联动、东西双向互济的开放格局。要拓展对外贸易，培育外贸新业态新模式，优化进出口结构，推进贸易强国建设。要全面实行准入前国民待遇加负面清单管理制度，实行高水平的贸易和投资自由化便利化政策，大幅

> **原声再现** 🔊
>
> 　　我们将实行更加积极主动的开放战略，完善互利共赢、多元平衡、安全高效的开放型经济体系，促进沿海内陆沿边开放优势互补，形成引领国际经济合作和竞争的开放区域，培育带动区域发展的开放高地。坚持出口和进口并重，推动对外贸易平衡发展；坚持"引进来"和"走出去"并重，提高国际投资合作水平；深化涉及投资、贸易体制改革，完善法律法规，为各国在华企业创造公平经营的法治环境。我们将统筹双边、多边、区域次区域开放合作，加快实施自由贸易区战略，推动同周边国家互联互通。
> 　　——2013年10月7日习近平主席在亚太经合组织工商领导人峰会上的演讲

度放宽市场准入，扩大服务业对外开放，保护外商投资合法权益。优化区域开放布局，加大西部开放力度。以自由贸易试验区建设等为抓手，与国际高标准贸易投资规则接轨，形成市场配置资源新机制、经济运行管理新模式，完善法治化、国际化、便利化营商环境，探索建设自由贸易港。要创新对外投资方式，促进国际产能合作，形成面向全球的贸易、投融资、生产、服务网络，加快培育国际经济合作和竞争新优势。

（六）深化经济体制改革，完善现代化经济体系的制度保障

　　建设现代化经济体系，深化经济体制改革是制度保障。要以啃硬骨头的精神，紧紧依靠改革，破除不合理的体制机制障碍，释放改革红利，激发全社会创新创业活力。

　　经济体制改革必须以完善产权制度和要素市场化配置为重点，实现产权有效激励、要素自由流动、价格反应灵活、竞争公平有序、企业优胜劣汰。一要坚持和完善我国社会主义基本经济制度和分配制度，毫不动摇地

巩固和发展公有制经济，毫不动摇地鼓励支持引导非公有制经济发展。要加快国有经济布局优化、结构调整、战略性重组，发展混合所有制经济，推动国有资本做强做优做大，培育具有全球竞争力的世界一流企业。二要深化商事制度改革，全面实施市场准入负面清单制度。清理废除妨碍统一市场和公平竞争的各种规定和做法，打破行政性垄断，防止市场垄断，支持民营企业发展，激发各类市场主体活力。放宽服务业准入限制，完善市场监管体制。三要创新和完善宏观调控，健全财政、货币、产业、区域等经济政策协调机制。完善促进消费的体制机制，增强消费对经济发展的基础性作用。深化投融资体制改革，发挥投资对优化供给结构的关键性作用。加快建立现代财政制度，建立权责清晰、财力协调、区域均衡的中央和地方财政关系。建立全面规范透明、标准科学、约束有力的预算制度，全面实施绩效管理。深化税收制度改革，健全地方税体系。深化金融体制改革，增强金融服务实体经济能力，提高直接融资比重，促进多层次资本市场健康发展。健全货币政策和宏观审慎政策双支柱调控框架，深化利率和汇率市场化改革。健全金融监管体系，守住不发生系统性金融风险的底线。

资料链接

对领导干部而言，所谓"亲"，就是要坦荡真诚同民营企业接触交往，特别是在民营企业遇到困难和问题情况下更要积极作为、靠前服务，对非公有制经济人士多关注、多谈心、多引导，帮助解决实际困难，真心实意支持民营经济发展。所谓"清"，就是同民营企业家的关系要清白、纯洁，不能有贪心私心，不能以权谋私，不能搞权钱交易。对民营企业家而言，所谓"亲"，就是积极主动同各级党委和政府及部门多沟通多交流，讲真话，说实情，建诤言，满腔热情支持地方发展。所谓"清"，就是要洁身自好、走正道，做到遵纪守法办企业、光明正大搞经营。企业经营遇到困难和问题时，要通过正常渠道反映和解决，如果遇到政府工作人员故意刁难和不作为，可以向有关部门举报，运用法律武器维护自身合法权益。靠旁门左道、歪门邪道搞企业是不可能成功的，不仅败坏了社会风气，做这种事心里也不踏实。
——《毫不动摇坚持我国基本经济制度，推动各种所有制经济健康发展》（2016年3月4日），载《人民日报》2016年3月9日

第十章

坚持人民当家作主，发展社会主义民主政治

★

习近平总书记强调："在中国，发展社会主义民主政治，保证人民当家作主，保证国家政治生活既充满活力又安定有序，关键是要坚持党的领导、人民当家作主、依法治国有机统一。"为此，要不断增加和扩大我们的政治优势，毫不动摇走中国特色社会主义政治发展道路，长期坚持、全面贯彻、不断发展人民代表大会制度、中国共产党领导的多党合作和政治协商制度、民族区域自治制度、基层群众自治制度，发展社会主义协商民主，巩固和发展最广泛的爱国统一战线，扩大人民群众有序政治参与，保证人民广泛参加国家治理和社会治理，形成生动活泼、安定团结的政治局面。

一、人民当家作主是社会主义民主政治的本质和核心

中国共产党自成立以来就一直以实现和发展人民民主为己任,最广泛地动员和组织人民群众依法管理国家和社会事务,管理经济、文化事业等各项事业,维护和实现人民群众的根本利益。

(一)人民民主是中国共产党始终高举的旗帜

人民民主是社会主义的生命。没有民主就没有社会主义,就没有社会主义的现代化,就没有中华民族伟大复兴。我们必须坚持国家一切权力属于人民,坚持人民主体地位,支持和保证人民通过人民代表大会行使国家权力。要扩大人民民主,健全民主制度,丰富民主形式,拓宽民主渠道,从各层次各领域扩大公民有序政治参与,发展更加广泛、更加充分、更加健全的人民民主。国家各项工作都要贯彻党的群众路线,密切同人民群众的联系,倾听人民呼声,回应人民期待,不断解决好人民最关心最直接最现实的利益问题,凝聚起最广大人民的智慧和力量。

发展社会主义民主政治,根本目的就是为了保证广大人民当家作主,实现比资本主义民主更高、更切实的民主。中国共产党领导和执政,本质是领导、支持和保证人民当家作主。在中国共产党的领导下,中国建立了社会主义制度,这就为真正实现人民当家作主提供了制度保证。新中国成立以来,中国共产党为推进人民民主、实现最大多数人

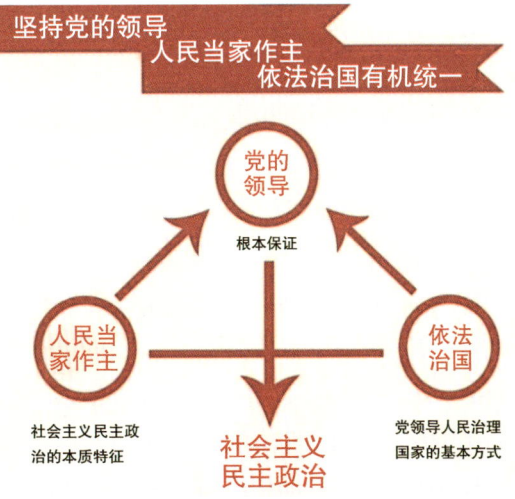

的民主权利作出了不懈的努力。新中国成立以后，我国顺利地实现了由新民主主义向社会主义的伟大转变，建立了体现实质民主的人民民主专政制度，建立了具有中国特色的人民代表大会制度的政体，建立了中国共产党领导的多党合作和政治协商制度、民族区域自治制度、基层群众自治制度。没有这些制度的建立，实现人民民主就是一句空话。改革开放以来，社会主义民主政治建设取得了很大的发展，人民民主权利得到了更加全面的实现，公民的基本权利和自由不断扩大，人民代表大会制度、中国共产党领导的多党合作和政治协商制度进一步发展与完善，保障人民民主权利的社会主义法律体系更加完备。

（二）党的领导是人民当家作主的根本保证

推进中国特色社会主义政治建设，必须坚持共产党的领导，这是依据历史经验和现实要求作出的客观结论。历史经验和现实发展表明，只有坚持党的领导，才能真正实现人民当家作主，才能真正实现人民民主。只有坚持党的领导，才能真正有效推进依法治国方略的实施。只有坚持党的领导，才能实现中华民族的伟大复兴。

首先，坚持党的领导是依据历史经验作出的必然结论。中国共产党的领导地位，是近代以来中国人民在追求民族独立、国家富强、生活幸福的长期斗争和实践中逐步形成的，是历史的选择、人民的选择。中国新民主主义革命、社会主义革命、社会主义建设和改革的历程都表明：是中国共产党领导人民找到了一条实现民族独立和人民解放的正确道路。在中国共产党的领导下，中国人民当家作主的地位才真正得到确立。中国是有5000多年历史的文明古国。但是，人民真正当家作主，成为国家、社会和自己命运的主人，只是在新中国成立以后才成为现实，这是中国人民政治地位的根本变化。观察当代中国政治，首先要认清这个前提。忽略了这一点，就不能从根本上正确认识中国政治制度是人民民主的本质体现。所以，党的领导不是自封的，而是在历史运动和社会发展过程中形成的。现在，有的人主张实行西方的政党制度，企图取消中国共产党的领导地位，这是一种主观主义、历史虚无主义的历史观。中国近代史是中华民族的屈辱史，统治者丧权辱国，国家积贫积弱、民不聊生，广大人民群众经济上受剥削、政治上受压迫、文化上受蒙蔽。1921年，在马克思主义与中国工人运动相结合的历史进程中，中国共产党应运而生。从此，中国共产党领导中国人民反帝反封建、争取民族独立和人民解放，经过不懈的努力和斗争，中华民族获得了解放，压在中国人民头上的三座大山被推翻了，人民真正成了国家的主人，开启了人民民主的新历史，中国人民的社会政治地位发生了根本变化，中国实现了从几千年的封建专制政治向人民民主政治的伟大跨越。

其次，中国共产党的领导和执政，是中国发展和进步的客观要求。实现中华民族的伟大复兴，是中华民族、中国人民的共同理想。要实现这一理想，坚持共产党的领导是首要的前提。这是因为，只有坚持党的领导，才有可能实现国家统一、社会和谐稳定，"一心一意谋发展"才有可能。中国是一个多民族国家，各地区发展不平衡，在改革开放过程中积累的许多深层的矛盾还没有得到解决，这是当代中国的基本国情之一。没有党的坚强有力的领导，极易形成四分五裂的局面，人民民主和法治得不到保障，中国就会丧失发展和进步的机遇与前提。

（三）依法治国是党领导人民治理国家的基本方略

基于社会主义事业发展的需要，在新的历史时期，我们党对依法治国的重要性有了更加全面和深刻的认识，认识到依法治国是党领导人民治理国家的基本方略，是发展社会主义市场经济的客观需要，是社会文明进步的重要标志，是国家长治久安的重要保障。依法治国与坚持党的领导、实现人民当家作主是完全统一的。中国共产党领导人民通过国家权力机关制定宪法和各项法律，依法把党的主张变为国家意志，党在宪法和法律范围内活动，各级政府依法行政，这样就把党的领导同依法治国统一起来了。

依法治国，有利于从法律上、制度上保证党的基本路线和基本方针的贯彻落实，保证党始终发挥总揽全局、协调各方的核心作用。依法治国对实现人民当家作主的重要意义就在于，在中国这样一个有着近14亿人口的国家，开创和推进社会主义的伟大事业，需要充分发挥人民群众的主动性、积极性和创造性，需要充分实现人民当家作主的愿望和权利，同时需要依照统一的法律和制度来加强领导和管理，以保证国家政治、经济、文化等各项事业有规范有秩序地进行。

二、坚定不移走中国特色社会主义政治之路

改革开放以来，我们党团结带领人民在发展社会主义民主政治方面取得了重大进展，成功开辟和坚持了中国特色社会主义政治发展道路，为实现最广泛的人民民主确立了正确方向。民主是具体的、历史的，因而，一定的民主必然与一定的时代要求相联系，与一定社会的政治、经济、文化发展水平相适应，这就决定了我国的民主政治建设必须从我国的实际出发，从我国的基本国情出发，走中国特色民主政治发展之路。

（一）坚持和完善人民代表大会制度

中国共产党领导中国人民取得革命胜利后，国家政权应该怎样组织？国家应该怎样治理？这是一个关系国家前途、人民命运的根本性问题。经过实践探索和理论思考，中国共产党人找到了答案。早在1940年，毛泽东就说："没有适当形式的政权机关，就不能代表国家。中国现在可以采取全国人民代表大会、省人民代表大会、县人民代表大会、区人民代表大会直到乡人民代表大会的系统，并由各级代表大会选举政府。"

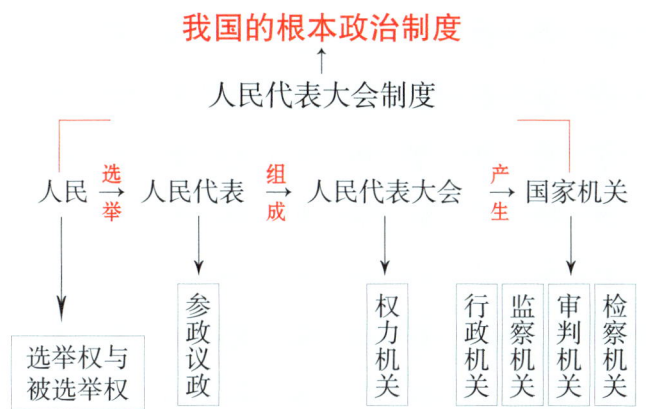

新中国的诞生，为中国人民把这一构想付诸实践奠定了前提、创造了条件。1949年9月，具有临时宪法地位的《中国人民政治协商会议共同纲领》庄严宣告，新中国实行人民代表大会制度。1954年9月，一届全国人大一次会议通过的《中华人民共和国宪法》明确规定："中华人民共和国的一切权力属于人民。人民行使权力的机关是全国人民代表大会和地方各级人民代表大会。"在中国实行人民代表大会制度，是中国人民在人类政治制度史上的伟大创造，是深刻总结近代以后中国政治生活惨痛教训得出的基本结论，是中国社会100多年激越变革、激荡发展的历史结果，是中国人民翻身作主、掌握自己命运的必然选择。

70年来特别是改革开放40年来，人民代表大会制度不断得到巩固和发展，展现出蓬勃生机活力。多年的实践充分证明，人民代表大会制度是符合中国国情和实际、体现社会主义国家性质、保证人民当家作主、保障实现中华民族伟大复兴的好制度。邓小平曾经说过："我们实行的就是全国人民代表大会一院制，这最符合中国实际。如果政策正确，方向正确，这种体制益处很大，很有助于国家的兴旺发达，避免很多牵扯。"人民代表大会制度是我们党长期进行人民政权建设的经验总结，也是我们党对国家事务实施领导的一大特色和优势。人民代表大会制度是中国人民当家作主的重要途径和最高实现形式,是中国社会主义政治文明的重要制度载体,是中国特色社会主义制度的重要组成部分,也是支撑中国国家治理体系和治理能力的根本政治制度。新形势下,我们要毫不动摇坚持人民代表大会制度,也要与时俱进完善人民代表大会制度。坚持和完善人民代表大会制度要着重抓好以下几个重要环节的工作。

第一,加强和改进立法工作。"国无常强,无常弱。奉法者强则国强,奉法者弱则国弱。"经过长期努力,中国特色社会主义法律体系已经形成,我们国家和社会生活各方面总体上实现了有法可依,这是我们取得的重大成就,也是我们继续前进的新起点。形势在发展,时代在前进,法律体系必须随着时代和实践发展而不断发展。我们要加强重要领域立法,确保国家发展、重大改革于法有据,把发展改革决策同立法决策更好结合起来。要坚持问题导向,提高立法的针对性、及时性、系统性、可操作性,发挥立法引领和推动作用。要抓住提高立法质量这个关键,深入推进科学立法、民主立法,完善立法体制和程序,努力使每一项立法都符合宪法精神、反映人民意愿、得到人民拥护。

第二,加强和改进法律实施工作。法律的生命力在于实施,法律的权威也在于实施。"法令行则国治,法令弛则国乱。"各级国家行政机关、监察机关、审判机关、检察机关是法律实施的重要主体,必须担负法律实施的法定职责,坚决纠正有法不依、执法不严、违法不究现象,坚决整治以权谋私、以权压法、徇私枉法问题,严禁侵犯群众合法权益。我们要全面落实依法治国基本方略,坚持法律面前人人平等,加快建设社会主义法治国家,不断推进科学立法、严格执法、公正司法、全民守法进程。要深入推进依法行政,加快建设法治政府。各级行政机关必须依法履行职责,坚持法定职责必须为、法无授权不可为,决不允许任何组织或者个人有超越法律的特权。要深入推进公正司法,深化司法体制改革,加快建设公正高效权威的司法制度,完善人权司法保障制度,严肃惩治司法腐败,让人民群众在每一个司法案件中都感受到公平正义。

第三，加强和改进监督工作。人民的眼睛是雪亮的，人民是无所不在的监督力量。只有让人民来监督政府，政府才不会懈怠；只有人人起来负责，才不会人亡政息。人民代表大会制度的重要原则和制度设计的基本要求，就是任何国家机关及其工作人员的权力都要受到制约和监督。各级人大及其常委会要担负起宪法法律赋予的监督职责，维护国家法制统一、尊严、权威，加强对"一府一委两院"执法、司法工作的监督，确保法律法规得到有效实施，确保行政权、监察权、审判权、检察权得到正确行使。地方人大及其常委会要依法保证宪法法律、行政法规和上级人大及其常委会决议在本行政区域内得到遵守和执行。要加强党纪监督、行政监察、审计监督、司法监督和国家机关内部各种形式的纪律监督。要拓宽人民监督权力的渠道，公民对于任何国家机关和国家工作人员有提出批评和建议的权利，对于任何国家机关和国家工作人员的违法失职行为有向有关国家机关提出申诉、控告或者检举的权利。要健全申诉控告检举机制，加强检察监督，切实做到有权必有责、用权受监督、侵权要赔偿、违法必追究。

第四，加强同人大代表和人民群众的联系。人民代表大会制度之所以具有强大生命力和显著优越性，关键在于它深深植根于人民之中。我们国家的名称，我们各级国家机关的名称，都冠以"人民"的称号，这是我们对中国社会主义政权的基本定位。中国260多万各级人大代表，都要忠实代表人民利益和意志，依法参加行使国家权力。各级国家机关及其工作人员，不论做何种工作，说到底都是为人民服务。这一基本定位，什么时候都不能含糊、不能淡化。各级国家机关加强同人大代表的联系、加强同人民群众的联系，是实行人民代表大会制度的内在要求，是人民对自己选举和委派的代表的基本要求。各级国家机关及其工作人员一定要为人民用权、为人民履职、为人民服务，把加强同人大代表和人民群众的联系作为对人民负责、受人民监督的重要内容，虚心听取人大代表、人民群众意见和建议，积极回应社会关切，自觉接受人民监督，认真改正工作中的缺点和错误。

第五,加强和改进人大工作。新的形势和任务对各级人大及其常委会工作提出了更高要求。要按照总结、继承、完善、提高的原则,推进人民代表大会制度理论和实践创新,推动人大工作提高水平。各级人大及其常委会要坚持正确政治方向,增强代表人民行使管理国家权力的政治责任感,履行宪法和法律赋予的职责。要健全人大常委会组成人员联系本级人大代表机制,畅通社情民意反映和表达渠道,支持和保证人大代表依法履职,优化人大常委会、专门委员会组成人员结构,完善人大组织制度、工作制度、议事程序。各级党委要加强和改善党对人大工作的领导,支持和保证人大及其常委会依法行使职权、开展工作。

在新的奋斗征程上,必须充分发挥人民代表大会制度的根本政治制度作用,继续通过人民代表大会制度牢牢把国家和民族的前途命运掌握在人民手中。这是时代赋予我们的光荣任务。

(二)推动发展社会主义协商民主

社会主义协商民主,是中国社会主义民主政治的特有形式和独特优势,是中国共产党的群众路线在政治领域的重要体现。党的十八大提出,在发展我国社会主义民主政治的进程中,要完善协商民主制度和工作机制,推进协商民主广泛多层制度化发展。

1. 人民政协:社会主义协商民主重要渠道

新中国成立后,人民政协为恢复和发展国民经济、巩固新生人民政权、推动各项社会改革、促进社会主义革命和建设作出了历史性贡献。1954年,全国人民代表大会召开后,人民政协作为多党合作和政治协商机构、作为统一战线组织继续发挥重要作用,在完成社会主义改造、推动各种社会力量为实现国家总任务而奋斗、活跃国家政治生活、调整统一战线内部关系、扩大国际交往等方面发挥了重要作用,为推进新中国各项建设贡献了力量。

党的十一届三中全会以后,邓小平说:"新时期统一战线和人民政协

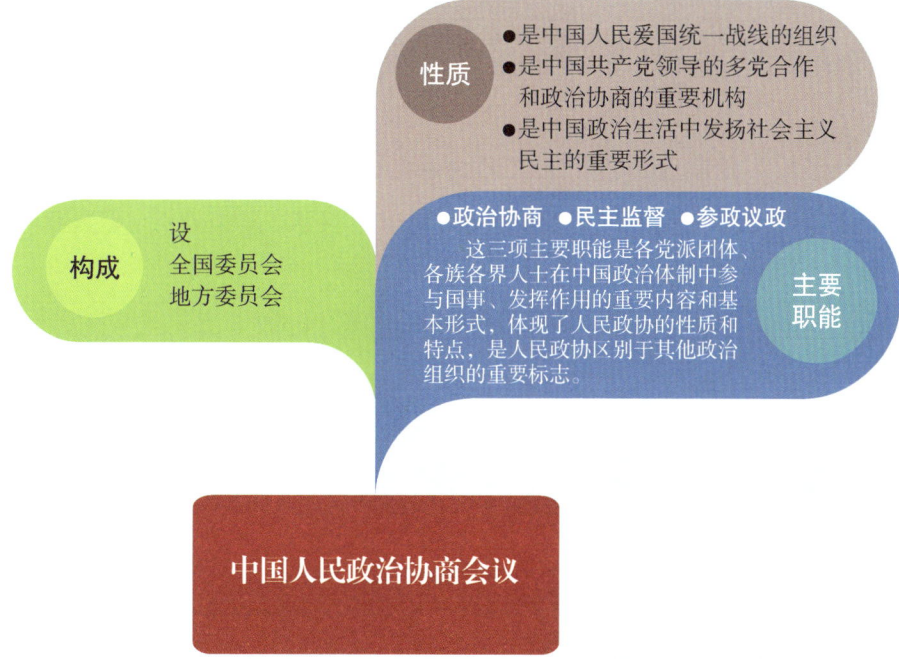

的任务,就是要调动一切积极因素,努力化消极因素为积极因素,团结一切可以团结的力量,同心同德,群策群力,维护和发展安定团结的政治局面,为把我国建设成为现代化的社会主义强国而奋斗。"以邓小平同志为核心的中国共产党第二代中央领导集体明确提出新时期人民政协的性质和任务,确立中国共产党同各民主党派长期共存、互相监督、肝胆相照、荣辱与共的方针,推动人民政协性质和作用载入宪法。以江泽民同志为核心的中国共产党第三代中央领导集体将中国共产党领导的多党合作和政治协商制度确立为中国的基本政治制度,通过修改宪法明确了这一制度将长期存在和发展,并进一步明确了人民政协的性质、主题、职能。以胡锦涛同志为总书记的党中央颁发《关于加强人民政协工作的意见》等文件,为新世纪新阶段人民政协事业发展提供了理论基础、政策依据、制度保障。

党的十八大以来，以习近平同志为核心的党中央高度重视人民政协工作，强调要进一步准确把握人民政协性质定位，充分发挥人民政协作为协商民主重要渠道作用，围绕团结和民主两大主题，推进政治协商、民主监督、参政议政制度建设。人民政协在继承中发展、在发展中创新，紧紧围绕中心、服务大局，为全面深化改革凝聚共识、汇集力量、建言献策，作出了新的积极贡献。

人民政协植根于中国历史文化，产生于近代以后中国人民革命的伟大斗争，发展于中国特色社会主义光辉实践，具有鲜明中国特色，是实现国家富强、民族振兴、人民幸福的重要力量。在新的历史条件下，人民政协在治国理政实践中起着十分重要的作用。

第一，坚持中国特色社会主义制度优势和特点。"履不必同，期于适足；治不必同，期于利民。"中国特色社会主义制度的生命力，就在于这一制度是在中国的社会土壤中生长起来的，人民政协就是适合中国国情、具有鲜明中国特色的制度安排。

人民政协要始终把坚持和发展中国特色社会主义作为巩固共同思想政治基础的主轴。要坚持中国共产党的领导、人民当家作主、依法治国有机统一，自觉把中国共产党的决策部署贯彻到人民政协工作中去，准确把握人民政协性质、地位、职能和作用，坚定不移走中国特色社会主义政治发展道路，风雨如磐不动摇。

第二，坚持紧扣改革发展献计出力。中国仍然处于社会主义初级阶段，仍然是世界上最大的发展中国家，发展仍然是解决中国一切问题的关键。我们面临的中心任务就是紧紧抓住和用好重要战略机遇期，全面深化改革，不断解放和发展社会生产力，推动各项事业全面发展，更好改善和保障人民生活。

人民政协要充分发挥代表性强、联系面广、包容性大的优势，聚焦推动科学发展、全面深化改革中的重大问题和群众最为关切的问题，深入进行调查研究，努力为改革发展出实招、谋良策。要积极宣传改革发展的大政方针，引导所联系群众支持和参与改革发展，正确对待新形势下改革发展带来的利益格局调整，为改革发展添助力、增合力。要敢于讲真话、讲诤言，及时反映真实情况，勇于提出建议和批评，帮助查找不足、解决问题，推动各项改革发展举措落到实处。

第三，坚持发挥人民政协在发展协商民主中的重要作用。人民政协以宪法、政协章程和相关政策为依据，以中国共产党领导的多党合作和政治协商制度为保障，集协商、监督、参与、合作于一体，是社会主义协商民主的重要渠道。

人民政协要发挥作为专门协商机构的作用，把协商民主贯穿履行职能全过程，推进政治协商、民主监督、参政议政制度建设，不断提高人民政协协商民主制度化、规范化、程序化水平，更好协调关系、汇聚力量、建言献策、服务大局。要拓展协商内容、丰富协商形式，建立健全协商议题提出、活动组织、成果采纳落实和反馈机制，更加灵活、更为经常开展专题协商、对口协商、界别协商、提案办理协商，探索网络议政、远程协商等新形式，提高协商实效，努力营造既畅所欲言、各抒己见，又理性有度、合法依章的良好协商氛围。

第四，坚持广泛凝聚实现中华民族伟大复兴的正能量。人民政协是最广泛的爱国统一战线组织。统一战线是中国共产党夺取革命、建设、改革事业胜利的重要法宝，也是实现中华民族伟大复兴的重要法宝。

"大厦之成，非一木之材也；大海之阔，非一流之归也。"要坚持和完善中国共产党领导的多党合作和政治协商制度，完善工作机制，搭建更多平台，为民主党派和无党派人士在政协更好发挥作用创造条件。要全面贯彻党的民族政策和宗教政策，积极引导各族群众增强对伟大祖国的认同、对中华民族的认同、对中华文化的认同、对中国特色社会主义道路的认同，充分发挥宗教界人士和信教群众在推动经济社会发展中的积极作用，促进民族团结、宗教和睦。要坚定不移贯彻"一国两制"、"港人治港"、"澳人治澳"、高度自治的方针，推动全面准确落实基本法，推动内地同香港、澳门的交流合作，维护香港、澳门长期繁荣稳定。要坚持"两岸一家人"，拓展同台湾岛内有关党派团体、社会组织、各界人士的联系和沟通，推动两岸关系和平发展。要加强同海外侨胞、归侨侨眷的联系，维护他们的合法权益，支持他们积极参与和支持祖（籍）国现代化建设与和平统一大业，促进中国同世界各国的文化交流。要高举和平、发展、合作、共赢旗帜，按照国家对外工作总体部署，加强同各国人民、政治组织、媒体智库等友好往来，为促进人类和平与发展的崇高事业作出积极贡献。

第五，坚持推进履职能力建设。人民政协是国家治理体系的重要组成部分，要适应全面深化改革的要求，以改革思维、创新理念、务实举措大力推进履职能力建设，努力在推进国家治理体系和治理能力现代化中发挥更大作用。

人民政协要提高政治把握能力，坚定理想信念，增进政治认同，提高运用科学理论分析判断形势、研究解决问题的能力和水平。要提高调查研究能力，坚持问题导向，深入实际摸清真实情况，集合众智提出解决办法，努力使对策建议有的放矢、切中要害。要提高联系群众能力，创新群众工作方法，畅通和拓宽各界群众的利益诉求表达渠道，发挥好桥梁纽带作用。要提高合作共事能力，发扬求同存异、体谅包容的优良传统，贯彻民主协商、平等议事的工作原则，尊重和包容不同意见的存在和表达，以民主的作风团结人，不断增进思想共识、加强合作共事。

中国共产党各级党委要重视和支持人民政协事业发展，把人民政协政治协商作为重要环节纳入决策程序，会同政府、政协制定实施协商年度工作计划，对明确规定需要协商的事项必须经协商后提交决策实施。要加强人民政协民主监督，完善民主监督的组织领导、权益保障、知情反馈、沟通协调机制。要推进人民政协参政议政更加深入务实开展，委托政协开展重大课题调研，邀请政协委员参与重大项目研究论证，完善参政议政成果采纳落实机制，更好发挥人民政协建言资政作用。要高度重视政协领导班子建设，改进委员产生机制，真正把代表性强、议政水平高、群众认可、德才兼备的优秀人士吸收到委员队伍中来。要适应经济社会发展和统一战线内部结构变化，深入研究更好发挥政协界别作用的思路和办法，扩大团结面、增强包容性，拓展有序政治参与空间。

2. 社会主义协商民主是中国社会主义民主政治的特有形式和独特优势

社会主义协商民主，是中国社会主义民主政治的特有形式和独特优势，是中国共产党的群众路线在政治领域的重要体现。党的十八大提出，在发展我国社会主义民主政治的进程中，要完善协商民主制度和工作机制，推进协商民主广泛多层制度化发展。党的十八届三中全会强调，在党的领导下，以经济社会发展重大问题和涉及群众切身利益的实际问题为内容，在全社会开展广泛协商，坚持协商于决策之前和决策实施之中。这些重要论述和部署，为中国社会主义协商民主发展指明了方向。

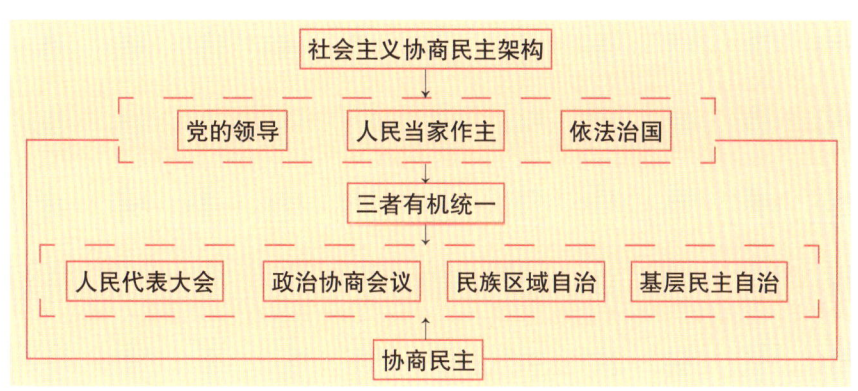

我国社会主义协商民主架构

——我们要全面认识社会主义协商民主是中国社会主义民主政治的特有形式和独特优势这一重大判断。中国共产党领导人民实行人民民主，就是保证和支持人民当家作主。保证和支持人民当家作主不是一句口号、不是一句空话，必须落实到国家政治生活和社会生活之中，保证人民依法有效行使管理国家事务、管理经济和文化事业、管理社会事务的权力。

原声再现

"名非天造,必从其实。"实现民主的形式是丰富多样的,不能拘泥于刻板的模式,更不能说只有一种放之四海而皆准的评判标准。人民是否享有民主权利,要看人民是否在选举时有投票的权利,也要看人民在日常政治生活中是否有持续参与的权利;要看人民有没有进行民主选举的权利,也要看人民有没有进行民主决策、民主管理、民主监督的权利。社会主义民主不仅需要完整的制度程序,而且需要完整的参与实践。人民当家作主必须具体地、现实地体现到中国共产党执政和国家治理上来,具体地、现实地体现到中国共产党和国家机关各个方面、各个层级的工作上来,具体地、现实地体现到人民对自身利益的实现和发展上来。

——2014年9月21日习近平总书记在庆祝中国人民政治协商会议成立65周年大会上的讲话

——我们要深刻把握社会主义协商民主是中国共产党的群众路线在政治领域的重要体现这一基本定性。中国共产党来自人民、服务人民,这就决定了中国共产党领导人民建立的中华人民共和国必须紧紧依靠人民治国理政、治理社会。中国共产党在自己的工作中实行群众路线,坚持一切为了群众,一切依靠群众,从群众中来,到群众中去,把自己的正确主张变为群众的自觉行动。宪法规定,国家的一切权力属于人民,一切国家机关和国家工作人员必须依靠人民的支持,经常同人民保持密切联系,倾听人民的意见和建议,接受人民的监督,努力为人民服务。无论是中国共产党执政,还是国家机关施政,都必须坚持贯彻群众路线,紧紧依靠人民。

——我们要切实落实推进协商民主广泛多层制度化发展这一战略任务。面向未来,发展好各项事业,巩固国家安定团结的政治局面,促进政党关系、民族关系、宗教关系、阶层关系、海内外同胞关系和谐发展,一

> **小贴士**
>
> "名非天造,必从其实"出自明清之际思想家王夫之的《思问录·外篇》。《思问录》分为"外篇"和"内篇"。内篇以论述哲学问题为主,外篇涉及天文、历数、乐律、医学等各种自然科学问题。在《思问录·外篇》中,王夫之针对中国古代天文中的度、次概念与实际天象的关系说道:"天无度,人以太阳一日所行之舍为之度。天无次,人以月建之域为之次。非天所有,名因人立。名非天造,必从其实。"意思是说,就自然的天而言,没有度与次之名,度、次之名仅仅是人为了方便认识天象,把太阳每一天行走所停下来的地方叫作1度,一共360度,把周天分为12等分,而一年有12个月,故每月为1次。这实际上是中国古人在地心说的立场上划分天体运动所得出的两个概念,因此,要真正理解实际的天象与节候,就不能受度、次之名的束缚,而要去考察实际的节候变化,故王夫之又说:"名从实起,次随建转。"

个很重要的条件就是必须通过民主集中制的办法,广开言路,博采众谋,动员大家一起来想、一起来干。正所谓"以天下之目视,则无不见也;以天下之耳听,则无不闻也;以天下之心虑,则无不知也"。

三、充分展现社会主义民主政治的鲜明品格和巨大优势

中国社会主义民主政治具有强大生命力,中国特色社会主义政治发展道路是符合中国国情、保证人民当家作主的正确道路。社会主义民主政治在中国的成功实践,充分彰显了其独特的鲜明品格与巨大优势。

(一)照抄照搬他国的政治制度行不通

以什么样的思路来谋划和推进中国社会主义民主政治建设,在国家政

治生活中具有管根本、管全局、管长远的作用。古今中外，由于政治发展道路选择错误而导致社会动荡、国家分裂、人亡政息的例子比比皆是。中国是一个发展中大国，坚持正确的政治发展道路更是关系根本、关系全局的重大问题。

设计和发展国家政治制度，必须注重历史和现实、理论和实践、形式和内容有机统一。要坚持从国情出发、从实际出发，既要把握长期形成的历史传承，又要把握走过的发展道路、积累的政治经验、形成的政治原则，还要把握现实要求、着眼解决现实问题，不能割断历史，不能想象突然就搬来一座政治制度上的"飞来峰"。政治制度是用来调节政治关系、建立政治秩序、推动国家发展、维护国家稳定的。

（二）我国社会主义民主是最广泛、最真实、最管用的民主

中国特色社会主义政治制度之所以行得通、有生命力、有效率，就是因为它是从中国的社会土壤中生长起来的。中国特色社会主义政治制度过去和现在一直生长在中国的社会土壤之中，未来要继续茁壮成长，也必须深深扎根于中国的社会土壤。

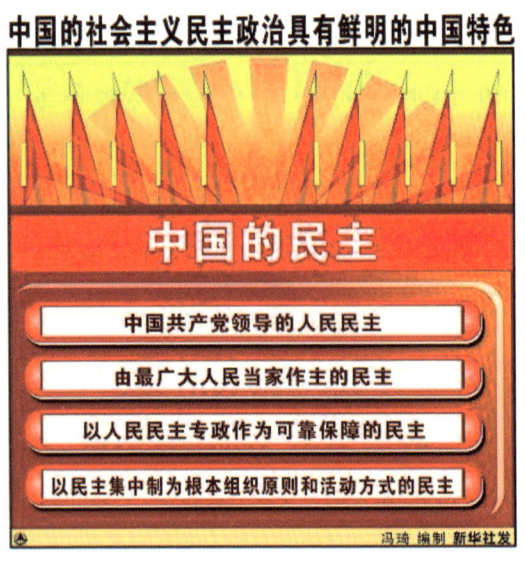

评价一个国家政治制度是不是民主的、有效的，主要看国家领导层能否依法有序更替，全体人民能否依法管理国家事务和社会事务、管理经济和文化事业，人民群众能否畅通表达利益要求，社会各方面能否有效参与国家政治生活，国家决策能否实现科学化、民主化，各方面人才能否通过公平竞争进入国家领导和管理体

系，执政党能否依照宪法和法律规定实现对国家事务的领导，权力运用能否得到有效制约和监督。

经过长期努力，我们在解决这些重点问题上都取得了决定性进展。我们废除了实际上存在的领导干部职务终身制，普遍实行领导干部任期制度，实现了国家机关和领导层的有序更替。我们不断扩大人民有序政治参与，人民实现了内容广泛、层次丰富的当家作主。我们坚持发展最广泛的爱国统一战线，发展独具特色的社会主义协商民主，有效凝聚了各党派、各团体、各民族、各阶层、各界人士的智慧和力量。

我们努力建设了解民情、反映民意、集中民智、珍惜民力的决策机制，增强决策透明度和公众参与度，保证了决策符合人民利益和愿望。我们积极发展广纳群贤、充满活力的选人用人机制，广泛把各方面优秀人才集聚到党和国家各项事业中来。我们坚持依法治国、依法执政、依法行政共同推进，坚持法治国家、法治政府、法治社会一体建设，全社会法治水平不断提高。我们建立健全多层次监督体系，完善各类公开办事制度，保证党和国家领导机关及人员按照法定权限和程序行使权力。

中国实行工人阶级领导的、以工农联盟为基础的人民民主专政的国体，实行人民代表大会制度的政体，实行中国共产党领导的多党合作和政治协商制度，实行民族区域自治制度，实行基层群众自治制度，具有鲜明的中国特色。这样一套制度安排，能够有效保证人民享有更加广泛、更加充实的权利和自由，保证人民广泛参加国家治理和社会治理；能够有效调节国家政治关系，发展充满活力的政党关系、民族关系、宗教关系、阶层关系、海内外同胞关系，增强民族凝聚力，形成安定团结的政治局面；能够集中力量办大事，有效促进社会生产力解放和发展，促进现代化建设各项事业，促进人民生活质量和水平不断提高；能够有效维护国家独立自主，有力维护国家主权、安全、发展利益，维护中国人民和中华民族的福祉。

（三）发展社会主义民主政治，关键是要增加和扩大我们的优势和特点

一个国家的政治制度决定于这个国家的经济社会基础，同时又反作用于这个国家的经济社会基础，乃至于起到决定性作用。在一个国家的各种制度中，政治制度处于关键环节。所以，坚定中国特色社会主义制度自信，首先要坚定对中国特色社会主义政治制度的自信，增强走中国特色社会主义政治发展道路的信心和决心。

发展社会主义民主政治，关键是要增加和扩大我们的优势和特点，而不是要削弱和缩小我们的优势和特点。我们要坚持发挥党总揽全局、协调各方的领导核心作用，提高党科学执政、民主执政、依法执政水平，保证党领导人民有效治理国家，切实防止出现群龙无首、一盘散沙的现象。我们要坚持国家一切权力属于人民，既保证人民依法实行民主选举，也保证人民依法实行民主决策、民主管理、民主监督，切实防止出现选举时漫天许诺、选举后无人过问的现象。我们要坚持和完善中国共产党领导的多党合作和政治协商制度，加强社会各种力量的合作协调，切实防止出现党争纷沓、相互倾轧的现象。我们要坚持和完善民族区域自治制度，巩固平等团结互助和谐的社会主义民族关系，促进各民族和睦相处、和衷共济、和谐发展，切实防止出现民族隔阂、民族冲突的现象。我们要坚持和完善基层群众自治制度，发展基层民主，保障人民依法直接行使民主权利，切实防止出现人民形式上有权、实际上无权的现象。我们要坚持和完善民主集中制的制度和原则，促使各类国家机关提高能力和效率、增进协调和配合，形成治国理政的强大合力，切实防止出现相互掣肘、内耗严重的现象。

我们要不断推进社会主义民主政治制度化、规范化、程序化，更好发挥中国特色社会主义政治制度的优越性，为党和国家兴旺发达、长治久安提供更加完善的制度保障。

第十一章

坚定文化自信，推动社会主义文化繁荣兴盛

★

　　文化自信是更基础、更广泛、更深厚的自信。习近平总书记在党的十九大报告中指出："文化是一个国家、一个民族的灵魂。文化兴国运兴，文化强国运强。没有高度的文化自信，没有文化的繁荣兴盛，就没有中华民族伟大复兴。要坚持中国特色社会主义文化发展道路，激发全民族创新创造活力，建设社会主义文化强国。"习近平总书记关于文化发展繁荣的一系列重要论述，科学论述了文化与文化建设的重要地位和作用，深刻阐明了新时代发展中国特色社会主义文化的基本方略和实践路径，为中华文化实现创造性转化与创新性发展指明了方向，为把我国建成社会主义文化强国、创造中国文化新辉煌提供了精神指引。

一、文化自信是更基础、更广泛、更深厚的自信

党的十九大报告将中国特色社会主义文化同中国特色社会主义道路、理论、制度一道，作为中国特色社会主义的重要组成部分，强调要增强"四个自信"。文化自信作为一种更基础、更广泛、更深厚的自信，它的提出和不断巩固意义重大，而进一步阐扬和夯实我们文化自信的深厚根基和充足底气，也是发展中国特色社会主义文化、建设社会主义文化强国的重要基础。

原声再现

> 中国特色社会主义道路是实现社会主义现代化、创造人民美好生活的必由之路，中国特色社会主义理论体系是指导党和人民实现中华民族伟大复兴的正确理论，中国特色社会主义制度是当代中国发展进步的根本制度保障，中国特色社会主义文化是激励全党全国各族人民奋勇前进的强大精神力量。全党要更加自觉地增强道路自信、理论自信、制度自信、文化自信，既不走封闭僵化的老路，也不走改旗易帜的邪路，保持政治定力，坚持实干兴邦，始终坚持和发展中国特色社会主义。
>
> ——2017年10月18日习近平总书记在中国共产党第十九次全国代表大会上的报告

（一）文化自信的提出及其重大意义

自党的十八大以来，面对国际国内意识形态领域的严峻挑战，习近平总书记站在中国特色社会主义事业全局，从中华民族伟大复兴的战略高度，更加重视文化建设问题，提出坚定文化自信这一重要命题，把中国特

色社会主义理论提高到一个新境界。习近平总书记关于文化自信及其重大意义的论述，充分反映出我们党对文化地位和文化作用的高度理论自觉与深刻思想升华。

习近平总书记从中国特色社会主义的重要组成部分和中华民族伟大复兴中国梦的角度出发，高度重视文化的支撑作用。2013年5月4日，习近平总书记在同各界优秀青年代表座谈时的讲话中指出，"中国特色社会主义是物质文明和精神文明全面发展的社会主义。一个没有精神力量的民族难以自立自强，一项没有文化支撑的事业难以持续长久"[1]。同年11月，习近平总书记在山东考察时又强调，"一个国家、一个民族的强盛，总是以文化兴盛为支撑的，中华民族伟大复兴需要以中华文化发展繁荣为条件"[2]，"没有中华文化繁荣兴盛，就没有中华民族伟大复兴。一个民族的复兴需要强大的物质力量，也需要强大的精神力量"[3]。

在习近平总书记的眼中，文明特别是思想文化是一个国家、一个民族的灵魂。无论哪一个国家、哪一个民族，如果不珍惜自己的思想文化，丢掉了思想文化这个灵魂，这个国家、这个民族是立不起来的。[4] 我们知道，古代中国一直以辉煌灿烂的文化而举世瞩目、名扬四海。但是近代中国自鸦片战争开始，饱受欺凌、落后挨打的悲惨命运使得很多国人盲目而不自觉地形成了技术不如人、制度不如人、文化不如人的民族自卑心理，在文化上的表现尤为明显。在中国人民寄希望于通过学习西方的物质技术、制度、文化苦苦探寻挽救亡国灭种命运、实现强国富民道路的历史进程中，与对西方文化的崇拜和追捧相伴的是对本民族文化的贬低甚至遗弃，直到今天，"言必称希腊""去中国化"依然是一些国人的文化心态。对此，习近平总书记强调："增强文化自觉和文化自信，是坚定道路自信、理论

---

[1]《十八大以来重要文献选编》（上），中央文献出版社2014年版，第280页。
[2]《人民日报》2013年11月29日。
[3]《十八大以来重要文献选编》（中），中央文献出版社2016年版，第121页。
[4] 参见《习近平关于社会主义文化建设论述摘编》，中央文献出版社2017年版，第5页。

自信、制度自信的题中应有之义。如果'以洋为尊'、'以洋为美'、'唯洋是从',把作品在国外获奖作为最高追求,跟在别人后面亦步亦趋、东施效颦,热衷于'去思想化'、'去价值化'、'去历史化'、'去中国化'、'去主流化'那一套,绝对是没有前途的!"[1]

原声再现

> 中华民族有着5000多年的文明史,近代以前中国一直是世界强国之一。在几千年的历史流变中,中华民族从来不是一帆风顺的,遇到了无数艰难困苦,但我们都挺过来、走过来了,其中一个很重要的原因就是世世代代的中华儿女培育和发展了独具特色、博大精深的中华文化,为中华民族克服困难、生生不息提供了强大精神支撑。
> ——2014年10月15日习近平总书记在文艺工作座谈会上的讲话

在此基础上,习近平总书记进一步强调:"我们说要坚定中国特色社会主义道路自信、理论自信、制度自信,说到底是要坚定文化自信。文化自信是更基本、更深沉、更持久的力量。"[2] 在庆祝中国共产党成立95周年大会上的讲话中,习近平总书记在强调道路自信、理论自信、制度自信这"三个自信"的基础上,重点阐释了文化自信,指出"文化自信,是更基础、更广泛、更深厚的自信",并认为,"在5000多年文明发展中孕育的中华优秀传统文化,在党和人民伟大斗争中孕育的革命文化和社会主义先进文化,积淀着中华民族最深层的精神追求,代表着中华民族独特的精神标识"[3]。在中国文联十大、中国作协九大开幕式上的讲话中,习近平总书记系统阐述了文化自信的重要作用和意义。他指出:"文化是一个

---

[1]《十八大以来重要文献选编》(中),中央文献出版社2016年版,第135—136页。
[2]《习近平谈治国理政》第2卷,外文出版社2017年版,第339页。
[3] 习近平:《在庆祝中国共产党成立95周年大会上的讲话》,载《人民日报》2016年7月2日第2版。

国家、一个民族的灵魂。历史和现实都表明，一个抛弃了或者背叛了自己历史文化的民族，不仅不可能发展起来，而且很可能上演一幕幕历史悲剧。文化自信，是更基础、更广泛、更深厚的自信，是更基本、更深沉、更持久的力量。坚定文化自信，是事关国运兴衰、事关文化安全、事关民族精神独立性的大问题。"[1]

总而言之，党的十八大以来文化自信被提到了前所未有的高度，习近平总书记以坚定文化自信为关键点，从中华民族伟大复兴的战略高度定位文化自信问题，阐述了文化自信对于中华民族复兴的重大意义；从中国特色社会主义全局把握文化建设之地位，揭示了文化作为国家软实力的重大价值；从"四个自信"的整体关系中强调文化自信的更基础、更广泛、更深厚的作用。

（二）文化自信的丰富内涵与深厚根基

我们讲文化自信，还必须进一步揭示我们的文化何以能够自信这个问题。实际上，从广义上来讲，文化自信本身包含了对道路、理论、制度的自信。文化的核心是公众对当下社会实践形式的思想价值认同，特别是随着中国特色社会主义道路、理论体系、制度这些构成中国特色社会主义的本质因素的逐渐展开和完善，我们更需要真正地形成从"道路选择认同""理论认同""制度认同"到"思想价值认同"的整合和升华。这也正是文化自信的基础性、广泛性和深厚性所在。我们开辟的中国特色社会主义道路不是偶然的，而是由我国的历史传承和文化传统决定的，这条道路"是在对中华民族5000多年悠久文明的传承中走出来的，具有深厚的历史渊源和广泛的现实基础"；中国特色社会主义政治制度是"在我国历史传承、文化传统、经济社会发展的基础上长期发展、渐进改进、内生演化的结果"；中国特色社会主义理论体系扎根于深厚文化土壤，正是因为

---

[1]《习近平谈治国理政》第2卷，外文出版社2017年版，第349页。

与中国的历史传统和现实的紧密结合,得以不断焕发生机活力。如果硬生生地割裂中国的历史和文化对中国道路、中国理论、中国制度的影响和作用,便难以理解中国道路的独特性,难以说明中国特色社会主义理论体系的科学性,难以说清中国制度的优越性。

正如习近平总书记在庆祝中国共产党成立95周年大会上的讲话中指出的:"全党要坚定道路自信、理论自信、制度自信、文化自信。当今世界,要说哪个政党、哪个国家、哪个民族能够自信的话,那中国共产党、中华人民共和国、中华民族是最有理由自信的。"[1]中国特色社会主义进入新时代,近代以来久经磨难的中华民族迎来了从站起来、富起来到强起来的伟大飞跃,迎来了实现中华民族伟大复兴的光明前景;科学社会主义在21世纪的中国焕发出强大生机活力,在世界上高高举起了中国特色社会主义伟大旗帜;中国特色社会主义道路、理论、制度、文化不断发展,拓展了发展中国家走向现代化的途径,给世界上那些既希望加快发展又希望保持自身独立性的国家和民族提供了全新选择,为解决人类问题贡献了中国智慧和中国方案。这些都是我们自信的力量源泉。

从狭义上来讲,文化自信是对"中华优秀传统文化、革命文化和社会主义先进文化以及中国特色社会主义伟大实践"的自信。博大精深、灿烂辉煌的中华优秀传统文化积淀着中华民族最深层的精神追求,包含着中华民族最根本的精神基因,代表着中华民族独特的精神标识,不仅为中华民族发展壮大提供了丰厚的滋养,也为人类文明进步作出了卓越的贡献。这是我们坚定文化自信的深厚基础。激昂向上的革命文化和生机勃勃的社会主义先进文化是中华优秀传统文化的凝聚和升华,是中国共产党人和中国人民伟大创造精神的生动体现,是激励全党全国各族人民奋勇前进的强大精神力量。这是我们坚定文化自信的坚强基石。改革开放以来,我们党团结带领全国各族人民坚持不懈进行中国特色社会主义伟大实践,推动我国

---

[1] 习近平:《在庆祝中国共产党成立95周年大会上的讲话》,载《人民日报》2016年7月2日第2版。

经济实力、科技实力、国防实力、综合国力进入世界前列，使科学社会主义在21世纪显示出强大生命力，使中华民族以崭新姿态屹立于世界的东方。这是我们坚定文化自信的强大支撑。正如习近平总书记所言，40年来我们的成就是实打实的，十三亿多中国人民看得见、摸得着，没有人否定得了。我们有本事做好中国的事情，更要有底气、有定力也有必要讲好中国故事。

二、发展中国特色社会主义文化的基本遵循

新时代发展中国特色社会主义文化，要以马克思主义为指导，坚守中华文化立场，立足当代中国现实，结合当今时代条件，发展面向现代化、面向世界、面向未来的，民族的科学的大众的社会主义文化，推动社会主义精神文明和物质文明协调发展。要坚持为人民服务、为社会主义服务，坚持百花齐放、百家争鸣，坚持创造性转化、创新性发展，努力在中国特色社会主义文化发展道路上实现文化新跨越、创造文化新辉煌。

（一）坚持以马克思主义为指导

马克思主义是我们立党立国的理论基础，是指引新时代文化建设的根本指针，在任何时候、任何情况下都要毫不动摇地坚持和捍卫马克思主义。坚持以马克思主义为指导，最重要的是坚持马克思主义的基本立场、观点和方法，运用马克思主义中国化的最新成果指导文化建设，自觉运用习近平新时代中国特色社会主义思想武装头脑、推动实践、指导工作，努力使之转化为指导新时代文化建设发展的新理念、新思路与新举措。坚持以马克思主义为指导不是抽象的口号，而是要具体落实到坚守中华文化立场上来，要结合时代和现实条件，使之贯穿于对中华优秀传统文化的继承和发

展、对革命文化与社会主义先进文化的传承和发扬、对世界优秀文化成果的借鉴和吸收的整个过程，更好地发展面向现代化、面向世界、面向未来的，民族的科学的大众的社会主义文化。坚持以马克思主义为指导，还要继续发展21世纪马克思主义，当代中国马克思主义，把坚持马克思主义和发展马克思主义统一起来，结合新的实践不断作出新的理论创造，这是马克思主义永葆生机活力的奥妙所在，也是我们文化建设的源头活水。

（二）坚持为人民服务、为社会主义服务的"双为"方向

文化建设是党和人民事业的重要组成部分，必须站稳人民立场，服务于大局，把为人民服务、为社会主义服务统一于新时代文化建设的实践之中。尽管我国目前的文化建设取得了巨大成就，但不可否认的是，当前文化发展与满足人民的美好精神生活需要的要求之间还有一定差距，还存在不平衡不充分等迫切需要解决的深层次问题。比如，文化创新能力不够强，与我国的经济地位不相称；文化需求与消费发展不平衡，在地区、城乡、阶层等方面差异明显；文化服务存在着"供需错位"的现象，与人民的文化需求不相符；文化创新能力不足，文化精品力作的创作远不能达到人民的期待；文化的国际传播能力不强，提升文化影响力还存在明显短板等。要解决这些矛盾和问题，必须要坚持以人民为中心的发展思想，以为人民谋取文化福利为基本目标，推动文化改革发展成果更多更公平地惠及全体人民。要更加自觉地围绕党和国家事业的中心，找准文化建设的结合点和着力点，不断提高服务大局的能力和水平。

（三）坚持百花齐放、百家争鸣的"双百"方针

激发全民族文化创新创造活力，是推动文化大发展大繁荣的关键所在，而这一局面的形成有赖于导向正确、积极健康、生动活泼、宽松和谐的文化环境氛围的构建。因此要提倡各种形式的创新，提倡不同观点、不同风格、不同流派相互切磋、平等讨论，鼓励解放思想、尊重差异、包容多样，

让文化创新精神竞相迸发、持续涌流，同时也要把握好文化创新的原则与方向。我们讲尊重差异、包容多样，并不是无原则的尊重、无底线的包容，新时代的文化建设决不能让错误的、腐朽的、落后的思想滋生蔓延，而是要注重研究纷繁复杂的文化现象，辨析主流与支流、区分先进与落后、划清积极与消极，从而营造风清气正的文化生态。此外，知识分子作为文化建设的重要力量，要切实发挥好文化创造的积极性，为社会主义文化强国提供人才支撑、智力支撑、创新支撑。

1956年4月28日，毛泽东在中共中央政治局扩大会议上提出：艺术问题上的百花齐放，学术问题上的百家争鸣，我看应该成为我们的方针。这是毛泽东书写的"双百"方针。

（四）坚持创造性转化、创新性发展的"双创"之路

创新创造是文化的生命力，是永葆文化活力的关键所在，正是得益于对各民族文化精华的创新创造精神，才造就了辉煌灿烂的古代文化。新时代文化建设离不开文化的历史传承和外来借鉴，更离不开对自身文化的创造性转化和创新性发展。凡是源远流长、历久弥新的文化，既渗透着历史基因又浸润着时代精神，既延续着本土文化的血脉又吸纳着外来文明的精华。在新的历史条件下，推动中华文化繁荣发展，必须正确处理好"古"与"今"、"中"与"外"、"守"与"变"的辩证关系，做到不忘本来、吸收外来、面向未来，在新的历史起点上构筑好中国精神、中国价值和中国力量。究其实质，就是要在坚守中华民族独特的历史现实境遇上的文化创造的前提下，以当下中国的经济社会实践为基础，通过吸收世界其他民族的文化精华，携手为人类共同面临的危机和挑战贡献中国智慧。一方面，要客观科学礼敬地对待中华优秀传统文化，结合新的时代条件和实践要求对其内涵和表现形式加以补充、拓展、完善，赋予其新的时代内涵和现代表达形式，充分展现中华文化的独特魅力和时代价值；另一方面，要坚持开放包容的态度，广泛深入地参与到世界

文明的对话和交流中去，积极借鉴吸收人类文明成果，增强中华文化的影响力和吸引力。

原声再现

> 不忘历史才能开辟未来，善于继承才能善于创新。优秀传统文化是一个国家、一个民族传承和发展的根本，如果丢掉了，就割断了精神命脉。我们要善于把弘扬优秀传统文化和发展现实文化有机统一起来，紧密结合起来，在继承中发展，在发展中继承。
>
> 传统文化在其形成和发展过程中，不可避免会受到当时人们的认识水平、时代条件、社会制度的局限性的制约和影响，因而也不可避免会存在陈旧过时或已成为糟粕性的东西。这就要求人们在学习、研究、应用传统文化时坚持古为今用、推陈出新，结合新的实践和时代要求进行正确取舍，而不能一股脑儿都拿到今天来照套照用。要坚持古为今用、以古鉴今，坚持有鉴别的对待、有扬弃的继承，而不能搞厚古薄今、以古非今，努力实现传统文化的创造性转化、创新性发展，使之与现实文化相融相通，共同服务以文化人的时代任务。
>
> ——2014年9月24日习近平总书记在纪念孔子诞辰2565周年国际学术研讨会暨国际儒学联合会第五届会员大会开幕会上的讲话

三、建设社会主义文化强国

文化是一个国家、一个民族的灵魂。文化兴国运兴，文化强民族强。习近平总书记在党的十九大报告上对新时代文化建设作出了全面的部署，提出了明确的要求。我们必须从新的思想高度出发，紧紧抓住重点任务，努力开创文化新局面，建设社会主义文化强国。

（一）牢牢掌握意识形态工作领导权

意识形态决定文化前进方向和发展道路，关乎社会主义举旗定向问题。习近平总书记指出："能否做好意识形态工作，事关党的前途命运，事关国家长治久安，事关民族凝聚力和向心力。"[1]中国特色社会主义进入新时代，面对深刻的经济社会变革、日益多元多样多变的社会思想观念，甚至一些诸如"宪政民主"、新自由主义、历史虚无主义等错误思想也伺机而动，企图浑水摸鱼，引领社会思潮、凝聚思想共识的任务艰巨又复杂。习近平总书记在2018年全国宣传思想工作会议上强调，要建设具有强大凝聚力与引领力的社会主义意识形态，关键所在是要坚定"四个自信"。为此，必须从以下方面深入加强社会主义意识形态建设。

一是推动习近平新时代中国特色社会主义思想深入人心，加强思想理论武装，特别是要在学懂弄通做实习近平新时代中国特色社会主义思想上下功夫。党的十九大以来，全国上下掀起了学习新思想热潮，理论武装有序推进。今后相当长时期要在"进"的基础上推动新思想的学习教育往深里走、往实里走、往心里走，在广泛覆盖的基础上更好解决提质提效问题，真正达到入脑入心、落地生根。特别是要注重加强传播手段和话语方式创新，运用个性化制作、可视化呈现、互动化传播的方式开展宣传，让党的创新理论"飞入寻常百姓家"。

二是要以马克思主义为指导，构建具有中国特色、中国风格、中国气派的哲学社会科学。习近平总书记强调，要按照立足中国、借鉴国外，挖掘历史、把握当代，关怀人类、面向未来的思路，构建具有自身特色的学科体系、学术体系、话语体系。[2]要以继承性与民族性扎中国特色哲学社

1《习近平新时代中国特色社会主义思想三十讲》，学习出版社2018年版，第213页。
2 参见习近平《在哲学社会科学工作座谈会上的讲话》，载《人民日报》2016年5月19日第2版。

会科学之根,继承吸收好马克思主义的资源、中华优秀传统文化的资源和国外哲学社会科学的优秀资源;要以我们正在做的事情为中心,根据时代变化体现原创性和时代性;要以涵盖各领域、多学科的系统性与专业性塑造中国特色哲学社会科学之范。

三是要把握正确舆论导向,提高新闻舆论传播力、引导力、影响力、公信力,巩固壮大主流思想舆论。党的新闻舆论工作处在意识形态斗争的最前沿。做好党的新闻舆论工作,要坚持党性原则,最根本的是坚持党对新闻舆论工作的领导。党和政府主办的媒体是党和政府的宣传阵地,必须姓党;要坚持马克思主义新闻观,引导广大新闻舆论工作者做党的政策主张的传播者、时代风云的记录者、社会进步的推动者、公平正义的守望者;要坚持正确舆论导向,做到所有工作都有利于坚持中国共产党领导和社会主义制度,有利于全国各族人民团结,有利于社会和谐稳定;要坚持团结稳定鼓劲、正面宣传为主的基本方针,注重提高质量和水平,增强吸引力和感染力;要坚持改进创新,遵循新闻传播规律,创新理念、内容、体裁、形式、方法、手段、业态、体制、机制,加快构建舆论引导新格局;要加快培养造就一支政治坚定、业务精湛、作风优良、党和人民放心的新闻舆论工作队伍。

四是要强化互联网的舆论引领,坚决打赢网络意识形态攻坚战。互联网是当下意识形态工作的主战场。意识形态工作是做人的工作,人在哪里,意识形态工作的重点就在哪里。老百姓上了网,民意也就上了网。据中国互联网络信息中心(CNNIC)在京发布的第 42 次《中国互联网络发展状况统计报告》显示,截至 2018 年 6 月 30 日,我国网民规模达 8.02 亿,互联网普及率为 57.7%。[1] 互联网的迅猛发展,深刻地改变了舆论生成方式和传播方式,改变了媒体格局和舆论生态,意识形态领域的许多新情况新问题也往往因网而生、因网而增,其中很多错误思潮也都以

---

1 参见中国互联网络信息中心《中国互联网络发展状况统计报告》(2018 年 7 月)。

网络为温床而生成发酵、弥漫扩散，弄得人心惶惶。习近平总书记强调，过不了互联网这一关，就过不了长期执政这一关，要确保互联网可控可管，打好网络意识形态攻坚战，推动互联网这个"最大变量"释放"最大正能量"。[1] 为此要加强互联网内容建设，加强网上正面宣传，同时深入开展网上舆论斗争，做到有立有破、破立结合；要建立形成网络综合治理体系，走出一条齐抓共管、良性互动的新路；要营造清朗的网络空间，形成网上网下"同心圆"，共同为实现中华民族伟大复兴的中国梦而奋斗。

（二）培育与践行社会主义核心价值观

文化的内核和灵魂是价值观。习近平总书记指出，"价值观念在一定社会的文化中是起中轴作用的"[2]，没有核心价值观的吸引力、凝聚力和影响力，"一个民族就没有赖以维系的精神纽带，一个国家就没有共同的思想道德基础"[3]。实现"两个一百年"奋斗目标需要全社会方方面面同心同力，需要全国各族人民心往一处想、劲往一处使，需要共同的理想信仰、价值追求、道德基础。如果没有共同的核心价值观，整天争吵不断，莫衷一是，行无依归，那就什么事也办不成，也不符合人民的根本利益。我国是一个有着近14亿人口、56个民族的大国，确立反映全国各族人民共同认同的价值观"最大公约数"，使全体人民同心同德、团结奋进，关乎国家前途命运，关乎人民幸福安康。

---

1 参见《习近平新时代中国特色社会主义思想三十讲》，学习出版社2018年版，第220页。
2 《习近平关于社会主义文化建设论述摘编》，中央文献出版社2017年版，第105页。
3 《习近平关于社会主义文化建设论述摘编》，中央文献出版社2017年版，第105页。

> **原声再现**
>
> 价值观念在一定社会的文化中是起中轴作用的，文化的影响力首先是价值观念的影响力。世界上各种文化之争，本质上是价值观念之争，也是人心之争、意识形态之争，正所谓"一时之强弱在力，千古之胜负在理"。首先要打好价值观念之争这场硬仗。
>
> ——2013年12月30日习近平总书记在十八届中央政治局第十二次集体学习时的讲话

社会主义核心价值观是当代中国精神的集中体现，是凝结全体人民意愿的共同价值追求。社会主义核心价值观建设，说到底是人的思想建设、灵魂建设。党的十九大指出，培育和践行社会主义核心价值观，要以培养担当民族复兴大任的时代新人为着眼点。我们要进一步把握时代新人的标准和要求，把"培育什么样的价值观"和"培养什么样的人"紧密地结合起来。习近平总书记强调，做人的工作，重中之重是要以坚定的理想信念筑牢精神之基，坚定对马克思主义的信仰，对社会主义和共产主义的信念，对中国特色社会主义道路、理论、制度、文化的自信。[1] 因此，要以树立理想信念、坚定"文化自信"为重点，教育引导全体社会成员特别是青少年做社会主义核心价值观的坚定支持者、积极传播者和自觉践行者。

培育和践行社会主义核心价值观，要注重全方位贯穿、深层次融入，内化于心、外化于行，常抓不懈、久久为功。要将社会主义核心价值观的规范要求贯穿到国民教育、精神文明创建、精神文化产品生产创作传播、社会发展等各方面；要通过积极动员、共同参与、共同行动，将社会主义核心价值观深度融入人民群众的日常生产生活中，使之内化为积极向上的

---

1 参见习近平《举旗帜聚民心育新人兴文化展形象 更好完成新形势下宣传思想工作使命任务》，载《人民日报》2018年8月23日第1版。

情感价值追求，外化为日用而不知的行为习惯；要运用法治化手段激浊扬清，扶正祛邪，引领全社会筑理想信念之基、立主流价值之魂、固尊德守德之本、树时代文明之风。

（三）加强思想道德建设

人民有信仰，国家有力量，民族有希望。改革开放以来，我们创造了极为殷实的物质文明，与此形成鲜明对比的是，思想道德领域仍然存在不少问题，信仰缺失、道德缺失、诚信缺失等仍然比较突出。习近平总书记强调，一个民族、一个人能不能把握自己，很大程度上取决于道德价值。如果我们的人民不能坚持在我国大地上形成和发展起来的道德价值，而不加区分、盲目地成为西方道德价值的应声虫，那就真正要提出我们的国家和民族会不会失去自己的精神独立性的问题了。如果没有自己的精神独立性，那政治、思想、文化、制度等方面的独立性就会被釜底抽薪。[1]

"国之见重于人也，亦不视其国土之大小，人口之众寡，而视其国民之品格。"道德之于个人、之于社会，都具有基础性意义。国无德不兴，人无德不立。首先，道德建设要以"四个自信"引导人们树立正确的历史

---

[1] 参见《习近平关于社会主义文化建设论述摘编》，中央文献出版社2017年版，第139页。

观、民族观、国家观、文化观，坚守中华文化立场，坚守自己的精神独立性，坚持生长在中国大地上的道德价值。习近平总书记强调，要理直气壮地继承和弘扬中华民族传统美德，在去粗取精、去伪存真的基础上，坚持古为今用、推陈出新，努力实现中华传统美德的创造性转化、创新性发展，教育引导人们向往和追求讲道德、尊道德、守道德的生活，形成向上的力量、向善的力量，让十三亿人的每一分子都成为传播中华美德、中华文化的主体。[1] 其次，道德建设重要的是要激发人们形成善良的道德意愿、道德情感，培育正确的道德判断和道德责任，提高道德实践能力尤其是自觉践行能力。[2] 在这一点上，我们可以利用中华优秀传统文化中蕴含的思想道德资源来增强人们的道德判断力和道德责任感，不断提高人们的道德水平和道德境界。比如，在坚守道德底线方面，强调"己所不欲，勿施于人""与人为善""以己度人""推己及人"，"君子忧道不忧贫"，要恪守"良知"，做到"俯仰无愧"，[3] 等等。再次，道德建设要抓好风气养成这个关键。文明风尚、精神风貌、人文氛围是衡量社会文明程度高低的重要指标。习近平总书记强调，要把培育文明道德风尚作为重要着力点，坚持正确的价值取向、舆论导向，坚持以文化人、以文育人，弘扬真善美、贬斥假恶丑，推动形成知荣辱、讲正气、作奉献、促和谐的社会风尚。[4]

（四）繁荣发展社会主义文艺

文艺是时代前进的号角，最能代表一个时代的风貌，最能引领一个时代的风气。2014年，习近平总书记在文艺工作座谈会上就指出："实现'两个一百年'奋斗目标，实现中华民族伟大复兴中国梦是长期而艰巨的伟大事业，伟大事业需要伟大精神，实现这个伟大事业，文艺的作用不可替代，

---

[1] 参见《习近平关于社会主义文化建设论述摘编》，中央文献出版社2017年版，第138页。
[2] 参见《习近平关于社会主义文化建设论述摘编》，中央文献出版社2017年版，第137—138页。
[3]《习近平关于社会主义文化建设论述摘编》，中央文献出版社2017年版，第141页。
[4] 参见《人民日报》2013年9月27日第1版。

文艺工作者大有可为。"[1]文艺繁荣发展，需要牢固树立马克思主义文艺观，始终坚持以人民为中心的创作导向，生产出无愧于我们这个伟大民族、伟大时代的优秀作品。

繁荣发展社会主义文艺首先要解决好"为什么人"的问题，这是一个根本的、原则的问题。习近平总书记指出，社会主义文艺是人民的文艺，必须坚持以人民为中心的创作导向，在深入生活、扎根人民中进行无愧于时代的文艺创造。要做到这一点，必须深刻认识和把握文艺与人民的辩证关系。必须认识到，人民需要文艺，新时代人民美好生活的需要日益广泛，对文艺作品的质量、品位、风格等要求越来越高；文艺需要人民，人民的生活是创作的源泉，人民的需要是文艺存在的根本价值；文艺要热爱人民，文艺创作者要想有成就，就必须对人民爱得真挚、爱得彻底、爱得持久，要拆除"心"的围墙，要"身入"更要"心入""情入"。坚持以人民为中心的创作导向，还要贴近人民生活，顺应民意，反映民声，把满足人民精神文化需求作为文艺和文艺工作者的出发点与落脚点，把人民作为文艺表现的主体，把人民作为文艺审美的鉴赏家和评价者，把为人民服务作为文艺工作者的天职。

繁荣发展社会主义文艺要把创作生产优秀文艺作品作为文艺工作的中心环节。习近平总书记强调，衡量一个时代的文艺成就最终是要看作品，没有优秀的作品，是不能真正深入人民精神世界的，是不能触及人的灵魂、引起人民思想共鸣的。[2]文艺工作者要准确把握时代要求和人民需求，坚

---

[1]《十八大以来重要文献选编》（中），中央文献出版社2016年版，第122页。
[2] 参见《十八大以来重要文献选编》（中），中央文献出版社2016年版，第123页。

持思想精深、艺术精湛、制作精良相统一，努力创作更多传播中国价值观念、体现中华文化精神、反映中国人审美追求，思想性、艺术性、观赏性有机统一的优秀作品。要把创新贯穿文艺创作全过程，在提高原创力上下功夫，在拓展题材、内容、形式上下功夫，让文艺作品凝结体现更高的精神追求、文化内涵和艺术价值，既见"高原"又见"高峰"，不断推出讴歌国家、讴歌人民、讴歌英雄，展现正能量、有感染力，能够温润心灵、启迪心智、书写中华民族新史诗的精品佳作。为此，要积极引导文艺工作者树立正确的历史观、民族观、国家观、文化观，自觉讲品位、讲格调、讲责任，自觉遵守国家法律法规，加强道德品质修养。同时，还要加强党对文艺工作的领导，尊重和遵循文艺规律，尊重文艺工作者的创作个性和创造性劳动，探索构建适应新时代文艺繁荣发展的体制机制。

（五）推动文化事业和文化产业高质量发展

发展文化事业和文化产业是满足人民对美好文化生活新期待的必然要求，也是激发全民族文化创新创造活力的必然要求。新时代推动文化事业和文化产业高质量发展，关键在于以改革促发展，做到"三个要"。一要坚定不移地将文化体制改革引向深入。在深入推进改革、推动文化事业全面繁荣和文化产业快速发展、建设社会主义文化强国中，要把握好意识形态属性和产业属性、社会效益和经济效益的关系，始终坚持社会主义文化前进方向，始终把社会效益放在首位。要着眼推动文化事业全面繁荣，深入推进以经营性文化事业单位转企改制、国有文艺院团深化改革加快发展、文化市场综合执法改革等为重点的文化体制改革，大力实施基本公共文化服务标准化均等化建设，坚持政府主导、社会参与、重心下移、共建共享，完善公共文化服务体系，提高基本公共文化服务的覆盖面和适用性，深入实施文化惠民工程，丰富群众性文化活动，推动文化小康顺利实现并不断巩固。二要聚焦文化产业发展短板，重点推动现代文化产业体系和市场体系建设。要推动各类文化市场主体发展壮大，创新生产经营机制，完善文化经济政策和文化监管制度,积极培育新型文化业态和文化消费模式,不断激发文化创新创造活力,以高质量文化供给为人民提供丰富的精神食粮,在增进人民的文化认同中增强文化自觉、坚定文化自信。三要不断提升中华文化的国际传播力和影响力。探索构建具有中国特色的传播体系,深入研究传播内容、传播主体、传播方式、传播对象、传播机制,讲好中国故事,展现真实、立体、全面的中国,提高国家文化软实力。

第十二章

在发展中保障和改善民生，打造共建共治共享的社会治理格局

★

　　社会建设，关乎国家长治久安、民生幸福，是中国特色社会主义"五位一体"总体布局的重要组成部分，在"四个全面"战略布局中具有举足轻重的地位和作用。党的十八大以来，习近平总书记高度重视社会建设，从党和人民事业发展的高度，坚持以人民为中心的根本立场，把民生工作和社会治理工作作为社会建设的两大根本任务，作出一系列重要论述和重大部署，不断推动社会建设理论和实践取得一系列重大成就。在中国特色社会主义步入新时代的今天，更需深入学习领会习近平总书记关于社会建设系列重要讲话精神，根据时代发展的新形势新要求创新社会建设实践，进一步推动实现人的全面发展、社会全面进步。

一、新时代社会建设的丰富内涵和根本遵循

进入新时代的中国特色社会主义社会建设面临新的历史使命和时代特点。习近平总书记从党和人民的根本利益出发，对加强社会建设提出的系列新思想、新观点、新论断，是改善民生、创新社会治理、推进社会领域改革和发展的根本遵循。

（一）关注民生：中国特色社会主义的不变初衷

"谋民利者得民心，得民心者得天下"。中国共产党是一个始终关注民生、为广大人民群众谋利益的政党，从成立那一天起就始终坚持把民生为本与党的宗旨联系起来。为人民谋幸福、为民族谋复兴是中国共产党人的初心和使命，是激励中国共产党人不断前进的根本动力。中国共产党率领中国人民进行了艰辛的实践探索，开启改革开放的伟大实践进程，用短短40年，迅速摆脱贫困，达到小康，初步实现了共同富裕，走过了西方资本主义国家用100多年走过的工业化和现代化路程。2012年11月，习近平总书记同中外记者见面时就指出，"人民对美好生活的向往，就是我们的奋斗目标"，"必须始终把实现好、维护好、发展好最广大人民根本利益作为一切工作的出发点和落脚点，不断解决好人民最关心最直接最现实的利益问题，努力让人民过上更好生活"。在党的十九大报告中，他进一步强调指出，"中国共产党人的初心和使命，就是为中国人民谋幸福，为中华民族谋复兴"。

改善民生是发展中国特色社会主义事业的本质要求，要以人民为中心，"保证全体人民在共建共享发展中有更多获得感，不断促进人的全面发展、全体人民共同富裕"。只有增进民生福祉，提高人民群众的获得感、幸福感、安全感，人民群众才能真正与党同呼吸、共命运、心连心，并迸发出一往无前的磅礴创造力，夺取新时代中国特色社会主义伟大胜利。这一具

原声再现 🔊

全党同志一定要永远与人民同呼吸、共命运、心连心，永远把人民对美好生活的向往作为奋斗目标，以永不懈怠的精神状态和一往无前的奋斗姿态，继续朝着实现中华民族伟大复兴的宏伟目标奋勇前进。

……

全党必须牢记，为什么人的问题，是检验一个政党、一个政权性质的试金石。带领人民创造美好生活，是我们党始终不渝的奋斗目标。必须始终把人民利益摆在至高无上的地位，让改革发展成果更多更公平惠及全体人民，朝着实现全体人民共同富裕不断迈进。

——2017年10月18日习近平总书记在中国共产党第十九次全国代表大会上的报告

有典型的与时俱进理论品质和实践价值的科学命题，是对人民群众最关心的现实问题的集中反映和形象表达，充满了为民解忧、为民造福的人民情怀，体现了新时代党执政兴国的使命自觉，是我们必须长期坚持的指导思想和基本原则。

（二）新时代社会建设面临的新情况、新问题、新挑战

问题是时代的声音，民心是最大的政治。我们党始终高度重视社会建设，善于根据生产力发展阶段变化推动社会建设。经过改革开放40年的

发展，我国社会生产力水平总体上显著提高，取得了辉煌成就。但发展起来以后的问题不比不发展时少，新时代中国正处于"黄金发展"和"矛盾凸显"并存的快速发展时期。党的十九大报告指出："中国特色社会主义进入新时代，我国社会主要矛盾已经转化为人民日益增长的美好生活需要和不平衡不充分的发展之间的矛盾。"这一变化是关系全局的历史性变化，使社会建设面临一系列新情况、新问题、新挑战。社会建设任务千头万绪，但归结起来，主要包括两个方面：提高保障和改善民生水平，加强和创新社会治理。因此，从社会经济变革来看，随着经济体制深刻变革和经济持续增长，社会结构和利益格局日趋复杂，社会流动明显加快，社会建设需要关注的领域不断拓展，建设的内容更加丰富。从社会主要矛盾来看，随着经济社会发展，人民群众不仅对物质文化生活提出更高要求，期盼得到更好的教育、更稳定的工作、更满意的收入、更可靠的社会保障、更高水平的医疗卫生服务、更舒适的居住条件、更优美的环境、更丰富的精神文化生活，而且在民主、法治、公平、正义、安全、环境等方面的要求也日益增长。当前，社会建设还存在不少短板，脱贫攻坚任务艰巨，城乡区域发展和收入分配差距依然较大，群众在就业、教育、医疗、居住、养老等方面面临不少难题，满足人民日益增长的美好生活需要依然任重而道远。从社会治理层面来看，当前社会大局总体稳定，社会利益关系日趋复杂，社会阶层结构分化，社会矛盾和问题交织叠加，人民群众对社会事务参与的意愿更加强烈，社会治理面临的形势环境更为复杂。特别是随着互联网等新技术的发展，社会治理模式正在从单向管理转向双向互动，从线下转向线上线下融合，从单纯的政府监管向更加注重社会协同治理转变。新老问题和挑战交织叠加，这是我们未曾经历过的，也是西方国家未曾遇到过的。解决问题、应对挑战，必须贯彻落实习近平新时代中国特色社会主义思想，深刻把握新时代社会建设实际，时刻居安思危，强化底线思维，进一步开创社会治理崭新局面。

制图：邱玥　来源：光明网 2017 年 8 月 4 日

（三）新时代中国特色社会主义社会建设的根本遵循

习近平总书记关于社会建设的系列重要讲话精神是新时代中国特色社会主义思想的重要组成部分，贯穿其中的社会建设创新观点和论断，蕴含着深厚的为民情怀和实践基础，是新时代加强民生建设和社会治理的重要指导和遵循。中央关于社会建设的战略部署就是直面发展不平衡不充分的社会主要矛盾，回答了政府与社会、民生与发展的关系等重大理论问题，充分体现了马克思主义唯物辩证法，既源自理论也扎根于实践，既立足我国国情也放眼世界，把中国特色社会主义社会建设理论提升到一个新境界。习近平总书记多次强调，要坚持以民为本、以人为本的执政理念，把民生工作和社会治理工作作为社会建设的两大根本任务，高度重视、大力推进，让改革发展成果更多更公平惠及全体人民。在党的十九大报告中，习近平总书记指出，"必须坚持人民主体地位，坚持立党为公、执政为民，践行全心全意为人民服务的根本宗旨，把党的群众路线贯彻到治国理政全部活动之中，把人民对美好生活的向往作为奋斗目标，依靠人民创造历史伟业"[1]。在推动社会建设过程中，要认真贯彻落实习近平总书记关于社会建设的重要论述，结合中国特色社会主义进入新时代的新形势新要求，不断实现好、维护好、发展好最广大人民根本利益，真正做到发展为了人民、发展依靠人民、发展成果由人民共享。这既是开展社会建设工作的出发点和落脚点，也是检验新时代社会建设工作质量和成效的最高标准。

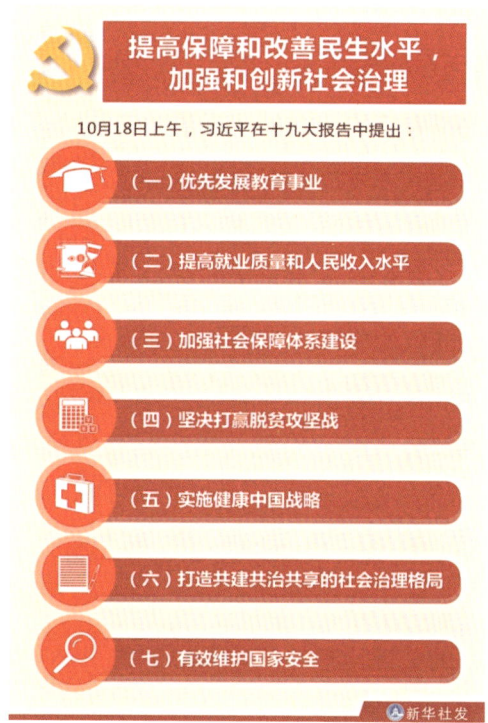

二、在发展中保障和改善民生是新时代坚持和发展中国特色社会主义的基本方略

"坚持在发展中保障和改善民生"，是坚持和发展新时代中国特色社会主义的14条基本方略之一，也是对社会建设提出的基本要求。

（一）增进民生福祉是发展的根本目的

民之所盼，政之所向。习近平总书记在党的十九大报告中指出："增

---

[1] 习近平：《决胜全面建成小康社会 夺取新时代中国特色社会主义伟大胜利——在中国共产党第十九次全国代表大会上的报告》，人民出版社2017年版，第21页。

进民生福祉是发展的根本目的。必须多谋民生之利、多解民生之忧,在发展中补齐民生短板、促进社会公平正义。"[1]保障和改善民生是推动发展的根本目的,就是要在推动经济持续健康发展的基础上,保证全体人民在共建共享发展中有更多获得感,让社会主义优越性得到充分体现,不断促进人的全面发展,全体人民共同富裕。

抓民生也是抓发展。解决好中国近14亿人的民生问题,是我们党在新时代面临的重大考验,而发展是解决一切问题的总钥匙。只有发展起来了,才有能力创造更多价值,实现更大公平。所以"我们这么大个国家、这么多人口,仍然要牢牢坚持以经济建设为中心"[2]。尽管我国已成为世界第二大经济体,进入了中等偏上收入国家行列,但人均GDP排名仍在70位左右,我国仍处于并将长期处于社会主义初级阶段的基本国情没有变,我国是世界最大发展中国家的国际地位没有变,发展仍是解决所有问题的关键。把经济建设搞上去,是实现"两个一百年"奋斗目标的重要基础,也是国家繁荣、社会稳定、人民幸福的重要基础。要继续坚持以经济建设为中心,不断解放和发展生产力,推动经济高质量发展,筑牢全国各族人民幸福安康的雄厚物质基础。因此,党的十九大报告将"坚持在发展中保障和改善民生"作为新时代坚持和发展中国特色社会主义的基本方略之一,就是要求我们正确认识和处理经济发展与民生改善的关系,推进二者良性循环。

做好民生工作,要坚持科学的方法论指导。既要积极而为,又要量力而行。面对新时代的新矛盾、新问题,要坚持尽力而为,按照守住底线、突出重点、完善制度、引领预期的工作思路,一个时间节点一个时间节点地往前推进,发扬钉钉子精神,落实好党中央关于民生工作战略部署,带

---

[1] 习近平:《决胜全面建成小康社会 夺取新时代中国特色社会主义伟大胜利——在中国共产党第十九次全国代表大会上的报告》,人民出版社2017年版,第21页。
[2]《习近平在湖南考察时强调:深化改革开放推进创新驱动 实现全年经济社会发展目标》,载《人民日报》2013年11月6日。

领人民不断创造美好生活。还要看到，民生改善有一个从低层次到高层次、从不均衡到均衡的过程，保障和改善民生必须量力而行，将民生改善建立在经济和财力可持续发展的基础上，逐步提高，做那些现实条件下可以做到的事，让所有劳动者在推动发展中分享发展成果。同时，要充分贯彻公平正义，加强制度建设，依法保障人民权益，既要把"蛋糕"做大也要把"蛋糕"分好，建立社会公平保障体系，营造公平的社会环境，让人民群众在日常生产生活中都能感受到公平正义，让每个人获得发展自我和奉献社会的机会，共享人生出彩、梦想成真的机会。

（二）抓住人民最关心最直接最现实的利益问题，提高保障和改善民生水平

当前，我国经济增速放缓，化解产能过剩可能影响就业和居民收入，财政收支压力加大也可能影响民生投入的增加。面对这种形势，习近平总书记指出：抓民生要"抓住人民最关心最直接最现实的利益问题，抓住最需要关心的人群，多做雪中送炭的事情"[1]。群众最关心最直接最现实的利益问题，是群众最基本的需求和愿望，是群众的切身利益所在，也是看得见、摸得着的实在事。为此，他将新时期民生工作的重点锁定在教育、就业、收入分配、医疗卫生、社会保障等这些人民群众最关心最直接最现实的利益问题上。只有多谋民生之利、多解民生之忧，在发展中补齐民生短板，促进社会公平正义，在更高水平上实现幼有所育、学有所教、劳有所得、病有所医、老有所养、住有所居、弱有所扶，才能真正使人民享受改革的成果，使全社会朝着共同富裕的方向迈进。

一是优先发展教育事业。教育强则国家强，教育兴则民族兴。教育是提高人民综合素质、促进人的全面发展的重要途径，是民族振兴、社会进步的重要基石，是对中华民族伟大复兴具有决定性意义的事业。党的十八大以来，以习近平同志为核心的党中央高度重视教育事业，坚持把教育摆

1《习近平关于全面深化改革论述摘编》，中央文献出版社2014年版，第92—93页。

原声再现 🔊

教育强则国家强。高等教育发展水平是一个国家发展水平和发展潜力的重要标志。实现中华民族伟大复兴,教育的地位和作用不可忽视。

——2016年12月7日习近平总书记在全国高校思想政治工作会议上的讲话

在优先发展战略地位,对教育工作作出一系列重大决策部署。党的十九大报告把教育放到保障和改善民生的首位,强调"建设教育强国是中华民族伟大复兴的基础工程,必须把教育事业放在优先位置,深化教育改革,加快教育现代化,办好人民满意的教育"。习近平总书记指出,要坚持把优先发展教育事业作为推动党和国家各项事业发展的重要先手棋,不断使教育同党和国家事业发展要求相适应、同人民群众期待相契合、同我国综合国力和国际地位相匹配。

2012—2017年全国教育经费执行情况(亿元)

数据来源:历年全国教育经费执行情况统计公告

	全国教育经费总投入	同比增长	国家财政性教育经费	同比增长	GDP占比
2017年	42 562.01	9.45%	34 207.75	8.95%	4.41%
2016年	38 888.39	7.64%	31 396.25	7.44%	4.22%
2015年	36 129.19	10.13%	29 221.45	10.60%	4.26%
2014年	32 806.46	8.04%	26 420.58	7.89%	4.10%
2013年	30 364.72	9.64%	24 488.22	10.13%	4.30%
2012年	27 695.97	16.03%	22 236.33	19.64%	4.28%

二是实现更高质量和更充分就业。就业是民生之本,是保障和改善民生的头等大事。党的十八大以来,党和政府继续高度重视就业问题,提出了就业优先增长战略。2013年、2014年、2015年、2016年我国城镇新增

就业分别为 1310 万人、1322 万人、1312 万人、1314 万人，2017 年全国城镇新增就业 1351 万人，城镇新增就业连续第五年超过 1300 万人，整体就业局势持续稳定。党的十九大继续强调："要坚持就业优先战略和积极就业政策，实现更高质量和更充分就业。"大规模开展职业技能培训，解决结构性就业矛盾，鼓励创业带动就业。提供全方位公共就业服务，促进高校毕业生等青年群体、农民工多渠道就业创业。破除妨碍劳动力、人才社会性流动的体制机制弊端，使人人都有通过辛勤劳动实现自身发展的机会。

三是促进收入分配更合理、更有序。收入分配是民生之源，是改善民生、实现发展成果由人民共享最重要最直接的方式。党的十九大报告提出，"坚持按劳分配原则，完善按要素分配的体制机制"，"坚持在经济增长的同时实现居民收入同步增长、在劳动生产率提高的同时实现劳动报酬同步提高"，这意味着收入分配改革要更多地体现劳动的价值，按劳分配要作为收入分配的基本原则；同时，履行好政府再分配调节职能，拓宽居民劳动收入和财产性收入渠道，加快推进基本公共服务均等化，缩小收入分配差距。

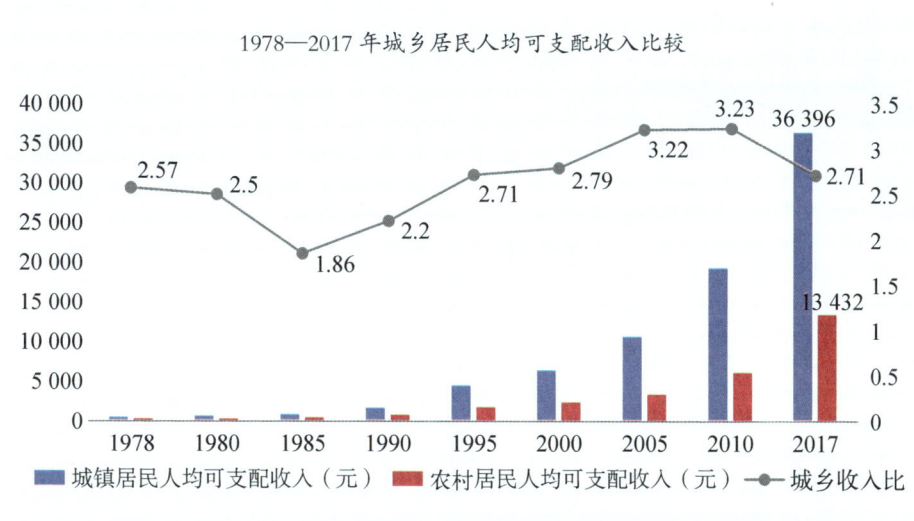

1978—2017 年城乡居民人均可支配收入比较

数据来源：《中国统计年鉴》，苏宁金融研究院整理四是加强社会保障体系建设。全面建成覆盖全民、城乡统筹、权责清晰、保障适度、可持续的多层次社会保障体系。实施全民参保计划、城镇职工基本养老保险和城乡居民基本养老保险制度，实现养老保险全国统筹，建立起完善统一的城乡居民基本医疗保险制度和大病保险制度以及失业、工伤保险制度等。当前，我国社会养老保险已经覆盖9亿多人，基本医疗保险已经覆盖13.5亿人。同时，建立全国统一的社会保险公共服务平台，统筹城乡社会救助体系，完善最低生活保障、社会救助、社会福利、慈善事业、优抚安置等制度，包括健全农村留守儿童和妇女、老年人关爱服务体系等。特别是加快建立多主体供给、多渠道保障、租购并举的住房制度，让全体人民住有所居。

五是实现健康中国战略。实施健康中国战略就是要完善国民健康政策，为人民群众提供全方位全周期健康服务。要从深化改革入手，全面建立中国特色基本医疗卫生制度、医疗保障制度和优质高效的医疗卫生服务体系，健全现代医院管理制度。加强基层医疗卫生服务体系和全科医生队伍建设。全面取消以药养医，健全药品供应保障制度。深入开展爱国卫生运动，实施食品安全战略，促进生育政策和相关经济社会政策配套衔接，加强人口发展战略研究，积极应对人口老龄化，构建养老、孝老、敬老政策体系和社会环境，推进医养结合，加快老龄事业和产业发展。

（三）坚决打赢脱贫攻坚战

消除贫困、改善民生，是党的重要使命。改革开放40年来，中国数亿人摆脱了极端贫困，得到国际社会的高度评价。党的十八大以来，我国进一步加大扶贫减贫力度，取得了决定性进展，6000多万贫困人口稳

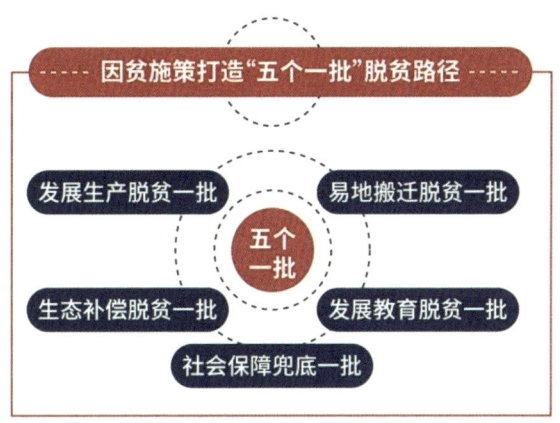

定脱贫，贫困发生率从 10.2% 降到 4% 以下，创造了我国扶贫史上最好成绩，成为世界上减贫人口最多的国家，是在世界上率先完成联合国千年发展目标的国家。到 2020 年，我国还将每年减贫近 1000 万人。这是一场举世瞩目的减贫工程，任务依然非常艰巨，也面临着种种困难。当前脱贫难度显著高于前期已经脱贫的贫困地区和群众，针对深度贫困地区和深度贫困人口的脱贫攻坚任务更加艰巨，是越来越难啃的硬骨头。但"没有农村的小康，特别是没有贫困地区的小康，就没有全面建成小康社会"。党的十九大把脱贫攻坚战作为决胜全面建成小康社会必须打赢的三大攻坚战之一。因此，决胜全面建成小康社会，坚决打赢脱贫攻坚战既是重点又是难点。要动员全党全国全社会力量，坚持中央统筹省负总责市县抓落实的工作机制，强化党政一把手负总责的责任制，坚持大扶贫格局，注重扶贫同扶志、扶智相结合，引导贫困群众自力更生、艰苦奋斗，形成勤劳致富、

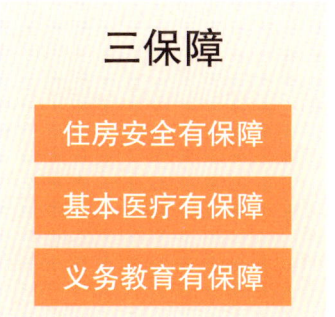

脱贫光荣的良好导向。深入实施东西部扶贫协作，重点攻克深度贫困地区脱贫任务，实施"五个一批"工程，坚持"两不愁三保障"脱贫标准，确保到 2020 年我国现行标准下农村贫困人口实现脱贫，贫困县全部摘帽，解决区域性整体贫困，做到脱真贫、真脱贫，切实提高贫困人口获得感，确保贫困地区和贫困群众同全国一道进入全面小康社会，为实施乡村振兴战略打好基础。

原声再现

> 脱贫攻坚要取得实实在在的效果，关键是要找准路子、构建好的体制机制，抓重点、解难点、把握着力点。空喊口号、好大喜功、胸中无数、盲目蛮干不行，搞大水漫灌、走马观花、大而化之、手榴弹炸跳蚤也不行，必须在精准施策上出实招、在精准推进上下实功、在精准落地上见实效。
>
> ——2015 年 11 月 27 日习近平总书记在中央扶贫开发工作会议上的讲话

三、加强和创新社会治理，完善中国特色社会主义社会治理体系

加强和创新社会治理是社会建设的时代课题，是完善和发展中国特色社会主义制度、推进国家治理体系和治理能力现代化的重要内容。

（一）坚定不移走中国特色社会主义社会治理之路

社会治理现代化是国家治理体系和治理能力现代化的题中应有之义。以社会治理取代社会管理，尽管"治理和管理一字之差，体现的是系统治理、

依法治理、源头治理、综合施策"，体现的是新时代的社会建设从理念到行动的转变。作为一门科学的社会治理，它反映了我们党对社会运行规律和治理规律认识的深化，是从理念、体制到方式的一次重大变革，是社会主义本质及尊重人民群众主体地位在新时代的重要体现和实践展开：由过去偏重追求经济增长转向更加重视推动人的全面发展和社会全面进步，参与主体从政府主导转向党委领导、政府负责下的社会多元主体共同治理，治理方式从自上而下的单向管理转向政府和多元主体良性互动。同时，推进社会治理创新要运用辩证唯物主义和历史唯物主义这一科学方法论，善于运用法治、民主、协商的办法正确处理好人民内部矛盾，积极主动地解决群众的合理诉求，完善对维护群众切身利益具有重大作用的制度，强化法律在化解矛盾中的权威地位。对于涉及维权的维稳问题，首先要把群众的合理诉求解决好。只有关心群众生活，紧抓民生之本、解决民生之急、排除民生之忧，重视疏导化解、柔性维稳，处理好活力和秩序的关系，才是维护社会和谐稳定的治本之策。对此，党的十九大报告指出，要坚定不移走中国特色社会主义社会治理之路，加强和创新社会治理，坚持发展为了人民、发展依靠人民、发展成果让全体人民共享。真正把党的领导和我国社会主义制度优势转化为社会治理优势，把人民同意不同意、人民高兴不高兴、人民满意不满意，作为我们一切工作的出发点和落脚点。

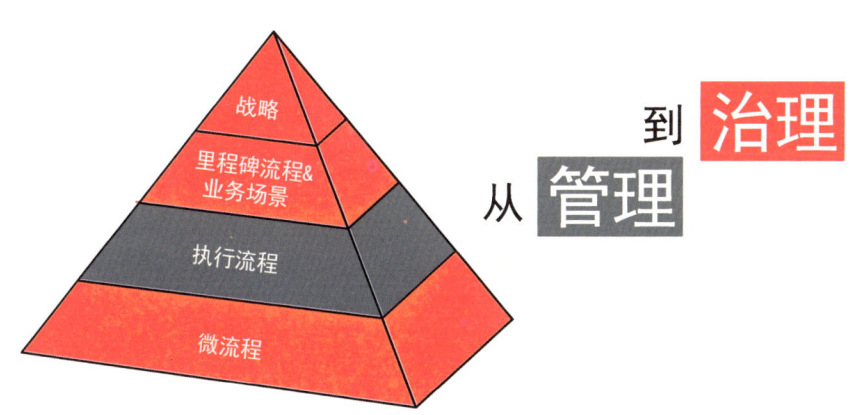

（二）不断完善中国特色社会主义社会治理体系

完善中国特色社会主义社会治理体系，推进社会治理体系和治理能力现代化，必须学习贯彻落实习近平总书记关于加强和创新社会治理的讲话精神，协调推进关系到国计民生的社会治理体系建设。党的十九大报告在加强和创新社会治理方面提出，要健全公共安全、社会治安防控、社会心理服务和社区治理四个体系。

资料链接

社会治理是社会建设的重大任务，是国家治理的重要内容。改革开放以来，党和政府高度重视社会管理，取得了重大成绩，积累了宝贵经验。同时也要看到，当前改革处于攻坚期深水区，社会管理面临新情况新问题，迫切需要通过深化改革，实现从传统社会管理向现代社会治理转变。

——《习近平总书记系列重要讲话读本》（2016年版），学习出版社、人民出版社2016年版，第224页

一是健全公共安全体系。公共安全是每个公民最关心、最直接的利益所在，涉及公众生命、健康、财产等方面的安全，是满足人民群众对美好生活需要的一项重要内容。公共安全事件的不断发生，既是我国社会转型进入新的历史阶段的反映，也考量着我们在新形势下应对公共安全危机的能力，需要在社会的各个领域从公共安全事故的预防体制建设、应急反应到安全事故的控制与善后处理，加快建立和完善公共安全体系，完善安全生产责任制，坚决遏制重特大安全事故，提升防灾减灾救灾能力，为人民安居乐业、社会安定有序、国家长治久安编织全方位、立体化的公共安全网，建设平安中国。因此，维护好群众安全是我们决胜全面建成小康社会和全面实现现代化的一项重要任务。

二是加快社会治安防控体系建设。社会治安的好坏，不但同每个人的安全感、幸福感息息相关，而且直接关系着国家的稳定和整个社会的发展

进步。面对社会治安形势的发展变化，我国社会治安防控体系还存在很多不适应，尤其是在整体效能发挥、基本要素掌控、体制机制创新、基层活力激发等方面还面临不少难题和短板。当前，要以提高人民群众安全感和满意度为目标，以理念、体制机制、方式手段创新为动力，加快社会治安防控体系建设，依法打击和惩治黄赌毒黑拐骗等违法犯罪活动，切实提高维护公共安全能力水平，保护人民群众的人身权、财产权、人格权。只有通过联动融合、开放共治，注重民主法治、科技创新，提高社会治理社会化、法治化、智能化、专业化水平，提高预测预警预防各类风险能力，将专项治理和系统治理、综合治理、依法治理、源头治理结合起来，才能最终建立起立体化、信息化社会治安防控体系，切实发挥各级党委和政府肩负的促一方发展、保一方平安的政治责任。

原声再现

国泰民安是人民群众最基本、最普遍的愿望。实现中华民族伟大复兴的中国梦，保证人民安居乐业，国家安全是头等大事。

——2016年4月14日习近平总书记在首个全民国家安全教育日之际作出的重要指示

三是加强社会心理服务体系建设。改革开放以来，传统的与现代的、中国的与国外的、不同利益群体的思想观念交织在一起，观念的冲突和利益的冲突成为转型社会的一个突出特征，这需要社会成员树立正确的人生观、世界观、价值观，提高心理健康水平。心理健康是健康的重要组成部分，加强社会心理服务体系建设，塑造社会成员的健康人格，培育自尊自信、理性平和、积极向上的社会心态，有利于提高社会文明水平，促进和谐社会建设。对此，习近平总书记在2016年全国卫生与健康大会上的讲话中指出，"要加大心理健康问题基础性研究，做好心理健康知识和心理疾病科普工作,规范发展心理治疗、心理咨询等心理健康服务"。形成心理健康服务网络,准确把握各类群体的利益诉求和心理需要,逐步规范决策中的心理影响评估,从源头上预防和化解矛盾,营造友好互信的人际关系和积极向上的社会氛围。

四是加强社区治理体系建设。社会治理核心在人,重点在城乡社区。城乡社区是社会治理的基本单元,确保人民安居乐业,需要夯实城乡社区建设这个基础。2014年3月5日,习近平总书记在参加全国人大二次会议上海代表团审议时强调,社会治理的重心必须落到城乡社区,社区服务和管理能力强了,社会治理的基础就实了。[1]当前,随着我国社会建设的不断深入,城镇化水平不断提高。国家统计局发布的《中华人民共和国2017年国民经济和社会发展统计公报》显示,2017年末全国大陆总人口139 008万人,比上年末增加737万人,其中城镇常住人口81 347万人,占总人口比重(常住人口城镇化率)为58.52%。[2]当前,我国社会结构的一个重要变化,就是社会生活组织形式从"单位化"到"社区化"的转变,

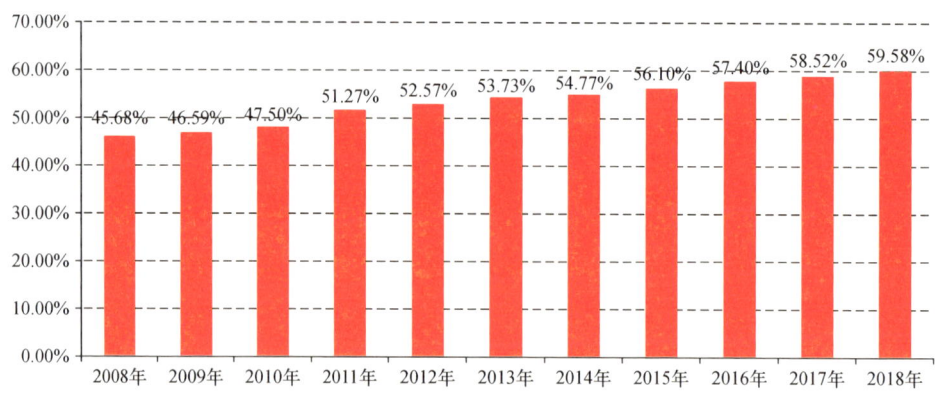

2008—2018年全国常住人口城镇化率

数据来源:国家统计局,招商证券。

---

[1] 参见《习近平关于全面深化改革论述摘编》,中央文献出版社2014年版,第101—102页。
[2] 参见人社部《2017年我国城镇新增就业连续第五年超过1300万人》,载《经济日报》2018年11月6日。

社区成为社会重要组织形式。中央要求，推动社会治理重心向基层下移，把人力、财力、物力更多投到基层，以网格化管理、社会化服务为方向，健全基层综合服务管理平台，强化城乡社区自治和服务功能，健全新型社区管理和服务体制。特别是在城乡社区要发挥社会组织作用，实现政府治理和社会调节、居民自治良性互动。

（三）创新社会治理体制机制

有效的社会治理体制是国家治理体系和治理能力现代化的重要基础。加强社会建设，创新社会治理，解决社会领域中的问题，就必须进行体制机制改革创新。习近平总书记指出："加强和创新社会治理，关键在体制创新，核心是人，只有人与人和谐相处，社会才会安定有序。"[1]也只有通过创新制度安排，保证人民平等参与、平等发展的权利，才能克服社会中出现的人为因素造成的有违公平正义的现象。改革开放40年来的成功经验，就在于我们紧紧抓住体制机制改革创新这个"牛鼻子"，因此，要坚持以共建共治共享为基本原则，从保障和改善民生做起，在体制机制、法律政策上系统谋划，作出更有效的制度安排。

> **资料链接**
>
> 要把促进社会公平正义、增进人民福祉作为一面镜子，审视我们各方面体制机制和政策规定，哪里有不符合促进社会公平正义的问题，哪里就需要改革；哪个领域哪个环节问题突出，哪个领域哪个环节就是改革的重点。对于制度安排不健全造成的有违公平正义的问题要抓紧解决，使我们的制度安排更好体现社会主义公平正义原则，更加有利于实现好、维护好、发展好最广大人民根本利益。
> ——《习近平关于全面深化改革论述摘编》，中央文献出版社2014年版，第98页

---

[1]《习近平关于全面深化改革论述摘编》，中央文献出版社2014年版，第101—102页。

完善党委领导、政府负责、社会协同、公众参与、法治保障的社会治理体制。制度建设的首要任务就是要明确多元治理主体的角色、职责及其相互关系。在我国，从执政党、政府到社会组织再到公民个体，其社会治理的根本利益是一致的，由此就决定了我国的社会治理体制一方面具有现代国家的社会治理之多元、协商、依法、共治等共性，另一方面又具有中国特色。其中，坚持党的领导是最大特征，是中国特色社会主义社会治理体制的最大优势。党的十八大以来，我国逐渐形成了"党委领导、政府负责、社会协同、公众参与、法治保障"的社会治理体制机制，对推动经济发展、维护社会稳定、提升政府公信力、增进人民福祉等发挥了重要作用。

完善政府治理和社会调节、居民自治良性互动的体制机制。实现社会善治要求政府和社会要各归其位、各担其责。一是发挥好企事业单位作用。企事业单位不仅承担着防控安全生产风险的重要责任，而且是维护社会公共安全的重要力量。要充分发挥企事业单位在资源、技术、人才等方面的优势，调动他们参与社会治理的积极性，为维护公共安全发挥更大作用。二是发挥好社会组织作用。社会组织是现代社会治理不可或缺的重要载体。要推动社会组织明确权责、依法自治，确保其成为党委和政府的有力助手。完善政府购买服务机制，发挥好社会组织在引导社会成员参与风险评估、矛盾调解、社区矫正、青少年教育管理等方面的积极作用。三是发挥好基层自治作用。基层自治是社会主义民主的重要形式，是基层群众实现自己的事情自己管、自己办的重要方式。通过完善的基层民主决策、民主治理机制，构筑起全社会共同治理公共安全的网络联系和信任关系。

不断提高社会治理社会化、法治化、智能化、专业化水平。党的十九大报告中提出"提高社会治理社会化、法治化、智能化、专业化水平"，这进一步明确了治理能力建设的努力方向。随着社会主体日益多元化，市场机制及社会机制的作用日益重要，社会治理不是政府独自承担的任务，而是中国亿万人民的事业。"社会化"就是广泛动员全体社会成员，激发其社会参与和自主能动力量。"法治化"就是树立法治思维、发挥德治作用，坚持以法律和法理为依据，界定权利义务、明确责任界限、规范社会行为、整合社会秩序、保障社会治理良性运行。"智能化"就是在网络化和网络平台基础上，运用大数据、云计算、物联网等信息技术，使社会治理能够更加精准，能更好地服务不同社会群体、管理好国家和社会的公共事务。"专业化"则是要求有专业的队伍、理念、技术和方法来进行社会治理和开展社会服务，提升社会治理效能，系统增强社会治理整体性和协同性，提高预测预警预防各类风险能力，增强社会治理预见性、精准性、高效性。

第十三章

推进生态文明，建设美丽中国

★

　　建设生态文明是关系人民福祉、关乎民族未来的千年大计，是实现中华民族伟大复兴的重要战略任务。党的十八大以来，习近平总书记以马克思主义政治家、战略家、理论家的深刻洞察力、敏锐判断力和战略定力，继承和发展马克思主义关于人与自然关系的思想精华和理论品格，深刻把握新时代我国人与自然关系的新形势新矛盾新特征，开展了一系列根本性、开创性、长远性工作，推动生态文明建设和生态环境保护从实践到认识发生历史性、转折性、全局性变化，形成了习近平生态文明思想。习近平生态文明思想为推动生态文明建设提供了思想指引和实践指南，为建设美丽中国、实现中华民族永续发展提供了根本遵循和保障。

一、生态文明建设是关系中华民族永续发展的根本大计

生态文明是人类社会进步的重大成果。人类经历了原始文明、农业文明、工业文明,生态文明是工业文明发展到一定阶段的产物,是实现人与自然和谐发展的新要求。习近平总书记在全国生态环境保护大会上强调:"生态文明建设是关系中华民族永续发展的根本大计。中华民族向来尊重自然、热爱自然,绵延5000多年的中华文明孕育着丰富的生态文化。生态兴则文明兴,生态衰则文明衰。"

(一)生态文明建设地位和作用日益凸显

在工业化进程中,各国都发生了"生态问题",西方资本主义国家尤为明显。我国在经济发展取得历史性成就的同时,也出现了相应问题,各类环境污染呈高发态势,成为民生之患、民心之痛。生态环境特别是大气、水、土壤污染严重,已成为全面建成小康社会的突出短板。

生态兴则文明兴,生态衰则文明衰。古今中外,这方面的事例很多。恩格斯在《自然辩证法》一书中写道,"美索不达米亚、希腊、小亚细亚以及其他各地的居民,为了得到耕地,毁灭了森林,但是他们做梦也想不到,这些地方今天竟因此而成为不毛之地"。对此,他深刻指出:"我们不要过分陶醉于我们人类对自然界的胜利。对于每一次这样的胜利,自然界都对我们进行报复。"据我国史料记载,现在植被稀少的黄土高原、渭河流域、太行山脉也曾森林遍布、山清水秀,地沃宜耕植、水草便畜牧。由于毁林开荒、滥砍乱伐,这些地方的生态环境遭到严重破坏。塔克拉玛干沙漠的蔓延,湮没了盛极一时的丝绸之路。楼兰古城因屯垦开荒、盲目灌溉,导致孔雀河改道而衰落。很多国家,包括一些发达国家,在发展过程中把生态环境破坏了,再弥补环境,成本比当初创造的财富还要高。特别是有些地方,像重金属污染区,水和土壤污染到了积重

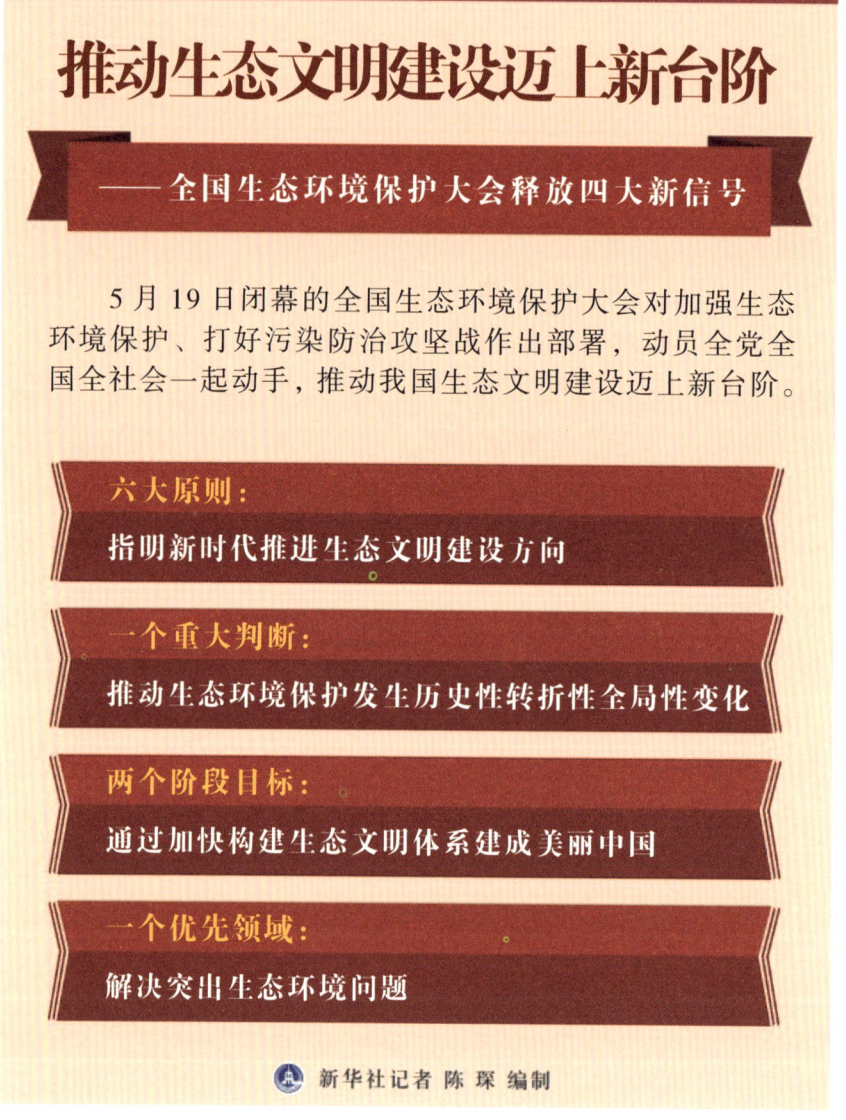

难返的地步。实践证明,人类对大自然的伤害最终会伤及人类自身。只有尊重自然规律,才能有效防止在开发利用自然上走弯路,这个道理要铭记于心、落实于行。

> **原声再现** 🔊
>
> 人与自然是生命共同体，人类必须尊重自然、顺应自然、保护自然。人类只有遵循自然规律才能有效防止在开发利用自然上走弯路，人类对大自然的伤害最终会伤及人类自身，这是无法抗拒的规律。
>
> ——2017年10月18日习近平总书记在中国共产党第十九次全国代表大会上的报告

中国要实现工业化、城镇化、信息化、农业现代化，必须要走出一条新的发展道路。我们建设现代化国家，走美欧老路是走不通的，再有几个地球也不够中国人消耗。中国现代化是绝无仅有、史无前例、空前伟大的。现在全世界发达国家人口总额不到13亿，近14亿人口的中国实现了现代化，就会把这个人口数量提升一倍以上。走老路，去消耗资源，去污染环境，难以为继！人类的认识是螺旋式上升的。在这个问题上，我们没有别的选择。要实现永续发展，必须抓好生态文明建设。

（二）生态文明建设里"有很大的政治"

生态文明建设既是重大经济问题，也是重大社会和政治问题。习近平总书记在全国生态环境保护大会上指出："生态环境是关系党的使命宗旨的重大政治问题，也是关系民生的重大社会问题。广大人民群众热切期盼加快提高生态环境质量。我们要积极回应人民群众所想、所盼、所急，大力推进生态文明建设，提供更多优质生态产品，不断满足人民群众日益增长的优美生态环境需要。"

环境就是民生，青山就是美丽，蓝天也是幸福。纵观世界发展史，保护生态环境就是保护生产力，改善生态环境就是发展生产力。良好生态环

境是最公平的公共产品，是最普惠的民生福祉。对人的生存来说，金山银山固然重要，但绿水青山是人民幸福生活的重要内容，是金钱不能代替的。你挣到了钱，但空气、饮用水都不合格，哪有什么幸福可言。要把生态环境保护放在更加突出位置，像保护眼睛一样保护生态环境，像对待生命一样对待生态环境，在生态环境保护上一定要算大账、算长远账、算整体账、算综合账，不能因小失大、顾此失彼、寅吃卯粮、急功近利。绝不能以牺牲生态环境为代价换取经济的一时发展。

正因为生态文明建设里"有很大的政治"，党的十八大就提出了中国特色社会主义事业"五位一体"总体布局，把生态文明建设放到更加突出的位置，强调要实现科学发展，要加快转变经济发展方式。习近平总书记深刻指出："如果仍是粗放发展，即使实现了国内生产总值翻一番的目标，那污染又会是一种什么情况？届时资源环境恐怕完全承载不了。想一想，在现有基础上不转变经济发展方式实现经济总量增加一倍，产能继续过剩，那将是一种什么样的生态环境？经济上去了，老百姓的幸福感大打折扣，甚至强烈的不满情绪上来了，那是什么形势？所以，我们不能把加强生态文明建设、加强生态环境保护、提倡绿色低碳生活方式等仅仅作为经济问题。这里面有很大的政治。我国生态环境矛盾有一个历史积累过程，不是一天变坏的，但不能在我们手里变得越来越坏，共产党人应该有这样的胸怀和意志。"

（三）生态文明建设领域的历史性变革

我们党一贯高度重视生态文明建设。20世纪80年代初，保护环境已成为基本国策。进入21世纪，又把节约资源作为基本国策。党的十八大以来，我们开展一系列根本性、开创性、长远性工作，加快推进生态文明顶层设计和制度体系建设，加强法治建设，建立并实施中央环境保护督察制度，大力推动绿色发展，深入实施大气、水、土壤污染防治三大行动计划，率先发布《中国落实2030年可持续发展议程国别方案》，实施《国家应对气候变化规划（2014—2020年）》，推动生态环境保护发生历史性、转折性、全局性变化。

习近平总书记指出，总体上看，我国生态环境质量持续好转，出现了稳中向好趋势，但成效并不稳固。生态文明建设正处于压力叠加、负重前行的关键期，已进入提供更多优质生态产品以满足人民日益增长的优美生态环境需要的攻坚期，也到了有条件有能力解决生态环境突出问题的窗口期。我国经济已由高速增长阶段转向高质量发展阶段，需要跨越一些常规性和非常规性关口。我们必须咬紧牙关，爬过这个坡，迈过这道坎。

二、"两山论"是习近平生态文明思想中的核心理念

"绿水青山就是金山银山"是习近平总书记关于生态文明建设最著名的科学论断之一，是习近平生态文明思想中的核心理念。党的十九大将"必须树立和践行绿水青山就是金山银山的理念"写进了报告，《中国共产党章程（修正案）》在总纲中增加了"增强绿水青山就是金山银山的意识"这一表述。这些都为"绿水青山就是金山银山"作为一种新的发展观、绿色思潮、历史方位提供了党的意志基石和价值取向。

（一）"两山论"科学阐释了经济发展和生态环境保护之间的关系

金山银山和绿水青山的关系，归根到底就是正确处理经济发展和生态环境保护的关系。这是实现可持续发展的内在要求，是坚持绿色发展、推进生态文明建设首先必须解决的重大问题。有人说，发展不可避免会破坏生态环境，因此发展要宁慢勿快，否则得不偿失；也有人说，为了摆脱贫困必须加快发展，付出一些生态环境代价也是难免的、必需的。这两种观点把生态环境保护和发展对立起来了。

习近平总书记很早就用金山银山、绿水青山作比喻，生动形象、入木三分地阐明了经济发展与环境保护之间的辩证关系，提出了"绿水青山就是金山银山"的重要理念，为我们建设生态文明、建设美丽中国提供了根本遵循。绿水青山是人民幸福生活的重要内容，是金钱不能代替的；绿水青山和金山银山决不是对立的，关键在人，关键在思路。一些地方生态环境资源丰富又相对贫困，更要通过改革创新，探索一条生态脱贫的新路子，让贫困地区的土地、劳动力、资产、自然风光等要素活起来，让资源变资产、资金变股金、农民变股东，让绿水青山变金山银山。

> **原声再现** 🔊
>
> 建设生态文明是关系人民福祉、关系民族未来的大计。……我们既要绿水青山，也要金山银山。宁要绿水青山，不要金山银山，而且绿水青山就是金山银山。
> ——2013年9月7日习近平主席在哈萨克斯坦纳扎尔巴耶夫大学回答学生问题时指出

绿水青山就是金山银山的理念，具有重大理论价值和实践价值。人类要过上更好的生活，需要发展经济。过去认为生产农产品、工业品、服务产品的活动才是经济活动，才是发展。但是人类除了对农产品、工业品和服务产品有需求外，还需要生态产品，需要清新的空气、清洁的水源、舒适的环境。过去之所以没有将这些生态产品定义为产品，没有将提供生态产品的活动定义为发展，是因为在工业文明之前以及工业文明

的早期，生态产品是无限供给的，是不需要付费就可以自然而然得到的。现在，能源紧张、资源短缺、生态退化、环境恶化、气候变化、灾害频发，清新空气、清洁水源、舒适环境越来越成为稀缺的产品。比如，生产农产品需要耕地，提供生态产品也需要"耕地"。生态产品的"耕地"就是森林、草原、湿地、湖泊、海洋等生态空间，只有保护好这些生态空间，才能提供更多优质生态产品。人民群众对生态产品的需要提出了新的更高要求，这就必须顺应人民群众对优美生态环境的新期待，把提供生态产品作为发展应有的内涵，为人民提供更多蓝天净水。

自然是有价值的，保护自然，就是自然价值和自然资本增值的过程，就是保护和发展生产力，自然理应得到合理回报和经济补偿。党的十八届三中全会提出编制自然资源资产负债表，党的十九大提出建立市场化、多元化生态补偿机制，就是要探索生态产品价值的实现方式，探索绿水青山变成金山银山的具体路径。

树立和践行绿水青山就是金山银山的理念，必须正确处理好经济发展同生态环境保护的关系。习近平总书记反复强调，经济发展不应是对资源和生态环境的竭泽而渔，生态环境保护也不应是舍弃经济发展的缘木求鱼，而是要坚持在发展中保护、在保护中发展，实现经济社会发展与人口、资源、环境相协调。要坚持和贯彻新发展理念，深刻认识到保护生态环境

就是保护生产力、改善生态环境就是发展生产力,坚决摒弃以牺牲生态环境换取一时一地经济增长的做法,让良好生态环境成为人民生活改善的增长点、成为经济社会持续健康发展的支撑点、成为展现我国良好形象的发力点,让中华大地天更蓝、山更绿、水更清、环境更优美,大踏步进入生态文明新时代。

(二)以"两山论"为核心理念的习近平生态文明思想是牢固树立社会主义生态文明观的思想指引

"两山论"是习近平生态文明思想中的核心理念。习近平生态文明思想集中体现为"生态兴则文明兴"的深邃历史观、"人与自然和谐共生"的科学自然观、"绿水青山就是金山银山"的绿色发展观、"良好生态环境是最普惠的民生福祉"的基本民生观、"山水林田湖草是生命共同体"的整体系统观、"实行最严格生态环境保护制度"的严密法治观、"共同建设美丽中国"的全民行动观、"共谋全球生态文明建设之路"的共赢全球观。这一重要思想进一步丰富了坚持和发展中国特色社会主义的总目标、总任务、总体布局、战略布局和发展理念、发展方式、发展动力等,是习近平新时代中国特色社会主义思想的重要组成部分和核心内涵。这一

> **原声再现**
>
> 生态文明建设功在当代、利在千秋。我们要牢固树立社会主义生态文明观,推动形成人与自然和谐发展现代化建设新格局,为保护生态环境作出我们这代人的努力。
> ——2017年10月18日习近平总书记在中国共产党第十九次全国代表大会上的报告

重要思想深刻回答了"为什么建设生态文明""建设什么样的生态文明""怎样建设生态文明"等重大理论和实践问题，构成了牢固树立社会主义生态文明观的思想指引。

关于"为什么要建设生态文明"，"生态兴则文明兴"的深邃历史观和"人与自然和谐共生"的科学自然观指出，生态文明建设里"有很大的政治"，要实现中华民族伟大复兴的中国梦，实现中华民族永续发展，就必须建设生态文明、建设美丽中国。党的十九大指出，要决胜全面建成小康社会，就必须坚决打好污染防治攻坚战。打赢这场攻坚战，才能使全面建成小康社会得到人民认可、经得起历史检验，奋力开创社会主义生态文明新时代。

关于"建设什么样的生态文明"，"绿水青山就是金山银山"的绿色发展观、"良好生态环境是最普惠的民生福祉"的基本民生观和"山水林田湖草是生命共同体"的整体系统观指出，绿水青山和金山银山决不是对立的，经济发展和生态环境保护之间是辩证统一的，我们要建设的现代化是人与自然和谐共生的现代化，既要创造更多物质财富和精神财富以满足人民日益增长的美好生活需要，也要提供更多优质生态产品以满足人民日益增长的优美生态环境需要。必须坚持节约优先、保护优先、自然恢复为主的方针，形成节约资源和保护环境的空间格局、产业结构、生产方式、生活方式，还自然以宁静、和谐、美丽。

关于"怎样建设生态文明"，"实行最严格生态环境保护制度"的严密法治观、"共同建设美丽中国"的全民行动观和"共谋全球生态文明建设之路"的共赢全球观指出，必须像对待生命一样对待生态环境，统筹山水林田湖草系统治理，实行最严格的

生态环境保护制度，形成绿色发展方式和生活方式，坚定走生产发展、生活富裕、生态良好的文明发展道路，建设美丽中国，为人民创造良好生产生活环境，为全球生态安全作出贡献。

（三）"两山论"奠定了新时代推进生态文明建设的重要原则

习近平总书记在全国生态环境保护大会上指出："新时代推进生态文明建设，必须坚持好以下原则。一是坚持人与自然和谐共生，坚持节约优先、保护优先、自然恢复为主的方针，像保护眼睛一样保护生态环境，像对待生命一样对待生态环境，让自然生态美景永驻人间，还自然以宁静、和谐、美丽。二是绿水青山就是金山银山，贯彻创新、协调、绿色、开放、共享的发展理念，加快形成节约资源和保护环境的空间格局、产业结构、生产方式、生活方式，给自然生态留下休养生息的时间和空间。三是良好生态环境是最普惠的民生福祉，坚持生态惠民、生态利民、生态为民，重点解决损害群众健康的突出环境问题，不断满足人民日益增长的优美生态环境需要。四是山水林田湖草是生命共同体，要统筹兼顾、整体施策、多措并举，全方位、全地域、全过程开展生态文明建设。五是用最严格制度最严密法治保护生态环境，加快制度创新，强化制度执行，让制度成为刚性的约束和不可触碰的高压线。六是共谋全球生态文明建设，深度参与全球环境治理，形成世界环境保护和可持续发展的解决方案，引导应对气候变化国际合作。"

坚持人与自然和谐共生是新时代坚持和发展中国特色社会主义的基本方略。人与自然的关系是人类社会最基本的关系。一方面，自然界是人类社会产生、存在和发展的基础和前提，人类正是通过社会实践活动有目的地利用自然、改造自然而发展为今日的人类社会；另一方面，人类归根到底是自然的一部分，人类不能盲目地凌驾于自然之上，人类必须敬畏自然、尊重自然、顺应自然、保护自然，人类一切有目的地利用自然、改造自然的行为，包括保护自然的方式，都必须符合自然规律。对自然界不能只讲索取不讲投入、只讲利用不讲建设，人与自然是相互依存、相互联系的整体，是生命共同体，保护自然环境就是保护人类，建设生态文明就是造福人类。社会主义现代化是人与自然和谐共生的现代化，既要创造更多物质财富和精神财富以满足人民日益增长的美好生活需要，也要提供更多优质生态产品以满足人民日益增长的优美生态环境需要。必须坚持节约优先、保护优先、自然恢复为主的方针，形成节约资源和保护环境的空间格局、产业结构、生产方式、生活方式，努力建设望得见山、看得见水、记得住乡愁的美丽中国。

> **原声再现**
>
> 自然是生命之母，人与自然是生命共同体，人类必须敬畏自然、尊重自然、顺应自然、保护自然。我们要坚持人与自然和谐共生，牢固树立和切实践行绿水青山就是金山银山的理念，动员全社会力量推进生态文明建设，共建美丽中国，让人民群众在绿水青山中共享自然之美、生命之美、生活之美，走出一条生产发展、生活富裕、生态良好的文明发展道路。
>
> ——2018年5月4日习近平总书记在纪念马克思诞辰200周年大会上的讲话

坚持绿水青山就是金山银山是落实新发展理念的价值取向。习近平总书记指出，绿色发展是构建高质量现代化经济体系的必然要求，是解决污染问题的根本之策。必须坚持绿水青山就是金山银山，贯彻创新、协调、绿色、开放、共享的发展理念，加快形成节约资源和保护环境的空间格局、产业结构、生产方式、生活方式，给自然生态留下休养生息的时间和空间。坚持"绿水青山就是金山银山"是绿色发展理念更接地气的表达，代表了新发展理念的价值取向，深刻揭示了发展与保护的本质关系，指明了实现发展与保护内在统一、相互促进、协调共生的方法论。

坚持良好生态环境是最普惠的民生福祉是践行以人民为中心发展思想的鲜明体现。党的十九大提出，必须坚持以人民为中心的发展思想，把人民对美好生活的向往作为奋斗目标。当前，我国社会主要矛盾已经转化为人民日益增长的美好生活需要和不平衡不充分的发展之间的矛盾，人民群众从过去"盼温饱"到现在"盼环保"、从过去"求生存"到现在"求生态"，期盼享有更加优美的生态环境。习近平总书记立足发展新阶段和人民新期待，提出良好生态环境是最公平的公共产品，是最普惠的民生福祉，强调环境就是民生，青山就是美丽，蓝天也是幸福。生态环境是关系党的使命宗旨的重大政治问题，也是关系民生的重大社会问题。大力推进生态文明建设，就是践行以人民为中心发展思想的具体体现，彰显了中国共产党改善民生、造福人民的初心和使命，开创了中国共产党执政理念和执政方式的新境界。

坚持用最严格制度最严密法治保护生态环境是推进生态文明建设的重中之重。建设生态文明，是一场涉及生产方式、生活方式、思维方式和价值观念的革命性变革。实现这样的变革，必须依靠制度和法治，把生态文明建设纳入制度化、法治化轨道。习近平总书记主持审定的《生态文明体制改革总体方案》，明确以八项制度为重点，加快建立产权清晰、多元参与、激励约束并重、系统完整的生态文明制度体系。

坚持共谋全球生态文明建设之路是推动构建人类命运共同体的关键一招。党的十八大以来，习近平总书记高瞻远瞩地提出构建人类命运共同体，成为习近平外交思想的重要内容。习近平总书记强调，人类是命运共同体，建设绿色家园是人类的共同梦想。国际社会应该携手同行，构建尊崇自然、绿色发展的经济结构和产业体系，解决好工业文明带来的矛盾，共谋全球生态文明建设之路，实现世界的可持续发展和人的全面发展。党的十九大报告明确提出，构建人类命运共同体，建设持久和平、普遍安全、共同繁荣、开放包容、清洁美丽的世界。共谋全球生态文明、建设清洁美丽世界是推动构建人类命运共同体的关键一招，符合世界绿色发展潮流和各国人民共同意愿，彰显了习近平生态文明思想的鲜明世界意义。

三、建设美丽中国要坚决打好污染防治攻坚战

党的十九大报告指出，从现在到二〇二〇年，是全面建成小康社会决胜期，特别是要坚决打好防范化解重大风险、精准脱贫、污染防治的攻坚战，使全面建成小康社会得到人民认可、经得起历史检验。打好污染防治攻坚战是当前一项重大政治任务，必须坚持以习近平生态文明思想为指导，科学谋划打好污染防治攻坚战的思路和举措。要按照高质量发展要求，以改善生态环境质量为核心，以解决人民群众反映强烈的突出生态环境问题为重点，加快补齐生态环境短板，不断增强人民群众的生态环境获得感、幸福感和安全感。习近平总书记在全国生态环境保护大会上强调，要自觉把经济社会发展同生态文明建设统筹起来，充分发挥党的领导和我国社

> **原声再现** 🔊
>
> 建设生态文明是中华民族永续发展的千年大计。必须树立和践行绿水青山就是金山银山的理念，坚持节约资源和保护环境的基本国策，像对待生命一样对待生态环境，统筹山水林田湖草系统治理，实行最严格的生态环境保护制度，形成绿色发展方式和生活方式，坚定走生产发展、生活富裕、生态良好的文明发展道路，建设美丽中国，为人民创造良好生产生活环境，为全球生态安全作出贡献。
>
> ——2017年10月18日习近平总书记在中国共产党第十九次全国代表大会上的报告

主义制度能够集中力量办大事的政治优势，充分利用改革开放40年来积累的坚实物质基础，加大力度推进生态文明建设、解决生态环境问题，坚决打好污染防治攻坚战，推动我国生态文明建设迈上新台阶。

（一）加快构建生态文明体系

要加快建立健全以生态价值观念为准则的生态文化体系，以产业生态化和生态产业化为主体的生态经济体系，以改善生态环境质量为核心的目标责任体系，以治理体系和治理能力现代化为保障的生态文明制度体系，以生态系统良性循环和环境风险有效防控为重点的生态安全体系。要通过加快构建生态文明体系，确保到2035年，生态环境质量实现根本好转，美丽中国目标基本实现。到本世纪中叶，物质文明、政治文明、精神文明、社会文明、生态文明全面提升，绿色发展方式和生活方式全面形成，人与自然和谐共生，生态环境领域国家治理体系和治理能力现代化全面实现，建成美丽中国。

（二）全面推动绿色发展

绿色发展是构建高质量现代化经济体系的必然要求，是解决污染问题的根本之策。充分认识形成绿色发展方式和生活方式的重要性、紧迫性、艰巨性，把推动形成绿色发展方式和生活方式摆在更加突出的位置。推动

> **原声再现**
>
> 绿色发展，就其要义来讲，是要解决好人与自然和谐共生问题。人类发展活动必须尊重自然、顺应自然、保护自然，否则就会遭到大自然的报复，这个规律谁也无法抗拒。
> ——2016年1月18日习近平总书记在省部级主要领导干部学习贯彻党的十八届五中全会精神专题研讨班上的讲话

形成绿色发展方式和生活方式，是发展观的一场深刻革命。重点是调整经济结构和能源结构，优化国土空间开发布局，调整区域流域产业布局，培育壮大节能环保产业、清洁生产产业、清洁能源产业，推进资源全面节约和循环利用，实现生产系统和生活系统循环链接，倡导简约适度、绿色低碳的生活方式，反对奢侈浪费和不合理消费。

（三）把解决突出生态环境问题作为民生优先领域

坚决打赢蓝天保卫战是重中之重，要以空气质量明显改善为刚性要求，强化联防联控，基本消除重污染天气，还老百姓蓝天白云、繁星闪烁。要深入实施水污染防治行动计划，保障饮用水安全，基本消灭城市黑臭水体，还给老百姓清水绿岸、鱼翔浅底的景象。要全面落实土壤污染防治行动计划，突出重点区域、行业和污染物，强化土壤污染管控和修复，有效防范风险，让老百姓吃得放心、住得安心。要持续开展农村人居环境整治行动，打造美丽乡村，为老百姓留住鸟语花香、田园风光。

> **原声再现** 🔊
>
> 望得见山、看得见水、记得住乡愁。
> ——2013年12月15日习近平总书记在中央城镇化工作会议上的讲话

（四）有效防范生态环境风险

生态环境安全是国家安全的重要组成部分，是经济社会持续健康发展的重要保障。要把生态环境风险纳入常态化管理，系统构建全过程、多层级生态环境风险防范体系。要加快推进生态文明体制改革，抓好已出台改革举措的落地，及时制定新的改革方案。

（五）提高环境治理水平

要充分运用市场化手段，完善资源环境价格机制，采取多种方式支持政府和社会资本合作项目，加大重大项目科技攻关，对涉及经济社会发展的重大生态环境问题开展对策性研究。要实施积极应对气候变化国家战略，推动和引导建立公平合理、合作共赢的全球气候治理体系，彰显我国负责任大国形象，推动构建人类命运共同体。

打好污染防治攻坚战是关系人民群众切身利益的大事，也是建设美丽中国需要跨过的非常规性关口，时间紧、任务重、难度大，是一场大仗、硬仗、苦仗，必须加强党的领导。各地区各部门要增强"四个意识"，坚决维护党中央权威和集中统一领导，坚决担负起生态文明建设的政治责任。地方各级党委和政府主要领导是本行政区域生态环境保护第一责任人，各相关部门要履行好生态环境保护职责，使各部门守土有责、守土尽责，分工协作、共同发力。要建立科学合理的考核评价体系，考核结果作为各级领导班子和领导干部奖惩和提拔使用的重要依据。对那些损害生态环境的领导干部，要真追责、敢追责、严追责，做到终身追责。要建设一支生态环境保护铁军，政治强、本领高、作风硬、敢担当，特别能吃苦、特别能战斗、特别能奉献。各级党委和政府要关心、支持生态环境保护队伍建设，主动为敢干事、能干事的干部撑腰打气。

第十四章

坚持总体国家安全观

⭐

　　国家安全是安邦定国的重要基石。党的十八大以来，习近平总书记创造性地提出的总体国家安全观，成为维护国家安全的行动纲领和科学指南。党的十九大将坚持总体国家安全观纳入新时代坚持和发展中国特色社会主义的基本方略，并写入党章。总体国家安全观以一系列紧密联系、相互贯通的基本观点，科学回答了新时代我国在国家安全领域的一系列基本问题，标志着我们党对国家安全基本规律的认识达到了新高度。

一、总体国家安全观是新时代中国特色国家安全思想

改革开放以来,我们党始终高度重视正确处理改革、发展、稳定之间的关系,始终把维护国家安全和社会安定作为党的一项基础性工作。面对正在发生广泛深刻变化的国际国内形势,习近平总书记指出,当前我国国家安全内涵和外延比历史上任何时候都要丰富,时空领域比历史上任何时候都要宽广,内外因素比历史上任何时候都要复杂,必须坚持总体国家安全观,走出一条中国特色国家安全道路。

(一)总体国家安全观的形成背景

1. 国际国内背景的新变化

当今世界是一个新机遇新挑战层出不穷、国际体系和国际秩序深度调整、国际力量对比深刻变化的世界。整个国际形势处于新的转折点上,各种政治力量加快重整,世界经济正在深度调整中曲折复苏,新一轮科技革命和产业革命蓄势待发,全球治理结构、亚太地缘战略格局和国际经济、科技、军事竞争格局正在发生历史性变化。维护和平的力量正在上升,世界的和平态势可望保持。但是,世界依然面临现实的和潜在的局部战争威胁,霸权主义、强权政治和新干涉主义有新的发展,各种国际力量围绕权力、权益再分配的斗争更为激烈,民族宗教矛盾、边界领土争端等热点复杂多变,小型战争、冲突或危机频发。这些传统安全领域的问题仍然存在,并可能激化。另一方面,非传统安全的威胁在不断上升。金融危机、资源与能源危机、生态环境恶化、气候变化与自然灾害、重大传染性疾病、网络安全事件、恐怖主义事件等成为严重的全球性问题,正在威胁国家、社会和人民群众生活的安全。

国内方面,党的十八大以来,我国经济、科技、文化、国防实力和国际影响力又迈上了一个新台阶,中华民族伟大复兴已展现出前所未有的光

明前景。但是，我国所面临的挑战之多，也前所未有。作为世界上最大的发展中国家，我国人均国内生产总值仍不够高，发展中不平衡、不充分的问题仍然突出。经济结构仍需优化，科技创新能力不强，法治水平有待提升，基本公共服务供给不足，社会保障压力较大，重大安全事故多发。加之民族分裂势力、境外势力的渗透，维护社会稳定和谐和国土安全的任务艰巨。此外，环境、资源、能源等方面也面临严峻挑战。

我国与世界的关系也在发生历史性变化。改革开放以来，我国与世界各国的政治、经济、文化交往日益深化，相互影响也日益广泛深入，经济领域对外部的依赖性与日俱增，政治领域里参与地区和全球治理的程度日益提升。统筹考虑和综合运用国际国内两个市场、国际国内两种资源、国际国内两类规则，推动以合作共赢为核心的新型国际关系，成为重要而艰巨的任务。随着我国国家利益迅速拓展，海外中国公民的人身及财产安全，国家在境外的政治、经济及军事利益，驻外机构及企业的安全，对外交通运输线及运输工具安全等，成为维护国家安全的重要目标。"一带一路"倡议不断付诸实践，也对国家安全战略提出了新要求。

总的来说，我国正处在全面建成小康社会、全面深化改革、全面依法治国、全面从严治党的重要时期，它既是可以大有作为的重要战略机遇期，也面临复杂多变的各种风险和挑战，各种威胁和挑战联动效应也很明显。我们必须坚持总体国家安全观，有效防范、管理、处理国家安全风险，走出一条中国特色国家安全道路。

2. 总体国家安全观的思想基础

总体国家安全观是习近平总书记在继承以往的安全观念和国家安全思想的基础上，根据国家安全形势的新特点新趋势提出的新型国家安全观。

强烈的忧患意识和安危观念，是中国传统文化的重要遗产。在先秦时期，就有"君子安而不忘危，存而不忘亡，治而不忘乱"（《周易》）、"生于忧患而死于安乐"（《孟子》）等关于安危辩证关系的简洁而深刻的论述。它既是中国人的生存智慧，也已成为中国的社会观念、政治哲学的重要内

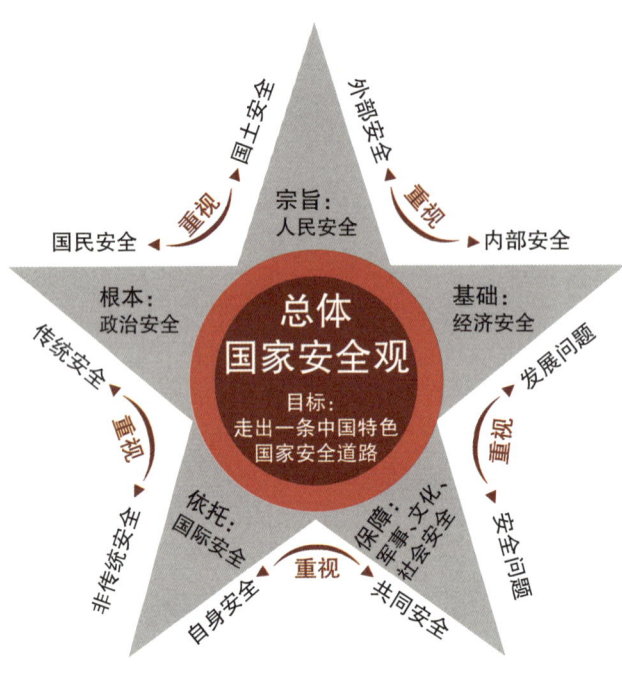

容，并集中地体现于历代志士仁人的忧国忧民情怀和爱国主义行动之中。

中国共产党人是中华民族优秀传统的忠实继承者和坚定弘扬者。中国共产党的诞生，本身就是怀着深重的民族忧患意识和社会责任感的革命先辈在接触、接受了马克思主义之后的直接结果。对国家、人民安危的高度关切，是党的初心和使命的重要内容。新中国成立前夕，毛泽东要求全党牢记"两个务必"，以"进京赶考"作喻，指出整顿作风和提高本领是党的政权安危、社会安定的重要保证。新中国成立后，面对资本主义阵营的压制和封锁，我们党把保卫新生的社会主义政权、确保国家独立、维护国家主权和领土完整作为国家安全的首要任务，最大限度地维护和改善了国家安全环境。

在改革开放之初，邓小平就敏锐地指出，和平和发展是当今时代世界的两大主题。他不仅强调了军事和政治安全问题，经济、科技等安全问题，还将对内部安全的重视提到了新的高度。20世纪90年代，党中央针对复杂多变的地区安全环境，提出了新安全观。进入新世纪后，又进一步提出，要用广阔的视野审视安全，构建和谐世界，提倡尊重各国自主选择社会制度和发展道路的权利，维护文明的多样性，促进国际关系民主化。这些思想及其指导下的国家安全战略，为总体国家安全观提供了广泛而坚实的思想基础。

（二）总体国家安全观的提出过程

1. 党的十八大以后的国家安全理论与实践

党的十八大以后，党中央不断丰富和发展国家安全理论，积极推进国家安全理论的实践创新。国家安全工作也呈现出全方位、多领域发展的鲜明特点。这一时期的重要理论创新包括：第一，深刻认识和平发展与国家利益之间的关系，强调坚决维护国家主权、安全、发展利益，立足更高的战略制高点做好国家安全工作。第二，坚持走中国特色社会主义文化发展道路，大力培育、弘扬社会主义核心价值观，推进文化强国、网络强国建设。第三，推进构建新型大国关系，强调不冲突、不对抗，相互尊重，合作共赢。第四，构建中国特色现代军事力量体系。第五，搭建强有力的国家安全工作统筹平台，完善国家安全体制和国家安全战略。

此外，推动海洋强国建设、推进区域安全合作以及核安全等方面的理论阐释和现实举措，也是总体国家安全观的理论准备和现实基础。

2. 总体国家安全观的正式提出

2014年4月15日，习近平总书记主持召开中央国家安全委员会第一次会议。他在会上发表重要讲话指出："必须坚持总体国家安全观，以人民安全为宗旨，以政治安全为根本，以经济安全为基础，以军事、文化、社会安全为保障，以促进国际安全为依托，走出一条中国特色国家安全道路。"[1] 这次重要讲话标志着总体国家安全观首次正式提出。习近平总书记站在统筹两个大局的战略高度，阐述了总体国家安全观的基本内涵、指导思想和原则，为开创国家安全新局面指明了方向。

（三）总体国家安全观是新时代中国特色社会主义思想的重要组成部分

1. 总体国家安全观是新时代国家安全领域的重大理论创新

总体国家安全观是新形势下党中央对我国国家安全面临的各种问题和

---

[1] 习近平：《在中央国家安全委员会第一次会议上的讲话》（2014年4月15日），载《人民日报》2014年4月16日。

挑战的系统回应，是马克思主义中国化、时代化在国家安全领域的最新体现，是新时代统筹发展与安全的纲领和指南，它标志着党和国家对国家安全问题的理论认识提升到了新高度。

总体国家安全观具有系统性、全面性、持续性，明确了我国国家安全工作的战略目标和工作思路，强化了忧患意识和底线思维，确立了统筹兼顾的基本原则。它具有以下重要特征：第一，外部安全和内部安全相统筹。强调对内求发展、求变革、求稳定，建设平安中国；对外求和平、求合作、求共赢，建设和谐世界。第二，国土安全和国民安全相统筹。强调在重视传统的国土安全的同时，坚持以民为本、以人为本，真正夯实国家安全的群众基础。第三，传统安全和非传统安全相统筹。强调构建集政治安全、国土安全、军事安全、经济安全、文化安全、社会安全、科技安全、信息安全、生态安全、资源安全、核安全等于一体的国家安全体系。第四，自身安全和共同安全相统筹。强调在重视自身安全的同时，打造命运共同体，推动各方朝着互利互惠、共同安全的目标相向而行。这些也是总体国家安全观的创新品质的主要体现。

原声再现

坚持总体国家安全观。统筹发展和安全，增强忧患意识，做到居安思危，是我们党治国理政的一个重大原则。必须坚持国家利益至上，以人民安全为宗旨，以政治安全为根本，统筹外部安全和内部安全、国土安全和国民安全、传统安全和非传统安全、自身安全和共同安全，完善国家安全制度体系，加强国家安全能力建设，坚决维护国家主权、安全、发展利益。

——2017年10月18日习近平总书记在中国共产党第十九次全国代表大会上的报告

2. 总体国家安全观是习近平新时代中国特色社会主义思想的重要内容

把"坚持总体国家安全观"纳入习近平新时代中国特色社会主义思想，是党的十九大报告关于国家安全论述的最突出亮点。坚持总体国家安全观，是习近平新时代中国特色社会主义思想的重要内容。习近平总书记围绕总体国家安全观发表的重要论述，作为新时代坚持和发展中国特色社会主义的基本方略，对于新时代有效维护国家安全，实现"两个一百年"奋斗目标、实现中华民族伟大复兴的中国梦，具有十分重要的意义。

3. 总体国家安全观是新时代中国特色社会主义奋斗目标的坚强保证

国内环境和谐稳定，国际环境和平安宁，是不断增进人民幸福、实现中华民族伟大复兴的基本前提。"面对新形势新挑战，维护国家安全和社会安定，对全面深化改革、实现'两个一百年'奋斗目标、实现中华民族伟大复兴的中国梦都十分必要。"[1]历史证明，国家安全是全国各族人民根本利益所在，是人民群众安居乐业、美好生活和中华民族复兴的坚强保障。国家安全失去保障，社会就不可能得到健康发展，人民生活也不可能真正安宁幸福。

二、总体国家安全观的主要内容

总体国家安全观，是一个富有中国特色的安全概念，坚持国家利益至上、以人民安全为宗旨、以政治安全为根本，是中国特色的基本表征。"总体国家安全"有着十分丰富的理论和实践内涵。

---

1 习近平:《在十八届中央政治局第十四次集体学习时的讲话》(2014年4月25日)，载《人民日报》2014年4月27日。

（一）总体安全观的要义

> **原声再现** 🔊
>
> 坚持人民安全、政治安全、国家利益至上的有机统一，人民安全是国家安全的宗旨，政治安全是国家安全的根本，国家利益至上是国家安全的准则，实现人民安居乐业、党的长期执政、国家长治久安。
>
> ——2018年4月17日习近平总书记在主持召开第十九届中央国家安全委员会第一次会议时的讲话

1. 人民安全、政治安全和国家利益至上的有机统一

践行总体国家安全观，要始终坚持以人民安全为宗旨，要把人民安全作为维护国家安全的根本目的，坚持以民为本、以人为本，真正把人民群众的冷暖安危放在第一位，尤其是要坚决维护人民群众的生命财产安全。

践行总体国家安全观，要始终坚持以政治安全为根本，必须维护国家政治秩序的稳定，维护执政党的领导地位及其意识形态的主导地位的巩固，从而促进国家的经济、军事、社会等各领域的安全。

践行总体国家安全观，要始终坚持国家利益至上的准则。它要求以捍卫国家利益为最高目标，在维护本国利益前提下兼顾别国的关切；要求把国家利益作为一切政策的出发点，任何不符合国家利益的战略、政策和措施必须调整；要求对国家利益进行正确排序，按国家利益高于地方利益、整体利益高于局部利益、核心利益高于一般利益的原则作出合理安排。

国家利益，既包括国家的独立、主权和领土完整，包括国家的社会制度、治理体系的自主和自决，也包括本国公民的生命、财产。社会主义中国的政治，就是要促进人民的经济、社会福利和生活幸福。因此，人民安全、政治安全和国家利益至上，在本质上是一致的，在实践上也必须达到有机统一。

2. 总体国家安全观的价值指向

人民安全、政治安全和国家利益至上的有机统一，集中反映了总体国家安全观的根本价值指向，也即，人民安居乐业、党的长期执政、国家长治久安三者的有机统一。为此，要坚持国家安全一切为了人民，保障我国经济社会健康有序发展，防范化解各类安全风险，同时为应对外部安全挑战提供坚强有力支撑，为人民群众安居乐业和美好生活提供坚强保障，不断提高其安全感、幸福感。由此，人民群众对中国特色社会主义的道路自信、理论自信、制度自信和文化自信将得以确立，党的执政地位及其意识形态的主导地位将进一步稳固，国家的国际地位得到提升，也更有利于实现国家的长治久安。

（二）总体安全观下的国家安全体系

原声再现

> 贯彻落实总体国家安全观，必须既重视外部安全，又重视内部安全，对内求发展、求变革、求稳定、建设平安中国，对外求和平、求合作、求共赢、建设和谐世界；既重视国土安全，又重视国民安全，坚持以民为本、以人为本，坚持国家安全一切为了人民、一切依靠人民，真正夯实国家安全的群众基础；既重视传统安全，又重视非传统安全，构建集政治安全、国土安全、军事安全、经济安全、文化安全、社会安全、科技安全、信息安全、生态安全、资源安全、核安全等于一体的国家安全体系；既重视发展问题，又重视安全问题，发展是安全的基础，安全是发展的条件，富国才能强兵，强兵才能卫国；既重视自身安全，又重视共同安全，打造命运共同体，推动各方朝着互利互惠、共同安全的目标相向而行。
>
> ——2014年4月15日习近平总书记在主持召开中央国家安全委员会第一次会议时的讲话

1. 政治安全

政治安全，是指国家主权、政权、政治制度、政治秩序以及意识形态等方面免受威胁、侵犯、颠覆、破坏的客观状态。其最基础的方面是维护主权独立和领土完整，最核心的是政权安全和制度安全。重视维护国家政治安全是中国共产党治国理政的重要历史经验，也是世界强国的普遍做法。在当代中国，维护国家政治安全集中表现为对外保持国家主权独立、领土完整，对内坚持中国共产党的领导、人民民主专政、社会主义政治制度和社会政治秩序稳定、马克思主义在意识形态领域的主导地位。

2. 国土安全

国土安全，在传统意义上与"领土安全"概念相似，不仅强调国家领土、领海、领空和底土的完整性和不受威胁、不受恐怖主义袭击、不受大规模杀伤性武器攻击，还强调建设在领土之上的国家关键基础设施（如公路、铁路、机场以及水利电力设施等）的安全。非传统的天域安全、网域安全和经济海域安全也日益成为重要的国土安全问题。与周边国家围绕海洋划界和岛礁归属的争端，成为海洋国土安全的重要威胁。

3. 军事安全

军事安全，指国家的军事存在、军事力量和军事活动等不受威胁、挑战、打击和破坏的客观状态。近年来，我国国防和军队建设成就显著。从国际形势看，发生大规模外敌入侵的可能性不大，但因外部因素引发局部战争和武装状况的可能性不能低估。世界主要国家纷纷调整安全战略和军事战略，加紧推进军事转型，革新军备，发展军事工业，打造新型作战力量，刺探军事信息和军事秘密，有核国家持续巩固核力量等，这一切使得我国应对世界新军事革命的挑战、推进国防和军队改革的压力增大，军事安全领域的斗争也日益复杂化。

4. 经济安全

经济安全，包括国内经济安全和国际经济安全面，指一个国家国民经济发展和经济实力不受根本性威胁，保持其经济存在和发展所需资源有效供给、经济体系独立稳定运行、整体经济福利不受恶意侵害和非可抗力损害的状态和能力。随着经济全球化和信息化的加剧，以及可持续发展压力的加大，产业结构问题、金融风险问题、贸易问题、就业保障问题、引进外资与保护民族工业问题、贫富分化问题以及能源供应、重要矿产资源保障、粮食供应、淡水资源保障等，都使我国的经济体系和经济生活面临着各种风险，也对政府的经济决策、中央财政调控能力等构成了严峻挑战。

5. 文化安全

文化安全，主要包括语言文字的安全、风俗习惯的安全、价值观念的安全和生活方式的安全等方面，在根本和最终意义上，则指抵御外来文化的冲击，以确保国家文化主权和民族精神、政治价值理念、信仰追求等不受威胁，优秀文化不被侵蚀。近代以来，一些发达资本主义国家试图凭借其先进生产力和强大的经济、政治、军事优势，不仅对相对落后的国家进行军事侵略和政治压迫，同时通过教育、宗教以及生活方式传播等途径进行文化侵略、文化渗透，搞文化霸权，最终导致其民族精神的瓦解。对此必须提高警惕，严加防范。

原声再现

> 文化是一个国家、一个民族的灵魂。历史和现实都表明，一个抛弃了或者背叛了自己历史文化的民族，不仅不可能发展起来，而且很可能上演一幕幕历史悲剧。文化自信，是更基础、更广泛、更深厚的自信，是更基本、更深沉、更持久的力量。坚定文化自信，是事关国运兴衰、事关文化安全、事关民族精神独立性的大问题。
>
> ——2016年11月30日习近平总书记在中国文联十大、中国作协九大开幕式上的讲话

6. 社会安全

社会安全通常通过社会治安、交通安全、生活安全和生产安全等指标加以衡量,具体包括人身安全、食品安全、公共卫生安全、出行安全、避难者行为安全、人员疏散的场地安全、建筑安全、

城市生命线安全等。在人民群众那里,则体现为社会安全感。防范、消除、控制直接威胁社会公共秩序和人民群众生命财产安全的治安、刑事、暴力恐怖事件以及规模较大的群体性事件,是当前社会安全领域的重点工作。

7. 科技安全

科技安全,是指一个国家的科学技术体系完整有效,持续良性运行,重点领域核心技术安全可控,国家核心利益不受外部科技优势的干扰、侵害、破坏、威胁和控制,有效应对外来的技术威胁以及科技滥用或科技发展的负面影响。科技安全以国家具备较强的科技自主性和竞争力为重要标志,关键在于核心关键技术的开发和维护。当前中美贸易战已使我国在芯片、操作系统、基础零部件、基础工艺、基础材料等领域的核心技术仍存在受制于人的问题凸显出来。为此,必须加强科技发展的总体性、前瞻性谋划,加强科技基础设施建设,确保战略领域的主动权;必须加强重点突破,实现核心关键技术安全可控。

原声再现 🔊

只有把核心技术掌握在自己手中,才能真正掌握竞争和发展的主动权,才能从根本上保障国家经济安全、国防安全和其他安全。

——2014年6月9日习近平总书记在中国科学院第十七次院士大会、中国工程院第十二次院士大会上的讲话

8. 信息安全

所有对个人、组织、社会或国家利益的威胁或危害的信息或关于信息的行为，都构成了信息安全问题，诸如商业企业机密泄露、青少年对不良信息的浏览、个人信息的泄露等。计算机网络信息系统不受偶然的或者恶意的原因而致的破坏、更改、泄露，连续可靠正常地运行，是信息安全的关键。窃取、截取、伪造、篡改或泄露、丢失信息，攻击服务系统，"黑客"非授权访问，传播病毒，构成了对信息安全的主要威胁。此外，国家之间的信息战的影响更不可小觑。为此，国家不仅需要大力发展先进的信息安全技术，还要进行严格的安全管理、法律约束，开展广泛的信息安全教育。

9. 生态安全

良好、可持续的生态，是经济和社会发展的底线。饮用水与食物安全、空气质量与绿色环境等是其基本要素。随着人口增长和经济、技术的发展，人类活动对环境的压力不断增大，土地退化、生态失调、植被破坏、全球变暖、海平面上升、臭氧层空洞的出现与迅速扩大，及生物多样性的锐减等全球性问题已引发生态灾难，无论对人的生命健康、日常生活还是对住区、区域和国家的安全，在不同方面向我们敲起了警钟。划定并严守生态保护红线，是构建国家生态安全格局的有效手段。

10. 资源安全

资源安全可以分为水资源、能源资源（如石油）、土地资源（如耕地）、矿产资源（包括战略性矿产资源）、生物资源（包括基因资源）、海洋资源、环境资源安全等。资源的总量、质量、结构和获取的渠道、代价，是衡量资源安全状况的主要指标。当前，我国水资源供需矛盾突出，耕地后备资源有限，资源对外依存度加深，资源开发利用水平不高、浪费严重以及非法开采、超指标开采、采富弃贫等，已成为突出的安全问题。必须建立资源供应风险的防控机制，有效管控战略资源能源开发；加强战略资源能源储备；完善资源能源运输战略通道建设和安全保护措施；加强国际资源能源合作；全面提升应急保障能力，使资源安全得到有效的维护。

11. 核安全

核安全，指在核能被开发、利用的过程中采取必要和充分的监控、保护、预防和缓解等安全措施，使人员和环境免受不当辐射危害的状态。它既包括军事上的核军备的安全问题，也包括核电站等民用核设施、核材料和放射性物质等的安全问题。目前，我国周边国家核扩散形势严峻，核恐怖主义的威胁增大，核能利用的规模不断扩大，核安全方面面临更多挑战。为此，要在国家层面部署实施核安全战略，"坚持理性、协调、并进的核安全观，把核安全进程纳入健康持续发展的轨道"[1]。具体来看，则要采取措施防止核攻击、核事故和核犯罪行为，坚持核不扩散立场，确保核设施和核材料的安全，防止和应对偷窃、破坏、未经授权获取以及非法贩运核材料的违法行为，防范恐怖分子获取核材料、破坏核设施等，此外，还要防范因自然灾害导致的核事故，并最大限度地减少事故情况下的放射性后果。

---

[1] 习近平：《在荷兰海牙核安全峰会上的讲话》，载《人民日报》2014年3月25日。

三、总体国家安全观的实践方略

学习贯彻总体国家安全观，关键是要深入理解和把握其新论断、新要求，学会运用其思维方法和工作方法，努力做好国家安全各个方面、

> **小贴士**
>
> 《中华人民共和国国家安全法》第四条：坚持中国共产党对国家安全工作的领导，建立集中统一、高效权威的国家安全领导体制。

各个要素的统筹兼顾，全面增强防范和抵御风险的能力。

（一）坚持党对国家安全工作的绝对领导

1. 坚持党的绝对领导是国家安全工作的根本政治原则

坚持党对国家安全工作的绝对领导，是中国特色社会主义制度的必然要求，是维护国家安全和社会安定的根本政治保证，它关系到社会主义的前途命运，关系到国家的长治久安，关系到"两个一百年"奋斗目标的顺利实现。

2. 国家安全工作以保证政权安全和制度安全为首要任务

坚持党对国家安全工作的绝对领导，要求国家安全工作以保证国家政权安全和制度安全为首要任务，紧紧围绕如何确保政权安全、制度安全而展开。必须立足于巩固人民民主专政的政治制度，始终站在人民立场上，始终保证工人阶级的领导地位；必须维护党的领导权威，防范、制止、打击一切否定党的领导地位、危害党的集中统一领导的行为，为发展提供安全稳定的国内政治环境；必须确保中国特色社会主义制度安全，防范、抵御各种危害社会主义制度的政治力量的威胁、侵袭和破坏，并为社会主义制度自我完善和发展提供有力保障。

3. 切实加强党对国家安全工作的绝对领导

坚持党对国家安全工作的绝对领导，是面对国家安全遇到的新情况新

挑战、更好地解决国家安全重大问题所提出的根本政治要求，是确保国家安全工作不偏离正确方向的根本保证。必须在国家安全工作中把思想和行动统一到党中央的决策部署上来；必须不断提升维护党对国家安全工作的领导能力和水平。国家安全机关及其工作人员必须坚定理想信念，对党绝对忠诚，必须努力打造一支坚定纯洁、让党放心、甘于奉献、能拼善赢的高素质的国家安全工作队伍。各级党委和政府要重视、理解、支持国家安全机关工作，同心协力开创国家安全工作新局面。

（二）健全国家安全体系

1. 设立国家安全委员会

坚持总体国家安全观，必须建立新的更全面高效的国家安全工作领导体系和工作机制。对此，习近平总书记强调指出，面对新形势新情况，"设立国家安全委员会，加强对国家安全工作的集中统一领导，已是当务之急"[1]。

2013年11月，党的十八届三中全会决定设立中央国家安全委员会。中央国家安全委员会作为党中央关于国家安全工作的决策和议事协调机构，向中央政治局、中央政治局常务委员会负责，统筹协调涉及国家安全的重大事项和重要工作。它遵循集中统一、科学谋划、统分结合、协调行动、精干高效的原则进行工作。

2. 完善国家安全战略

国家安全战略，是关于维护国家安全利益的宏观筹划和总体构想。中央政治局于2015年1月23日召开会议，审议通过《国家安全战略纲要》。该纲要强调指出，必须坚持以总体国家安全观为指导，毫不动摇地坚持中国共产党对国家安全工作的绝对领导，坚持集中统一、高效权威的国家安全工作领导体制；坚决维护国家核心和重大利益，以人民安全为宗旨，在发展和改革开放中促安全，走中国特色国家安全道路。要加强国家安全意

---

[1]《十八大以来重要文献选编》（上），中央文献出版社2014年版，第506页。

识教育，努力打造一支高素质的国家安全专业队伍。要做好各领域国家安全工作，大力推进国家安全各种保障能力建设，把法治贯穿于维护国家安全的全过程。

3. 加强国家安全法治建设，完善国家安全政策

国家安全工作要善于运用法治思维和法治方式进行，依法维护国家安全，通过构建国家安全制度体系，提高国家安全法治化水平，推动国家安全领域治理体系和治理能力现代化。

国家安全法治建设以宪法为根本，以《中华人民共和国国家安全法》（以下简称《国家安全法》）为核心。2015年7月1日，第十二届全国人民代表大会常务委员会第十五次会议通过并公布《国家安全法》。《国家安全法》体现了总体国家安全观的要义，以明确的法律形式确立了总体国家安全观的指导地位和国家安全领导体制，规定了维护国家安全的各项任务，建立了维护国家完全的各项制度，为构建国家安全体系、走出一条中国特色国家安全道路奠定了坚实的法律基础。此后，以《国家安全法》为基础，国家还不断制定相关领域维护国家安全的法律法规与其他配套制度、政策和措施，落实《国家安全法》的各项制度和要求，形成了原则性和可操作性相结合、针对性和有效性兼备的国家安全法律法规体系。

4. 统筹推进各项安全工作

原声再现

坚持党对国家安全工作的领导，是做好国家安全工作的根本原则。各地区要建立健全党委统一领导的国家安全工作责任制，强化维护国家安全责任，守土有责、守土尽责。要关心和爱护国家安全干部队伍，为他们提供便利条件和政策保障。

——2017年2月17日习近平总书记在主持召开国家安全工作座谈会时的讲话

维护国家安全，必须强化"一盘棋"意识，统筹规划国家安全工作，整合维护国家安全的各方力量。处理好总体国家安全观的全面要求与本地区、本部门具体情况之间的关系，加强对涉及国家安全相关工作的部门、领域在资源、政策手段等方面的统筹，做到各司其职、各负其责，密切配合、通力合作。落实统一领导、协同联动、有序高效的国家安全危机管控体系，加强国家安全工作跨部门会商、协同联动，增强重大国家安全行动的协调配合。加强涉及国家安全的信息共享、情报交流，不断提高维护国家安全决策水平和执行效能。

（三）加强国家安全能力建设

1. 增强全民的国家安全意识

国家安全具有突出的人民性。践行总体国家安全观，要把人民群众作为重要的主体力量，要求人人有责、人人负责。在2016年4月15日首个全民国家安全教育日到来之际，习近平总书记作出重要指示：要深入开展国家安全宣传教育，切实增强全民国家安全意识。为此，不仅要认真组织国家安全教育主题活动，加强有关国家安全的新闻宣传和舆论引导，还要把国家安全教育纳入国民教育体系和公务员教育培训体系。同时，必须加强基层组织和基层政权建设，深入开展民族团结宣传教育。

2. 提高防范和抵御安全风险能力

"明者防祸于未萌，智者图患于将来。"习近平总书记指出："我们必须积极主动、未雨绸缪、见微知著、防微杜渐，下好先手棋，打好主动仗，做好应对任何形式的矛盾风险挑战的准备，做好经济上、政治上、文化上、社会上、外交上、军事上各种斗争的准备，层层负责、人人担当。"[1]面对国际国内的矛盾风险挑战，要时刻保持清醒头脑、常怀忧患意识、强化底线思维，有效防范、发现、处置国家安全风险。为此，要加大对维护

---

[1] 习近平：《在省部级主要领导干部学习贯彻党的十八届五中全会精神专题研讨班上的讲话》（2016年1月18日），人民出版社2016年版，第39—40页。

国家安全所需的物质、技术、装备、人才、法律、机制等保障方面的能力建设；完善立体化社会治安防控体系，注意从源头上排查化解矛盾纠纷；加强交通运输、消防、危险化学品等重点领域安全生产治理，遏制重特大事故的发生；筑牢网络安全防线，强化关键信息基础设施防护；加大核心技术研发力度和市场化引导，加强安全预警监测。

3. 防范和打击危害国家安全的活动

总体国家安全观，还要求严格防范、严厉打击各种危害国家安全的活动。当前，"台独"分裂势力及其分裂活动、"东突"暴力恐怖活动等，对我国国家主权、统一和领土完整构成了多重挑战。加强新形势下的反分裂斗争，坚决遏制和打击境内外敌对势力利用民族问题进行的分裂、渗透、破坏活动，反对暴力恐怖活动的斗争则是重中之重。必须对之采取坚决果断措施，保持严打高压态势。

第十五章

以习近平强军思想为指导建设世界一流军队

党的十八大以来,以习近平同志为核心的党中央、中央军委紧紧围绕实现"两个一百年"奋斗目标和实现中华民族伟大复兴的中国梦,把握时代大势,因应世界前所未有之大变局,根据我国由大向强发展的关键阶段的安全要求,立足国家安全和发展战略全局,探索和回答新时代国防和军队建设带根本性方向性全局性问题,形成了习近平强军思想,并在这一科学理论体系的指导下,全面深化国防和军队改革,实现了人民军队组织形态的整体性重塑和军事斗争准备的扎实推进,人民军队体制一新、结构一新、格局一新、面貌一新。

一、实现中华民族伟大复兴需要建设世界一流军队

在一个多种社会制度、多种文化并存的世界上,走和平发展道路必须具备确保国家安全的军事条件,否则,和平只能是一种良好愿望。因此,要实现中华民族伟大复兴的中国梦,必须同时实现强军梦,把人民军队全面建成一支听党指挥、能打胜仗、作风优良的世界一流军队。

> **原声再现**
>
> 明确党在新时代的强军目标是建设一支听党指挥、能打胜仗、作风优良的人民军队,把人民军队建设成为世界一流军队。
> ——2017年10月18日习近平总书记在中国共产党第十九次全国代表大会上的报告

(一)战争的"达摩克利斯之剑"依然悬在人类头上

伴随着经济全球化、政治多极化、文化多样化、社会信息化的深入发展,"各国相互联系、相互依存的程度空前加深,人类生活在同一个地球村里,生活在历史和现实交汇的同一个时空里,越来越成为你中有我、我中有你的命运共同体"[1]。人类生活的关联前所未有,求和平、谋发展、促合作已经成为不可阻挡的时代潮流。同时,当今的世界又是一个发展不平衡不充分的世界,南北发展差距依然很大,贫困和饥饿依然严重,人类面临的全球问题数量之多、规模之大、程度之深前所未有。习近平主席提出,面对这种局势,人类有两种选择:一种是,为了争权夺利进行恶性竞

---

1 《习近平谈治国理政》,外文出版社2014年版,第272页。

争甚至兵戎相见，这很可能带来灾难性危机；另一种是，顺应时代潮流，齐心协力应对挑战，开展全球性协作，这样就能为构建人类命运共同体创造有利条件。然而，你输我赢、赢者通吃的老一套逻辑，尔虞我诈、以邻为壑的老一套办法仍然大行其道，霸权主义和强权政治、军国主义、狭隘民族主义、分裂主义严重存在，使国际竞争的"丛林法则"并没有改变，战争的"达摩克利斯之剑"依然悬在人类头上。

冷战结束以来，以美国为首的西方国家采取联盟战略，奉行团伙政治，推行霸权主义、强权政治和新干涉主义，不断撕裂着这个世界，从武力干涉到"和平演变""颜色革命"，几乎无所不用其极。从科索沃战争、伊拉克战争、利比亚战争、叙利亚战争到中亚、南美、北非，西方资本主义国家在当代国际社会制造了一场又一场的战争灾难、种族仇恨和社会冲突。作为资本主义霸权的衍生品，军国主义、极端主义、分裂主义、狭隘民族主义也严重威胁着世界的安宁，加上恐怖主义、跨国犯罪、网络安全等非传统安全与传统安全相互交织，导致热点问题此起彼伏、部动荡频繁发生，世界面临着现实和潜在的战争威胁。

> **小贴士**
>
> 达摩克利斯之剑：达摩克利斯是公元前4世纪意大利叙拉古的僭主狄奥尼修斯二世的朝臣，他非常喜欢奉承狄奥尼修斯。一天，他奉承道：作为一个拥有权力和威信的伟人，狄奥尼修斯实在很幸运。狄奥尼修斯提议与他交换一天的身份，那他就可以体验做首领的感觉了。在晚上举行的宴会上，达摩克利斯非常享受成为国王的感觉。当晚餐快结束的时候，他抬头才注意到王位上方仅用一根马鬃悬挂着的利剑。他立即失去了对美食和美女的兴趣，并请求僭主放过他，他再也不想得到这样的幸运。"达摩克利斯之剑"便代表既拥有强大的力量，但也非常不安全，很容易被夺走，或者简单来说，就是感到末日的降临。

（二）中华民族伟大复兴道路不会一帆风顺

随着新兴市场国家和我国的快速发展，国际力量对比正在发生近代以来最具革命性的发展变化，全球治理体系和国际秩序变革加速推进，当今世界正在经历前所未有的大变局，中华民族伟大复兴决不会一帆风顺。

> **原声再现**
>
> 中华民族伟大复兴，绝不是轻轻松松、敲锣打鼓就能实现的。全党必须准备付出更为艰巨、更为艰苦的努力。
> ——2017 年 10 月 18 日习近平总书记在中国共产党第十九次全国代表大会上的报告

一是国际战略格局正在发生重大变化，大国关系进入全方位角力新阶段。过去几百年，国际力量格局的几次重大变化都发生在西方内部，而近些年，新兴市场国家和发展中大国力量显著上升，导致国际力量加快分化组合，对西方在国际格局中的地位产生重大冲击，大国谋求国际格局新地位的角力呈现新态势。二是全球治理体系正在发生重大变化，国际治理话语权争夺进入新阶段。随着新兴市场国家和广大发展中国家的快速发展，国际关系民主化正在成为一种必然趋势，过去由几个西方国家凑在一起来决定世界大事的时代一去不复返了，全球治理正在从过去列强通过战争、殖民、划分势力范围等方式争夺利益和霸权，向各国通过民主协商制定国际规则、协调重大关系和利益的方式演进，建立更为公平合理的国际规则和国际秩序是一种必然，这将使得全球治理中的话语权之争更为激烈。三是全球地缘政治棋局发生重大变化，亚太地区成为大国战略竞争和博弈的焦点。过去的数百年间，全球地缘政治争夺聚焦在西欧、东欧、中东地区，近年来，以美国"亚太再平衡"战略为标志，世界经济和战略重心向亚太地区转移，使这一地区安全的不稳定因素急剧上升。四是综合国力竞争发生重大变化，世界走向充满变数。世界范围内的新一轮科技革命、产业革命、军事革命加速推进，综合国力竞争在经济、科技、军事等领域全面而激烈地展开。同时，正在形成中的全球产业链、价值链正受到"美国优先"的猛烈冲击，使世界发展进程走向充满新的变数。应当说，世界的发展是中国发展的条件，中国的发展是世界各国发展的机遇。然而，出于对保持与扩张利益优势和规则霸权的焦虑，西方历史学家、政治家发明了所谓的"国强必霸"的历史逻辑，总结出所谓的"修昔底德陷阱"的战争规律，为他们打压与遏制改变世界格局的新生力量制造战争借口。可以想见，在中华民族实现伟大复兴的过程中，遭遇到以美国为首的西方国家的打压和遏制是必然的。

> **小贴士**
>
> "修昔底德陷阱"：指一个新崛起的大国必然要挑战现存大国，而现存大国也必然会回应这种威胁，这样战争便变得不可避免。此说法源自古希腊著名历史学家修昔底德，他认为，当一个崛起的大国与既有的统治霸主竞争时，双方面临的危险多数以战争告终。

世界新一轮大发展大变革大调整，也使我国安全形势在两个方面正发生新的深刻变化。其一，我国作为一个社会主义大国，一直是以美国为首的西方国家意识形态斗争的主要对象，承受着西方意识形态斗争的巨大压力。改革开放以来，西方国家企图通过鼓励中国改革开放，引导中国放弃社会主义制度。为此，它们精心设计"政治转基因"战略，以各种方式展开对我国社会主义的意识形态攻势，直接或间接通过国内代理人虚化马克思主义信仰、颠覆传统历史结论、抹黑革命英雄人物、丑化党的领袖形象等，试图全面消解社会主义核心价值观，离间党和人民群众的关系。然而，数十年过去了，它们并没有完全如愿以偿，甚至如有的西方学者指出的，美国对中国"越来越失去耐心"。这种意识形态斗争的挫败感会转化为对中国经济、政治、军事的更大压力。其二，当今西方政治家念念不忘"国强必霸"的历史符咒,恪守"零和游戏"的市场信条,将我国的快速发展视为对西方世界的挑战,他们的焦虑感不断上升,对我国的戒备和防范心理日益加重,我国正在成为守成大国军事施压的主要对象,承受的安全压力空前加大。可见,中国在由大向强、成为世界一流大国的道路上,要想坚守国家安全的底线,必须建设一支世界一流的人民军队。

"辽宁"号航空母舰

(三)和平必须以强大实力为后盾

党的十九大第一次对我军建设目标进行了世界定位:"党在新时代的强军目标是建设一支听党指挥、能打胜仗、作风优良的人民军队,把人民军队建设成为世界一流军队。"所谓"世界一流军队",含义大体有三:一是军队的总体实力进入世界军事强国的第一方阵;二是任何强敌都不敢轻易对这支军队动武;三是如果有人敢于把战争强加于我们,人民军队必须能够决战决胜。所谓"全面建成世界一流",就是陆军、海军、空军、火箭军和战略支援部队各军种的力量编成、武器装备、人员素质、战斗力水平以及军事理论、组织形态、指挥体系、后勤保障等都要达到世界一流水平。

建设世界一流军队，既是实现中华民族伟大复兴的客观要求，也是实现世界和平的客观要求，是对战争与和平辩证法的自觉运用。毛泽东指出："我们是战争消灭论者，我们是不要战争的；但是只能经过战争去消灭战争，不要枪杆子必须拿起枪杆子。"习近平主席在此基础上，鲜明提出了如何防止和遏制战争的思想，他说："历史经验表明，和平必须以强大实力为后盾，有打赢能力才能有力遏制战争，才能确保和平。"并全面地概括出马克思主义战争与和平的辩证法："能战方能止战，准备打才可能不必打，越不能打越可能挨打，这就是战争与和平的辩证法。"这一思想为我们认识新的时代条件下的战争问题提供了方法论指导，是对马克思主义战争观的丰富和发展。

原声再现 🔊

> 实现中华民族伟大复兴，是中华民族近代以来最伟大的梦想。可以说，这个梦想是强国梦，对军队来说，也是强军梦。我们要实现中华民族伟大复兴，必须坚持富国和强军相统一，努力建设巩固国防和强大军队。
>
> ——2012年12月8日和10日习近平主席在广州战区考察工作时的讲话

能战方能止战。以强胜弱是克敌制胜的一般规律，尤其是对一个长期执政的党、对国家治理者来说，必须把以强胜弱、以优胜劣、以高胜低作为指导国防和军队建设的基点，不能有任何侥幸。当中国共产党处于弱小状态时，毛泽东强调"以弱胜强"，这是自觉顺应了"革命战争的规律"。

革命战争是被统治者革统治者的命，也是弱者革强者的命，但它是正义者革非正义者的命，因此，革命战争必然得到正义力量的同情和广大人民群众的支持。这样就能实现由弱变强，以正义的力量、人民的力量与革命军队的力量一起，共同战胜反动力量。恩格斯曾经指出："一个想争取自身独立的民族，不应该仅限于用一般的作战方法。群众起义，革命战争，到处组织游击队——这才是小民族制胜大民族，不够强大的军队抵抗比较强大和组织良好的军队的唯一方法。"[1] 即便如此，弱者战胜强者的任务是艰巨的、代价是惨重的、过程是漫长的。当无产阶级上升为统治阶级后，以强胜弱必须成为战争指导的基本原则。

准备打才可能不必打。人间万事，皆是"有备无患"。英国首相丘吉尔也曾向国会游说：如果我们准备了战争而战争没有爆发，我们损失的只是黄金，而如果我们没有准备战争却爆发了，我们将失去整个大英帝国。中国传统军事思想所要求的最高境界是"不战而屈人之兵"。军队有两种价值实现形式：一是"战"的价值，通过战争实现和平；二是"在"的价值，通过建设强大军队产生威慑，让任何对手不敢对我发动战争。古人为了强调军队价值实现的特殊性，总用"养兵千日，用兵一时"来告诫人们建设军队的重要性。其实，千日养兵千日用，一日无兵战祸来。

越不能打越可能挨打。在一个弱肉强食的世界上，"落后就要挨打"是近代中国历史的惨痛启示。实现国家安全是多方面、多因素力量共同作用的结果，但军事力量是国家安全的保底手段。当一个国家不具备军事这一保底手段时，战争迟早要降临到自己的头上。

> **小贴士**
>
> "四有"新一代革命军人：有灵魂、有本事、有血性、有品德的新一代革命军人。

---

[1]《马克思恩格斯全集》第 6 卷，人民出版社 1961 年版，第 461 页。

二、把人民军队建成世界一流军队的科学指南

人民军队之所以不断发展壮大，关键在于始终坚持先进军事理论的指导。党的十九大将习近平强军思想作为习近平新时代中国特色社会主义思想的重要组成部分，确立这一思想在国防和军队建设中的指导地位。习近平强军思想的创立和指导地位的确立，开拓了马克思主义军事理论和当代中国军事实践发展的新境界，丰富和发展了党的军事指导理论，为新时代推进强军事业提供了行动指南。

（一）习近平强军思想的重大里程碑意义

习近平强军思想，明确了新时代国防和军队建设一系列根本性方向性的重大问题，是习近平新时代中国特色社会主义思想的"军事篇"，是马克思主义军事理论中国化时代化的新飞跃，是党的军事指导理论的重大突破、重大创新、重大发展，对我们党治国理政强军实践具有重大政治意义、理论意义、实践意义。

第一，树立了新时代维护核心、听党指挥的政治标尺。习近平主席多次强调，"要坚持从政治上把握部队建设"[1]，"确保党对军队绝对领导，确保全军在任何时候任何情况下都坚决维护党中央权威、坚决听从党中央和中央军委指挥"[2]。维护核心、听党指挥，最内在最根本的是自觉向党中央看齐，向习近平主席看齐，向党的基本理论、基本路线、基本方略看齐。习近平强军思想，集中体现了党的意志主张，反映了党和人民对我军的时代要求，指明了军队建设要坚定正确的政治方向；从新时代坚持和发展中国特色社会主义基本方略的高度，突出强调坚持党对人民军队的绝对领导，要求我军坚决维护党中央权威和集中统一领导，坚决维护和贯彻军

---

[1]《习近平论强军兴军（团以上领导干部使用）》，解放军出版社2017年版，第576页。
[2]《习近平论强军兴军（团以上领导干部使用）》，解放军出版社2017年版，第576页。

委主席负责制,揭示了人民军队从胜利走向胜利的根本力量所在;始终坚持从政治上建设和把握军队,以党的政治建设为统领全面加强军队党的建设,确立了新时代政治建军的大方略,为我们提升政治站位、增强政治能力提供了根本遵循。新时代,军队以党的旗帜为旗帜、以党的方向为方向、以党的意志为意志,必须坚持用习近平强军思想统一思想、统一步调,坚定维护习近平主席在党中央和全党的核心地位,更加自觉地对党忠诚、听党指挥。

第二,开拓了马克思主义军事理论和当代中国军事实践发展的新境界。坚持用鲜活的马克思主义军事理论指导实践,是我们党建军治军的一条根本经验。面对世情国情军情的深刻变化,面对强国强军的时代要求,习近平强军思想作出一系列新的重大判断、新的理论概括、新的战略安排,指出世界正发生前所未有之大变局、我国正处于由大向强发展的关键阶段、我军正经历着一场革命性变革,强调国防和军队建设进入了新时代;阐明新时代军队使命任务和强军的奋斗目标、建设布局、战略指导、必由之路、强大动力、治军方式、发展路径等重大问题,把我们党对军事力量建设和运用规律的认识提高到新水平。习近平强军思想把全面推进国防和军队现代化纳入强国复兴大战略、大布局,擘画了未来几十年我军建设发展的蓝图,为我们走好新的长征路确立了行动纲领。这些理论上的重大突破、重大创新、重大发展,为丰富和发展马克思主义军事理论作出原创性贡献,开拓了当代中国马克思主义军事理论和军事实践发展的新境界。

第三,提供了阔步迈向中国特色强军之路的根本指导。习近平主席以巨大政治勇气和强烈责任担当,带领全军重振政治纲纪,坚定不移推进政治整训,有效解决了弱化党对军队绝对领导的突出问题;重塑组织形态,大刀阔斧全面深化改革,有效解决了制约我军建设的体制结构突出问题;重整斗争格局,坚定捍卫国家核心利益,有效解决了军事力量运用方面的突出问题;重构建设布局,创新发展理念和方式,有效解决了我军建设实战不够、质量效益不高的突出问题;重树作风形象,强力推进正风肃纪反腐，有效解决了不正之风和腐败现象滋生蔓延的突出问题。党的十八大以来，强军事业取得历史性成就、发生历史性变革，根本在于习近平主席的坚强领导，在于习近平强军思想的科学指引。只有全面贯彻习近平强军思想，我军才能跟上全面建设社会主义现代化强国进程，在世界新军事革命浪潮中勇立潮头、赢得战略主动，朝着世界一流军队扎实迈进。

（二）习近平强军思想的理论主题和科学内涵

习近平强军思想，立论于马克思主义基本原理，立足于新时代国防和军队鲜活实践，紧紧围绕推进新时代强军事业，着眼回答解决新时代建设一支什么样的强大人民军队、怎样建设强大人民军队等基本问题，提出了一系列富有前瞻性、指导性的重大理论观点，构成一个系统完整、逻辑严密、相互贯通的科学军事理论体系。

第一，习近平强军思想的理论主题。习近平强军思想始终牢牢把握"强军兴军"这一主题，着眼统筹发展和安全两件大事，统筹经济建设和国防建设两大领域，统筹国际和国内两个大局，统筹军队和地方两大部门，涵盖战争指导、建军治军和改革创新等各个方面，打通建设、指挥、管理、监督等链条，是一块成型的"理论整钢"，全面系统地反映了习近平主席对"强军强什么、怎么样强军"的深邃思考。强军之"强"的本质内涵，与中国特色社会主义进入新时代、中华民族迎来从富起来到强起来的伟大飞跃是一致的，与国防和军队建设也进入新时代、我军从大国军队到强国军队的历史性飞跃是一致的。

第二，习近平强军思想的主体内容。主要包括强军使命、强军目标、强军之魂、强军之要、强军之基、强军布局、强军关键、强军动力、强军保障和强军路径，即"十个明确"：（1）明确强国必须强军，巩固国防和强大人民军队是新时代坚持和发展中国特色社会主义、实现中华民族伟大复兴的战略支撑；（2）明确党在新时代的强军目标是建设一支听党指挥、能打胜仗、作风优良的人民军队，必须同国家现代化进程相一致，力争到 2035 年基本实现国防和军队现代化，到本世纪中叶把人民军队全面建成世界一流军队；（3）明确党对军队绝对领导是人民军队建军之本、强军之魂，必须全面贯彻党领导军队的一系列根本原则和制度，确保部队绝对忠诚、绝对纯洁、绝对可靠；（4）明确军队是要准备打仗的，必须聚焦能打仗、打胜仗，创新发展军事战略指导，构建中国特色现代作战体系，全面提高新时代备战打仗能力，有效塑造态势、管控危机、遏制战争、打赢战争；（5）明确作风优良是我军鲜明特色和政治优势，必须加强作风建设、纪律建设，坚定不移正风肃纪、反腐惩恶，大力弘扬我党我军光荣传统和优良作风，永葆人民军队性质、宗旨、本色；（6）明确推进强军事业必须坚持政治建军、改革强军、科技兴军、依法治军，更加注重聚焦实战、更加注重创新驱动、更加注重体系建设、更加注重集约高效、更加注重军民融合，全面提高革命化现代化正规化水平；（7）明确改革是强军的必由之路，必须推进军队组织形态现代化，构建中国特色现代军事力量体系，完善中国特色社会主义军事政策制度体系；（8）明确创新是引领发展的第一动力，必须坚持向科技创新要战斗力，统筹推进军事理论、技术、组织、管理、文化等各方面创新，建设创新型人民军队；（9）明确现代化军队必须构建中国特色军事法治体系，推动治军方式根本性转变，提高国防和军队建设法治化水平；（10）明确军民融合发展是兴国之举、强军之策，必须坚持发展和安全兼顾、富国和强军统一，形成全要素、多领域、高效益军民融合深度发展格局，构建一体化的国家战略体系和能力。

第三，习近平强军思想闪耀的马克思主义立场观点方法。习近平强军思想蕴含着马克思主义世界观方法论，闪耀着辩证唯物主义和历史唯物主义的真理光芒，体现了习近平主席的领袖风范和人格魅力，是我们党新时代建军治军的先进理念、指导原则、高超艺术，为强军制胜提供了科学的思想方法和工作方法。一是军事服从政治的战略智慧。"凡战法必本于政胜。"习近平强军思想，把握政治、经济、外交与军事之间日益增强的相关性整体性，始终从实现民族复兴大目标认识和筹划战争问题，从党和国家事业发展全局出发统筹推进国防和军队建设，着眼国家政治外交大局和国家安全战略全局筹划指导军事行动。这是对马克思主义战争观军事观的丰富发展，贯穿着军事服从政治、战略服从政略的大逻辑，为打好政治军事仗、军事政治仗提供了根本指导。二是勇于破解矛盾的问题导向。抓住关节点、奔着问题去，是矛盾论的时代运用。习近平主席在领导强军实践中，坚持直面问题、勇于变革、攻坚克难，从纠治"四风"、开展"四个整顿"到全面彻底肃清郭伯雄、徐才厚流毒影响，从解决军事斗争准备短板弱项到向"和平积习"开刀，从突破思想观念障碍、利益固化藩篱到坚决突破各方面体制机制弊端，从解决治党治军"宽松软""权力任性"到推动治军方式根本性转变等，有效解决了制约我军建设和发展的深层次矛盾问题。这些都体现了拨乱反正、正本清源的问题意识和问题思维，为我们找准工作突破口、开拓事业新局面提供了科学方法。三是防范风险挑战的忧患意识。"备豫不虞，为国常道"。面对波谲云诡的国际形势、复杂敏感的周边环境、艰巨繁重的斗争任务，习近平主席郑重告诫全党全军，必须居安思危、知危图安，时刻准备进行具有许多新的历史特点的伟大斗争，保持"三个高度警惕"，重点防控可能迟滞或中断中华民族伟大复兴进程的全局性风险。每次重要会议、每临重大事件，习近平主席总是高度重视分析面临的风险挑战，深入研判国家安全威胁，既高度警惕"黑天鹅"事件，又防范"灰犀牛"事件；既预置防范风险的先手，又提出应对和化解风险挑战的高招；既注重打好防范和抵御风险的有准备之战，又注重打好化险为夷、转危为机的战略主动战。这对于我们强化如履薄冰的谨慎、居安思危的忧患，应对重大挑战、抵御重大风险、克服重大阻力、解决重大矛盾，杜绝出现战略性、颠覆性错误，提供了方法论指导。四是主动谋势造势的进取品格。良好战略环境是要争取的，不可能坐等天下太平。习近平主席坚持和发展我们党的积极防御战略思想，充分发挥军事力量的战略功能，营造于我有利的战略态势。军事战略指导实现与时俱进，增强了进取性和主动性，赋予了积极防御战略思想新的内涵。积极开展钓鱼岛维权斗争，划设东海防空识别区，组织海空力量出岛链常态巡航，实施海外护航撤侨行动，加强边境管控、反恐维稳等，这些都坚持以防御为根本、在"积极"二字上做文章，体现了超前谋划、主动作为的战略进取观，体现了坚守底线又敢于亮剑的斗争艺术。五是求实务实落实的领导作风。习近平主席反复强调并身体力行实干兴邦、实干兴军，号召撸起袖子加油干；厉行"三严三实"，真抓实干、埋头苦干，多干打基础、利长远的工作；调查研究"身入"更要"心至"，把功夫下到查实情、出实招、办实事、求实效上；强化落实意识，增强落实本领，对部署的任务要雷厉风行，不能拖拖拉拉；坚持一张蓝图干到底，以踏石留印、抓铁有痕和钉钉子精神做实做细做好各项工作。六是锐意开拓奋进的创新精神。习近平主席把改革创新作为军队建设发展的根本动力，强调身子转过来了，脑子也要转过来，主动来一场思想革命、头脑风暴，从一切不合时宜的思维定势、固有模式、路径依赖中解放出来；号召把改革进行到底，推动人民军队从领导体制到工作机制、从战斗力到精气神、从思想作风到工作作风等发生脱胎换骨式的变化；决策实施科技创新战略，构建军民融合科技创新体制，设立国防科技创新特区，国防科技和武器装备建设加快由跟跑并跑向并跑领跑转变。

三、全面落实国防和军队现代化建设的目标任务

在强军兴军的新征程中，要把党的十九大描绘的强军蓝图化为现实，必须深入学习贯彻习近平强军思想，使这一最新军事指导理论在官兵头脑中深深扎根，在部队各项建设中全面落地。

一是坚持用习近平强军思想武装全军官兵。要加强理想信念教育，深化理论武装，引导官兵立根固本，打牢"四个自信"的思想政治基础。要按照习近平主席"走在前列""关键要实"的要求，把学习贯彻习近平新

时代中国特色社会主义思想作为重大政治任务,突出学好习近平强军思想,务求在统一思想、凝聚力量上取得实效,在认清使命、强化担当上取得实效,在推动工作、见诸行动上取得实效,切实学懂弄通做实。贯彻党中央开展"不忘初心、牢记使命"主题教育的部署,在全军开展"传承红色基因、担当强军重任"主题教育,引导官兵更加坚定自觉地维护核心,坚决听习主席指挥、对习主席负责、让习主席放心。坚持把改造学习、整顿学风贯穿学习教育全过程,大力弘扬马克思主义学风,坚持理论联系实际,坚持学用一致,坚持领导带头,纠治空泛表态、表面文章、学用脱节、严下不严上等问题,立起真学实做的好样子,学出坚定信仰,学出绝对忠诚,学出使命担当。

二是扎实推进以备战打仗为核心的军事斗争准备。习近平主席多次指出,"军队首先是一个战斗队,是为打仗而存在的"[1],"我军讲新气象新作为,归根到底要看练兵备战这一条"[2]。有效履行新时代使命任务,必须把能打仗、打胜仗作为推进军事斗争准备的出发点和落脚点,全部心思向打仗聚焦、各项工作向打仗用劲。要强化练兵备战鲜明导向,摆正工作重心,紧密结合当前所面临的形势任务和工作实际,着眼打赢信息化战争需要,扎实做好各方向各领域军事斗争准备,做到一切工作向能打仗、打胜仗聚焦,确保部队召之即来、来之能战、战之必胜。坚定不移把军事训练摆在战略位置、作为中心工作,大抓实战化军事训练,开展群众性练兵比武活动,坚决贯彻战训一致原则,构建新型军事训练体系,坚持实战实训、联战联训,坚持以训促战、训用结合,牢牢掌握能打仗、打胜仗的过硬本领。对"和平积习"来一个大起底、大扫除,下决心把那些背离打仗要求的繁文缛节、惯性做法清除掉,牢固确立当兵打仗、练兵打仗思想,砥砺"一不怕苦、二不怕死"的血性胆气,使战斗力标准真正回归本真,

---

[1]《习近平论强军兴军(团以上领导干部使用)》,解放军出版社2017年版,第576页。
[2]《全面推进军民融合深度发展 奋力开创新时代强军兴军新局面》,载《解放军报》2018年3月13日第6版。

成为检验各项工作成效的标尺。

三是整体推进政治建军、改革强军、科技兴军、依法治军战略举措。立足新时代新使命，习近平主席提出"政治建军、改革强军、科技兴军、依法治军"的四位一体强军方略和战略布局。这一战略布局，是实现强军目标、建设世界一流军队的战略擘画。政治建军是立军之本，必须坚持党对军队绝对领导，加强和改进新形势下我军政治工作，最要紧的是把理想信念、党性原则、战斗力标准、政治工作威信四个带根本性的东西立起来；改革是强军必由之路，必须着力解决制约国防和军队建设的体制性障碍、结构性矛盾、政策性问题，建设强大的现代化陆军、海军、空军、火箭军和战略支援部队，建设绝对忠诚、善谋打仗、指挥高效、敢打必胜的联合作战指挥机构，构建中国特色现代军事力量体系，完善和发展中国特色社会主义军事制度；科技创新是核心驱动，必须坚持自主创新的战略基点，提高科技创新对军队建设和战斗力的贡献率，建设创新型人民军队；依法治军是强军之基，必须强化全军法治信仰和法治思维，构建中国特色军事法治体系，按照法治要求转变治军方式。贯彻"五个更加注重"战略指导，必须强化作战需求牵引，提高军队建设实战水平；下大气力抓理论创新、抓科技创新、抓科学管理、抓人才集聚、抓实践创新，靠改革创新实现新跨越；坚持成体系筹划和推进军事力量建设，全面提高我军体系作战能力；坚持以效能为核心、以精确为导向，提高国防和军队发展精准度；深入实施军民深度融合发展战略，加快把军队建设融入经济社会发展体系，实现国防和军队建设更高质量、更高效益、更可持续的发展。

四是统筹推进国防和军队现代化的战略安排。在党的十九大报告中，习近平主席指出，国防和军队建设必须同国家现代化进程相一致，"力争到2035年基本实现国防和军队现代化，到本世纪中叶把人民军队全面建成世界一流军队"[1]。这是适应世界新军事革命发展趋势和国家安全需求，

---

[1] 习近平：《决胜全面建成小康社会 夺取新时代中国特色社会主义伟大胜利——习近平总书记在中国共产党第十九次全国代表大会上的报告》，人民出版社2017年版，第53页。

资料链接

一个现代化国家必然是法治国家,一支现代化军队必然是法治军队。深入推进依法治军、从严治军,是全面推进依法治国总体布局的重要组成部分,是实现强军目标的必然要求。国家要依法治国,军队要依法治军。必须创新发展依法治军理论和实践,着力构建系统完备、严密高效的军事法规制度体系、军事法治实施体系、军事法治监督体系、军事法治保障体系,提高国防和军队建设法治化水平,为推进强军事业提供重要引领和保障。

——《习近平总书记系列重要讲话读本》(2016年版),学习出版社、人民出版社2016年版,第258—259页

对我军建设目标作出的新概括新定位,内在要求建设绝对忠诚、善谋打仗、指挥高效、敢打必胜的联合作战指挥机构,完善"需求——规划——预算——执行——评估"的战略管理链路,构建能够打赢信息化战争、有效履行使命任务的现代军事力量体系,加强军队院校教育、部队训练实践、军事职业教育"三位一体"新型军事人才培养体系建设,提高武器装备质量和体系结构科学化水平,建立健全中国特色社会主义军事政策制度体系,不断提高我军现代化水平和实战能力。

原声再现

当前和今后一个时期是军民融合的战略机遇期,也是军民融合由初步融合向深度融合过渡、进而实现跨越发展的关键期。各有关方面一定要抓住机遇,开拓思路,在"统"字上下功夫,在"融"字上做文章,在"新"字上求突破,在"深"字上见实效,把军民融合搞得更好一些、更快一些。

——2017年6月20日习近平主席在中央军民融合发展委员会第一次全体会议上的讲话

五是加紧推进军民深度融合的国家战略。把军民融合发展上升为国家战略，是我们党长期探索经济建设和国防建设协调发展规律的重大成果，是习近平主席从国家发展和安全全局出发作出的重大决策，是应对复杂安全威胁、赢得国家战略优势的重大举措。坚持国家主导、需求牵引、市场运作相统一，探索建立军地协调、需求对接、资源共享机制，加快形成全要素、多领域、高效益的军民融合深度发展格局，丰富融合形式、拓展融合范围、提升融合层次。着眼经济实力和国防实力同步增长，强化统一领导、顶层设计、改革创新和重大项目落实，同步推进体制和机制改革、体系和要素融合、制度和标准建设。着力解决制约军民融合发展的体制性障碍、结构性矛盾、政策性问题，努力形成统一领导、军地协调、市场运作相统一的工作运行体系，系统完备、衔接配套、有效激励的政策制度体系。逐步实现国家各领域战略布局一体融合、战略资源一体整合、战略力量一体运用，努力开创经济建设和国防建设协调发展、平衡发展、兼容发展新局面。

第十六章

推动构建人类命运共同体

推动构建人类命运共同体,是习近平总书记着眼人类命运前途和世界各国共同发展提出来的着重解决"建设一个什么样的世界、怎样建设这个世界"的中国理念和中国方案,是习近平新时代中国特色社会主义外交思想的重要内容。党的十八大以来,习近平总书记在多个国际场合倡导构建人类命运共同体,受到国际社会的高度评价和热烈欢迎,已被多次写入联合国文件,成为中国引领时代潮流和人类文明进步方向的鲜明旗帜。

一、对世界向何处去的科学解答

（一）人类生活在同一个地球村里

纵观世界文明史，人类先后经历了农业革命、工业革命、信息革命。每一次产业技术革命，都给人类生产生活带来巨大而深刻的影响。近代以来，工程科技更直接地把科学发现同产业发展联系在一起，成为经济社会发展的主要驱动力。每一次产业革命都同技术革命密不可分。18世纪，蒸汽机引发了第一次产业革命，导致了从手工劳动向动力机器生产转变的重大飞跃，使人类进入了机械化时代。19世纪末至20世纪上半叶，电机和化工引发了第二次产业革命，使人类进入了电气化时代，极大提高了社会生产力和人类生活水平，缩小了国与国、地区与地区、人与人的空间和时间距离，地球变成了一个"村庄"。20世纪下半叶，信息技术引发了第三次产业革命，使社会生产和消费从工业化向自动化、智能化转变，社会生产力再次大提高，劳动生产率再次大飞跃。科技的每一次重大突破，都会催发社会生产力的深刻变革，都会推动人类文明迈向新的更高的台阶。当今时代，以人工智能为核心的新一轮科技革命正在兴起，互联网日益成为创新驱动发展的先导力量，深刻改变着人们的生产生活，有力推动着社会发展。

世界日益成为一个地球村，各国经济社会发展日益相互联系、相互影响，推进互联互通、加快融合发展成为促进世界各国共同繁荣发展的必然选择。人类只有一个地球，各国共处一个世界。共同发展是持续发展的重要基础，符合各国人民长远利益和根本利益。习近平总书记指出："这个世界，各国相互联系、相互依存的程度空前加深，人类生活在同一个地球村里，生活在历史和现实交汇的同一个时空里，越来越成为你中有我、我中有你的命运共同体。"中国人民和各国人民休戚与共，中国人民的梦和各国人民的梦紧紧相连。在经济全球化的今天，没有与世隔绝的孤岛。同为地球村居民，要树立人类命运共同体意识，顺应时代潮流，把握正确方向，坚持同舟共济，在实现各自梦想的过程中相互理解、相互帮助，努力把人类赖以生存的地球建设成为共同的美好家园。

> **原声再现** 🔊
>
> 中国古人说："善学者尽其理，善行者究其难。"构建人类命运共同体是一个美好的目标，也是一个需要一代又一代人接力跑才能实现的目标。中国愿同广大成员国、国际组织和机构一道，共同推进构建人类命运共同体的伟大进程。
>
> ——2017年1月18日习近平主席在联合国日内瓦总部的演讲

（二）世界处在大发展大变革大调整时期

新世纪以来，一大批新兴市场国家和发展中国家快速发展，世界多极化加速发展，国际格局日趋均衡，国际潮流大势不可逆转，和平、发展、合作、共赢成为时代主流。从历史维度看，人类正处在大发展大变革大调整时期。世界多极化、经济全球化深入发展，社会信息化、文化多样化持续推进，全球思想文化交流、交融、交锋呈现新特点，各种思想文化相互激荡，全球治理体系和国际秩序变革加速推进，和平发展的大势日益强劲，变革创新的步伐持续向前。新一轮科技革命和产业革命正在孕育成长，新的增长动能不断积聚，各国利益深度融合，各国相互关联、相互依存程度之深前所未有，全球命运与共、休戚相关。国际力量对比更趋平衡，和平力量的上升远远超过战争因素的增长，和平发展大势不可逆转。各国之间的联系从来没有像今天这样紧密，世界人民对美好生活的向往从来没有像今天这样强烈，人类战胜困难的手段从来没有像今天这样丰富。

经济全球化、社会信息化极大解放和发展了社会生产力，既创造了前所未有的发展机遇，也带来了需要认真对待的新威胁新挑战。国际金融危机深层次影响继续显现，形形色色的保护主义明显升温，地区热点此起彼伏，霸权主义、强权政治和新干涉主义有所上升，军备竞争、恐怖主义、网络安全等传统安全威胁和非传统安全威胁相互交织。能源安全、粮食安全、网络安全、生态安全、生物安全、国防安全等风险压力不断增加。粮食不足、资源短缺、能源紧张、环境污染、气候异常、人口膨胀、疾病流行、经济危机等诸多全球性难题，对人类生存和发展构成严峻挑战。

随着世界多极化、经济全球化、社会信息化不断发展，各国利益交融、兴衰相伴、安危与共。面对复杂多变的国际形势和严峻突出的全球性问题，各国都在探讨应对之策，也提出很多很好的发展战略和合作倡议。但是，仅凭单个国家的力量难以独善其身，也无法解决世界面临的问题。各国人民需要加强友好交流，携手合作，同舟共济，各国应该坚持互尊互信，在涉及彼此核心利益和重大关切的问题上，在探索符合各自国情发展道路的努力中，继续相互理解、相互支持。只有对接各国政策，在全球更大范围内整合经济要素和发展资源，才能形成合力，促进世界和平安宁和共同发展。

 资料链接

> 我们要坚持合作共赢，推动建立以合作共赢为核心的新型国际关系，坚持互利共赢的开放战略，坚持正确义利观，坚持不干涉别国内政原则，坚持尊重各国人民自主选择的发展道路和社会制度，坚持通过对话协商以和平方式解决国家间的分歧和争端，反对动辄诉诸武力或以武力相威胁。
> ——《习近平总书记系列重要讲话读本》(2016年版)，学习出版社、人民出版社2016年版，第273页
>
> 各国应该共同推动建立以合作共赢为核心的新型国际关系，各国人民应该一起来维护世界和平、促进共同发展。
> ——《习近平总书记系列重要讲话读本》(2016年版)，学习出版社、人民出版社2016年版，第261页

（三）中国共产党始终坚持为人类作出新的更大的贡献

中国共产党是为中国人民谋幸福的政党，也是为人类进步事业而奋斗的政党。习近平总书记反复强调中国共产党要把为人类作出新的更大的贡献作为使命担当。中国用了40年时间，使经济总量跃居世界第二，近14亿人摆脱了物质短缺，总体达到小康水平。这不仅是中国人民生活的巨大变化，也是人类文明的巨大进步，更是中国对世界和平与发展事业的重要贡献。当前，中国经济增长对全球经济增长的贡献率接近30%。中国正在加快推进新型工业化、信息化、城镇化、农业现代化，发展资本市场，提高开放型经济水平，中国的进口和出口、引进外资和对外投资将更加均衡。这些重大工作和重大成就，提高了中国参与全球治理的能力和水平，为世界和平与发展作出了新的重大贡献。新时代，中国日益走近世界舞台中央，不断为人类作出更大贡献。新时代，中国共产党致力于拓展现代化的途径，给世界上那些既希望加快发展又希望保持自身独立性的国家和民族提供全新选择，为解决人类问题贡献中国智慧和中国方案。

世界需要中国智慧、中国理念、中国方案，中国也正在发挥着世界和平建设者、全球发展贡献者、国际秩序维护者的重要作用。习近平总书记要求我们"高举和平、发展、合作、共赢的旗帜，始终不渝走和平发展道路，始终不渝奉行互利共赢的开放战略，致力于同世界各国发展友好合作，履行应尽的国际责任和义务，继续同各国人民一道推进人类和平与发展的崇高事业"。新时代，中国共产党将始终坚持正确义利观，树立共同、综合、合作、可持续的新安全观，谋求开放创新、包容互惠的发展前景，促进和而不同、兼收并蓄的文明交流，深化在联合国、亚太经合组织、二十国集团等多边机制以及重大国际和地区问题、全球性挑战上的沟通和合作，致力于推进构建人类命运共同体，与国际社会一道，推动实现持久和平、共同繁荣的世界梦，为人类和平与发展的崇高事业作出新的更大的贡献！中国为人类文明作出过卓越贡献，在中国共产党的正确领导下，中国特色社会主义一定能为世界的和平与发展、人类的繁荣与进步作出新的更大贡献。

原声再现

实施共建"一带一路"倡议，发起创办亚洲基础设施投资银行，设立丝路基金，举办首届"一带一路"国际合作高峰论坛、亚太经合组织领导人非正式会议、二十国集团领导人杭州峰会、金砖国家领导人厦门会晤、亚信峰会。倡导构建人类命运共同体，促进全球治理体系变革。我国国际影响力、感召力、塑造力进一步提高，为世界和平与发展作出新的重大贡献。

——2017年10月18日习近平总书记在中国共产党第十九次全国代表大会上的报告

二、推动构建人类命运共同体的丰富内容

构建人类命运共同体思想的内容丰富。习近平总书记呼吁："各国人民同心协力，构建人类命运共同体，建设持久和平、普遍安全、共同繁荣、开放包容、清洁美丽的世界。"这反映了人类社会的共同价值追求，表达了世界各国人民向往和平、发展、繁荣的心声，指明了国际社会未来前进的方向，对中

国和平发展、世界繁荣进步都具有重大而深远的意义。

> **原声再现** 🔊
>
> 让人类命运共同体建设的阳光普照世界。
> ——2018年3月20日习近平总书记在第十三届全国人大一次会议闭幕会上的讲话中指出

（一）坚持对话协商，建设一个持久和平的世界

国家和，则世界安；国家斗，则世界乱。习近平总书记指出："对待国家间存在的分歧和争端，要坚持通过对话协商以和平方式解决，以对话增互信，以对话解纷争，以对话促安全，不能动辄诉诸武力或以武力相威胁。"中国主张以对话协商的方式凝聚共识，以互谅互让的精神处理分歧，以合作共赢的态度促进共同发展，以面向未来的眼光解决现实问题。中国坚持维护地区和平稳定，主张通过对话协商的方式解决问题。习近平总书记要求："国际社会应该倡导综合安全、共同安全、合作安全的理念，使我们的地球村成为共谋发展的大舞台，而不是相互角力的竞技场，更不能为一己之私把一个地区乃至世界搞乱。"各国交往频繁，磕磕碰碰在所难免。对待国家间存在的分歧和争端，要摒弃冷战思维、强权政治以及零和博弈的旧观念，应该善于管控矛盾和摩擦，以平等互信为基础，以互利共赢为原则，以对话协商为手段，以共同发展为目标，倡导共同、综合、合作、可持续安全的新理念，走对话而不对抗、结伴而不结盟的国与国交往新路，努力实现持久和平。

各国都有平等参与地区安全事务的权利，也都有维护地区安全的责任，各国要坚持不干涉别国内政原则，坚持尊重各国人民自主选择的发展道路

和社会制度，坚持通过对话协商和平解决分歧争端，共同应对恐怖主义、公共卫生、网络安全、气候变化等非传统安全问题和全球性挑战，建设命运共同体，走出一条共建、共享、共赢的安全新路，共同维护地区和世界和平稳定。

> **原声再现**
>
> 我们要坚持走和平发展道路，但决不能放弃我们的正当权益，决不能牺牲国家核心利益。任何外国不要指望我们会拿自己的核心利益做交易，不要指望我们会吞下损害我们主权、安全、发展利益的苦果。
>
> ——2013年1月28日习近平总书记在主持中共中央政治局第三次集体学习时强调

（二）坚持共建共享，建设一个普遍安全的世界

纵观人类文明发展进程，尽管千百年来人类一直期盼永久和平，但战争从未远离，人类始终面临着战火的威胁。古丝绸之路沿线地区曾经是"流淌着牛奶与蜂蜜的地方"，如今很多地方却成了冲突动荡和危机挑战的代名词。这种状况不能再持续下去。习近平总书记指出："世上没有绝对安全的世外桃源，一国的安全不能建立在别国的动荡之上，他国的威胁也可能成为本国的挑战。邻居出了问题，不能光想着扎好自家篱笆，而应该去帮一把。"各方要树立共同、综合、合作、可持续的安全观，营造共建共享的安全格局。"共商"就是沟通协商，充分尊重各国发展水平、经济结构、法律制度、营商环境和文化传统的差异。"共建"就是共同参与，深度对接有关国家和区域发展战略。"共享"就是实现互利共赢，充分调动各方面积极性。这三者相辅相成、密不可分，构成一个有机统一的整体。

坚持共商共建共享原则，遵循平等，追求互利，充分尊重各国差异，坚持具体问题具体分析，共同探讨符合各国国情的合作模式；加强经济、金融、贸易、投资等领域宏观政策协调，实现优势互补，协同并进；不断增强各参与方的获得感，寻找与沿线和世界各国的更多利益交汇点，以实实在在的合作成果充分调动各方面积极性。

> **原声再现** 🔊
>
> 　　中国秉持共商共建共享的全球治理观，倡导国际关系民主化，坚持国家不分大小、强弱、贫富一律平等，支持联合国发挥积极作用，支持扩大发展中国家在国际事务中的代表性和发言权。中国将继续发挥负责任大国作用，积极参与全球治理体系改革和建设，不断贡献中国智慧和力量。
>
> 　　——2017年10月18日习近平总书记在中国共产党第十九次全国代表大会上的报告

　　面对日益复杂化、综合化的安全威胁，单打独斗不行，迷信武力更不行。而应该着力化解热点，坚持政治解决；着力斡旋调解，坚持公道正义；着力推进反恐，标本兼治，消除贫困落后和社会不公。习近平总书记指出："在经济全球化时代，各国安全相互关联、彼此影响。没有一个国家能凭一己之力谋求自身绝对安全，也没有一个国家可以从别国的动荡中收获稳定。弱肉强食是丛林法则，不是国与国相处之道。穷兵黩武是霸道做法，只能搬起石头砸自己的脚。"国际社会要摒弃一切形式的冷战思维，树立共同、综合、合作、可持续安全的新观念，充分发挥联合国及其安理会在止战维和方面的核心作用，通过和平解决争端和强制性行动双轨并举，化干戈为玉帛，推动经济和社会领域的国际合作齐头并进，统筹应对传统和非传统安全威胁，防战争祸患于未然。

（三）坚持合作共赢，建设一个共同繁荣的世界

人类只有一个地球，各国共处一个世界。世界各国都要遵循平等互信、包容互鉴、合作共赢的原则，以合作取代对抗，以共赢取代独占，树立建设伙伴关系新思路，开创共同发展新前景，营造共享安全新局面。"合则强，孤则弱"。合作共赢应该成为各国处理国际事务的基本政策取向。只有合作共赢才能办大事、办好事、办长久之事。要摒弃零和游戏、你输我赢的旧思维，树立双赢、共赢的新理念，在追求自身利益时兼顾他方利益，在寻求自身发展时促进共同发展。合作共赢的理念不仅适用于经济领域，也适用于政治、安全、文化等广泛领域；不仅适用于地区国家之间，也适用于同域外国家开展合作。习近平总书记指出："发展是第一要务，适用于各国。各国要同舟共济，而不是以邻为壑。各国特别是主要经济体要加强宏观政策协调，兼顾当前和长远，着力解决深层次问题。要抓住新一轮科技革命和产业变革的历史性机遇，转变经济发展方式，坚持创新驱动，进一步发展社会生产力、释放社会创造力。要维护世界贸易组织规则，支持开放、透明、包容、非歧视性的多边贸易体制，构建开放型世界经济。"

中国不仅是合作共赢的倡导者，更是积极实践者。中国将坚持合作共赢的理念，坚定不移发展同世界各国的友好合作，坚持按照亲诚惠容的理念，深化同周边国家的互利合作，永远做发展中国家的可靠朋友和真诚伙伴。中国将坚定不移奉行互利共赢的开放战略，全面推进对外开放，发展开放型经济体系，努力为亚洲和世界发展带来新的机遇和空间。中国致力于把自身发展同世界其他国家的发展紧密联系起来，把中国人民利益同世界其他国家人民利益紧密结合起来，把中国发展机遇同世界其他国家发展机遇紧密融合起来，努力扩大各方共同利益汇合点，树立双赢、多赢、共赢新理念，摒弃你输我赢、赢者通吃的旧思维。坚持同舟共济、权责共担，携手应对气候变化、能源资源安全、网络安全、重大自然灾害等日益增多的全球性问题，共同呵护人类赖以生存的地球家园。

（四）坚持互学互鉴，建设一个开放包容的世界

文明是多彩的，人类文明因多样才有交流互鉴的价值；文明是平等的，人类文明因平等才有交流互鉴的前提；文明是包容的，人类文明因包容才有交流互鉴的动力。习近平总书记指出："人类文明多样性是世界的基本特征，也是人类进步的源泉。世界上有200多个国家和地区、2500多个民族、多种宗教。不同历史和国情，不同民族和习俗，孕育了不同文明，使世界更加丰富多彩。文明没有高下、优劣之分，只有特色、地域之别。文明差异不应该成为世界冲突的根源，而应该成为人类文明进步的动力。"要促进不同文明不同发展模式交流对话，在竞争比较中取长补短，在交流互鉴中共同发展，让文明交流互鉴成为增进各国人民友谊的桥梁、推动人类社会进步的动力、维护世界和平的纽带。

中华文明经历了5000多年的历史变迁，但始终一脉相承，积淀着中华民族最深层的精神追求，代表着中华民族独特的精神标识，为中华民族生生不息、发展壮大提供了丰厚滋养。中华文明是在中国大地上产生的文明，也是同其他文明不断交流互鉴而形成的文明。习近平总书记指出："每种文明都有其独特魅力和深厚底蕴，都是人类的精神瑰宝。不同文明要取长补短、共同进步，让文明交流互鉴成为推动人类社会进步的动力、维护世界和平的纽带。"

对待不同的文明，各国人民应尊重文明多样性，倡导交流互鉴，注重汲取不同国家、不同民族创造的优秀文明成果，取长补短，兼收并蓄，推动不同文明交流对话、和平共处、和谐共生，为人们提供精神支撑和心灵慰藉，携手解决人类共同面临的各种挑战。各种文明要通过推动跨国界、跨时空交流互鉴，促进各国人民相互理解、相互支持、相互帮助，使世界各国人民心灵中坚定和平理念、坚定共同发展理念，形成防止和反对战争、推动共同发展的强大力量。

（五）坚持绿色低碳，建设一个清洁美丽的世界

生态文明建设关乎人类未来，建设绿色家园是各国人民的共同梦想。20世纪，发生在西方国家的"世界八大公害事件"对生态环境和公众生活造成巨大影响。其中，洛杉矶光化学烟雾事件，先后导致近千人死亡、75%以上的市民患上红眼病。伦敦烟雾事件，1952年12月首次暴发的短短几天内，致死人数高达4000人，随后两个月内又有近8000人死于呼吸系统疾病，此后，1956年、1957年、1962年又连续发生多达12次严重的烟雾事件。日本水俣病事件，因工厂把含有甲基汞的废水直接排放到水俣湾中，人食用受污染的鱼和贝类后患上极为痛苦的汞中毒病，患者近千人，受威胁者多达2万人。人因自然而生，人与自然是一种共生关系，对自然的伤害最终会伤及人类自身。习近平总书记指出："人与自然共生共存，伤害自然最终将伤及人类。空气、水、土壤、蓝天等自然资源用之不觉、失之难续。工业化创造了前所未有的物质财富，也产生了难以弥补的生态创伤。"人类不能用破坏性方式搞发展，而应遵循天人合一、道法自然的理念，寻求永续发展之路。

习近平总书记指出："国际社会应该携手同行，共谋全球生态文明建设之路，牢固树立尊重自然、顺应自然、保护自然的意识，坚持走绿色、低碳、循环、可持续发展之路。"人类可以利用自然、改造自然，但归根结底是自然的一部分，必须呵护自然，不能凌驾于自然之上。人类要妥善解决好工业文明带来的矛盾，以人与自然和谐相处为目标，实现世界的可持续发展和人的全面发展。坚持生态优先、预防为主，坚决摒弃损害甚至破坏生态环境的发展模式和做法，决不能再以牺牲生态环境为代价换取一时一地的经济增长。保护生态环境，要更加注重促进形成绿色生产方式和消费方式。保住绿水青山要抓源头，形成内生动力机制，共同推进全球生态系统治理。要坚定不移走绿色低碳循环发展之路，构建绿色产业体系和空间格局，引导形成绿色生产方式和生活方式，促进人与自然和谐共生。

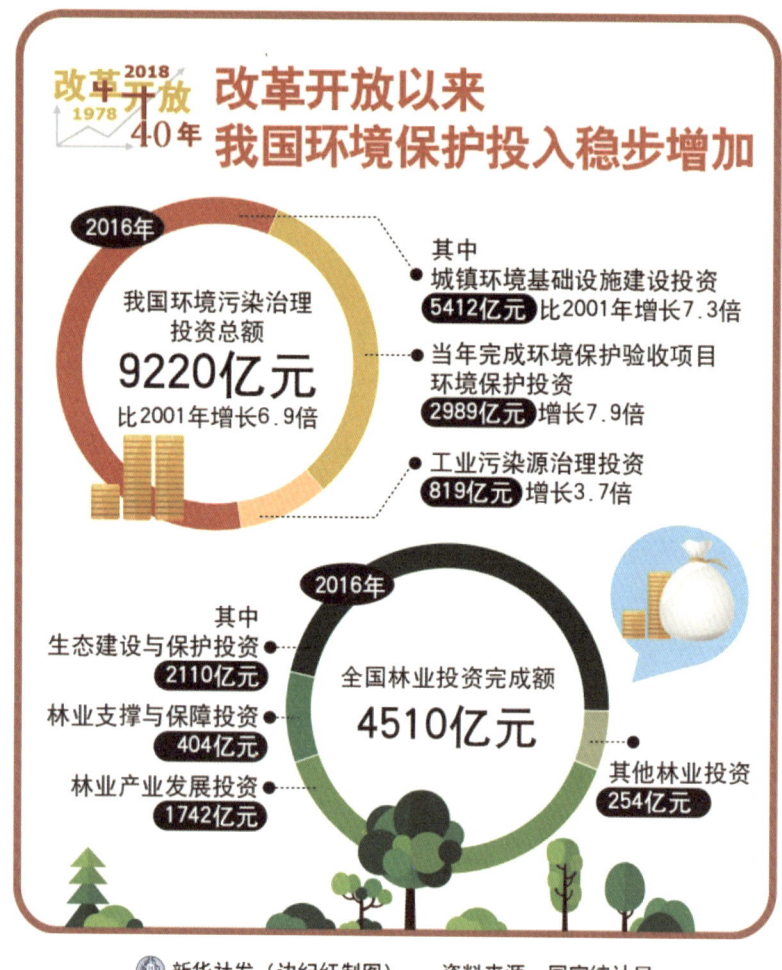

三、推动构建人类命运共同体的实践路径

习近平总书记指出:"我提出'一带一路'倡议,就是要实践人类命运共同体理念。"提出共建丝绸之路经济带和21世纪海上丝绸之路重大倡议,是习近平总书记深刻思考人类前途命运以及中国和世界发展大势,为推动构建人类命运共同体所作出的重大战略决策,推动了国

> **原声再现** 🔊
>
> 大道至简，实干为要。构建人类命运共同体，关键在行动。我认为，国际社会要从伙伴关系、安全格局、经济发展、文明交流、生态建设等方面作出努力。
>
> ——2017年1月18日习近平主席在联合国日内瓦总部的演讲

际关系和全球治理体系朝着更加公正合理方向发展，符合世界各国人民的普遍期待。

（一）促进"一带一路"国际合作

2013年，习近平主席访问中亚和东南亚期间，提出共同建设丝绸之路经济带和建设21世纪海上丝绸之路的倡议。"一带一路"倡议是中国根据古丝绸之路留下的宝贵启示，着眼于各国人民追求和平与发展的共同梦想，为世界提供的一项充满东方智慧的共同繁荣发展的方案。"一带一路"倡议，就是要以互联互通为着力点，促进生产要素自由便利流动，打造多元合作平台，实现共赢和共享发展。它的核心内容是促进基础设施建设和互联互通，对接各国政策和发展战略，深化务实合作，促进协调联动发展，实现共同繁荣。"一带一路"源自中国，但属于世界。"一带一路"建设跨越不同地域、不同发展阶段、不同文明，是一个开放包容的合作平台，是各方共同打造的全球公共产品。"一带一路"建设将由大家共同商量，"一带一路"建设成果将由大家共同分享。

各国应努力将"一带一路"建成和平之路、繁荣之路、开放之路、创新之路、文明之路。树立共同、综合、合作、可持续的安全观，营造共建共享的安全格局。要着力化解热点，坚持政治解决；要着力斡旋调解，坚持公道正义；要着力推进反恐，标本兼治，消除贫困落后和社会不公。聚

原声再现 🔊

"一带一路"是中国和亚洲邻国的共同事业,中国将周边国家作为外交政策的优先方向,践行亲、诚、惠、容的理念,愿意通过互联互通为亚洲邻国提供更多公共产品,欢迎大家搭乘中国发展的列车。

——2014年11月8日习近平主席在"加强互联互通伙伴关系"东道主伙伴对话会上的讲话

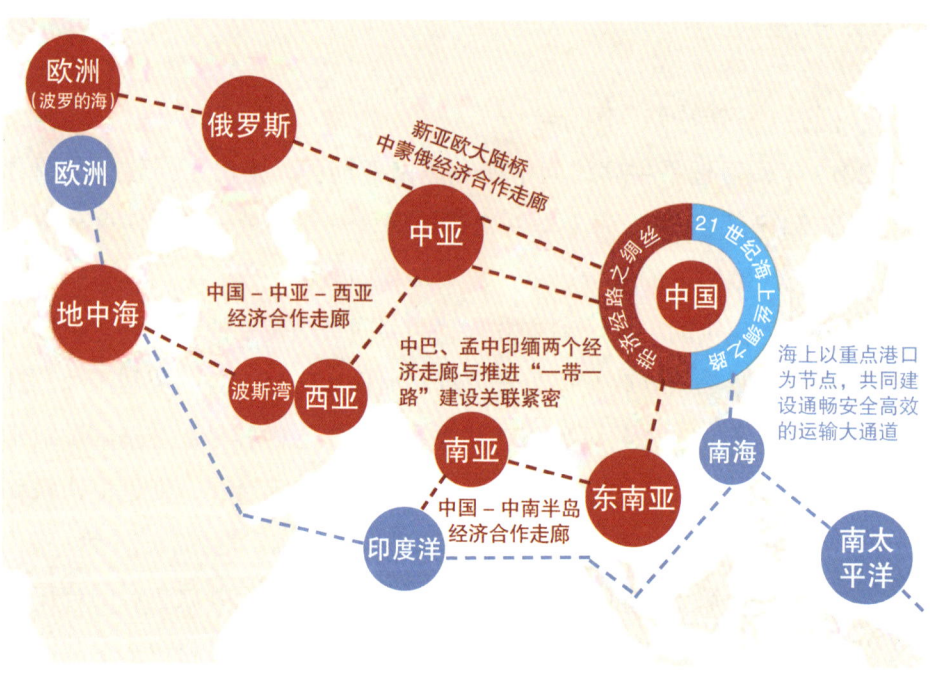

焦发展这个根本性问题,释放各国发展潜力,实现经济大融合、发展大联动、成果大共享。以开放为导向,解决经济增长和平衡问题。"以文明交流超越文明隔阂、文明互鉴超越文明冲突、文明共存超越文明优越,推动各国相互理解、相互尊重、相互信任。"

"一带一路"建设不是空洞的口号，而是看得见、摸得着的实际举措，将给地区国家带来实实在在的利益。习近平总书记指出，中国愿同"一带一路"沿线国家把握历史机遇，应对各种风险挑战，推动"一带一路"建设向更高水平、更广空间迈进。第一，构建"一带一路"互利合作网络。中国愿同"一带一路"沿线国家一道，顺应时代潮流，弘扬丝绸之路精神，增进互信，巩固友好，深化合作，加大相互支持，在自愿、平等、互利原则基础上，携手构建务实进取、包容互鉴、开放创新、共谋发展的"一带一路"互利合作网络，共同致力于重振全球经济。第二，共创"一带一路"新型合作模式。中国愿秉持共商、共建、共享原则，以"一带一路"沿线各国发展规划对接为基础，以贸易和投资自由化便利化为纽带，以互联互通、产能合作、人文交流为支柱，以金融互利合作为重要保障，积极开展双边和区域合作，努力开创"一带一路"新型合作模式。中国将不断加大投入，为"一带一路"建设提供全方位支持，使合作成果惠及各方。第三，打造"一带一路"多元合作平台。中国愿同伙伴国家携手努力，推动各国政府、企业、社会机构、民间团体开展形式多样的互利合作，增强企业自主参与意愿，吸收社会资本参与合作项目，共同打造"一带一路"沿线国家多主体、全方位、跨领域的互利合作新平台。第四，推进"一带一路"重点领域项目。中国愿同伙伴国家一道，大力推进六大国际经济合作走廊建设，开办更多产业集聚区和经贸合作区，抓好重点领域合作。中国将同伙伴国家一道，继续完善基础设施网络，共同确定一批能够提升区域整体合作水平的互联互通项目，研究开展大通关合作；全面推进国际产能合作，继续向各国提供优质和环境友好的产能和先进技术装备，帮助有关伙伴国家优化产业布局、提高工业化水平；加强金融创新和合作，扩大同伙伴国家本币结算规模和范围，促进沿线国家离岸人民币业务发展，创新金融产品；加强人文领域合作，深入开展教育、科技、文化、体育、旅游、卫生、考古等领域合作，建立大数据交流平台，共同打造"一带一路"智库合作网络。

> **原声再现** 🔊
>
> 开放带来进步，封闭必然落后。中国开放的大门不会关闭，只会越开越大。要以"一带一路"建设为重点，坚持引进来和走出去并重，遵循共商共建共享原则，加强创新能力开放合作，形成陆海内外联动、东西双向互济的开放格局。
>
> ——2017年10月18日习近平总书记在中国共产党第十九次全国代表大会上的报告

（二）推动构建新型国际关系

世界格局正处在一个加快演变的历史性进程之中，各国应积极构建以合作共赢为核心的新型国际关系，推动国际秩序和国际体系朝着更加公正合理的方向发展。推动建设相互尊重、公平正义、合作共赢的新型国际关系，是构建人类命运共同体的基本路径。构建新型国际关系，就是要倡导各国秉持相互尊重原则，共同追求国际关系和国际秩序的公平正义，携手合作、同舟共济、互利共赢。相互尊重是前提，公平正义是准则，合作共赢是目标。构建新型国际关系的实质，就是要走出一条国与国交往的新路，为构建人类命运共同体开辟道路、积累条件。习近平总书记主张，各国和各国人民应该共同享受尊严、共同享受发展成果、共同享受安全保障。坚持国家不分大小、强弱、贫富一律平等，尊重各国人民自主选择发展道路的权利，反对干涉别国内政，维护国际公平正义。每个国家在谋求自身发展的同时，要积极促进其他各国共同发展。各国要同心协力，妥善应对各种问题和挑战，共同变压力为动力、化危机为生机，谋求合作安全、集体安全、共同安全，以合作取代对抗，以共赢取代独占。

中国是维护世界和平、促进共同发展的重要力量，是国际社会可以信赖的伙伴和朋友。中国外交政策的宗旨是维护世界和平、促进共同发展。

中国始终是世界和平的建设者、全球发展的贡献者、国际秩序的维护者，愿扩大同各国的利益交汇点，推动形成人类命运共同体和利益共同体。中国将始终坚持独立自主的和平外交政策，坚持走和平发展道路，坚持互利共赢的开放战略，坚持和积极践行正确义利观，讲信义、重情义、扬正义、树道义，愿将中国发展同广大发展中国家共同发展紧密结合起来，共同致力于建立以合作共赢为核心的新型国际关系，坚定推进全球安全治理，维护和平稳定的国际环境，促进各国普遍发展繁荣，开展和而不同、兼收并蓄的文明交流。

中国参与联合国维和行动情况

年份	截至年底我派出维和人员数量	我参与维和行动任务区数量	维和摊款比额	缴款金额（美元）	维和总预算（亿美元）
2013	2078	10	6.6417%	407,002,908	75.43
2014	2181	9	6.6368%	674,624,715（含追加和预缴）	78.30
2015	3045	10	6.6368%	534,847,744	84.70
2016	2630	10	10.2879%	810,433,680	78.70
2017	2515（截至6月底）	9（截至6月底）	10.2502%	预计7.5亿	73.00

数据来源：《经济日报》2017年10月2日。

（三）积极参与全球治理体系变革

当前世界各国相互联系和依存日益加深，现行全球治理体系跟不上时代发展、不适应现实需要的地方越来越多，国际社会对变革全球治理体系的呼声越来越高。推动全球治理体系朝着更加公正合理有效的方向发展，符合世界各国的普遍需求。

原声再现 🔊

> 理念引领行动,方向决定出路。纵观近代以来的历史,建立公正合理的国际秩序是人类孜孜以求的目标。从360多年前《威斯特伐利亚合约》确立的平等和主权原则,到150多年前日内瓦公约确立的国际人道主义精神;从70多年前联合国宪章明确的四大宗旨和七项原则,到60多年前万隆会议倡导的和平共处五项原则,国际关系演变积累了一系列公认的原则。这些原则应该成为构建人类命运共同体的基本遵循。
>
> ——2017年1月18日习近平主席在联合国日内瓦总部的演讲

推进全球治理体系变革并不是推倒重来,也不是另起炉灶,而是创新完善,使全球治理体系更好地反映国际格局的变化,更加平衡地反映大多数国家特别是新兴市场国家和发展中国家的意愿和利益。推进全球治理体系变革需坚定维护以联合国宪章宗旨和原则为核心的国际秩序和国际体系,维护和巩固第二次世界大战胜利成果,积极维护开放型世界经济体制,提高国际法在全球治理中的地位和作用,推动建设和完善区域合作机制,加强国际社会应对资源能源安全、粮食安全、网络安全,应对气候变化,打击恐怖主义,防范重大传染性疾病等全球性挑战的能力。

中国始终是世界和平的建设者、全球发展的贡献者、国际秩序的维护者,将继续发挥负责任大国作用,以更积极的姿态参与全球治理体系改革和建设。习近平总书记明确提出中国始终做全球治理变革进程的参与者、推动者、引领者,推动国际秩序朝着更加公正合理的方向发展,提高新兴市场国家和发展中国家代表性和发言权。坚持要合作而不要对抗,要双赢、多赢、共赢而不要单赢,不断寻求最大公约数、扩大合作面,引导各方形成共识,加强协调合作,共同推动全球治理体系变革。中国将秉承共商共建共享全球治理观,推进多边主义,倡导国际关系民主化,支持补强全球

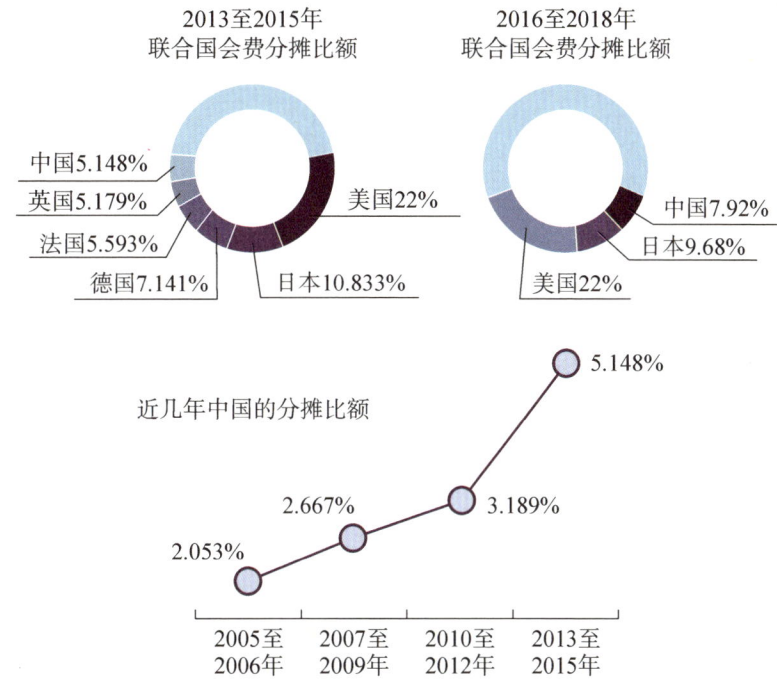

数据来源:《新京报》2015年12月25日。

治理体系中的南方短板,支持汇聚南南合作的力量,推动全球治理体系更加平衡地反映大多数国家特别是发展中国家的意愿和利益。中国将从世界和平与发展的大义出发,贡献处理当代国际关系的中国智慧,贡献完善全球治理的中国方案。

第十七章

坚持党对一切工作的领导，坚定不移推进全面从严治党

★

  习近平总书记指出，中国共产党能够带领人民进行伟大的社会革命，也能够进行伟大的自我革命。办好中国的事情，关键在党。党的十八大以来，以习近平同志为核心的党中央，以坚定决心、顽强意志、空前力度坚持党的全面领导和推进全面从严治党，推动党和国家事业发生历史性变革，取得历史性成就，对党、对国家、对民族都产生了深远影响。党的十九大站在新的历史起点上，号召全党必须毫不动摇坚持和完善党的领导，毫不动摇把党建设得更加坚强有力。

一、新时代坚持党的全面领导的重大意义与内涵要求

中国共产党是中国特色社会主义事业的坚强领导核心，是最高政治领导力量，各个领域、各个方面都必须坚定自觉坚持党的领导。只有始终坚持党对一切工作的领导，才能在更高水平上实现全党全社会思想上的统一、政治上的团结、行动上的一致，才能进一步增强党的创造力、凝聚力、战斗力。

（一）中国共产党领导是中国特色社会主义最本质的特征

党的领导地位不是自封的，是历史和人民的选择，是由我国国体性质决定的，是由我国宪法明文规定的。习近平总书记强调，中国特色社会主义最本质的特征是中国共产党领导，中国特色社会主义制度的最大优势是中国共产党领导。在坚持党的领导这个重大原则问题上，我们必须高度自觉、坚定不移，决不能有任何含糊和动摇。

坚持党对一切工作的领导是由我们党的性质决定的。中国共产党是中国工人阶级的先锋队，同时是中国人民和中华民族的先锋队，是中国特色社会主义事业的坚强领导核心。我们党始终高举马克思主义伟大旗帜，把实现社会主义、共产主义作为奋斗目标，已经锻造为成熟的马克思主义政党。

坚持党对一切工作的领导是历史和人民的选择。习近平总书记指出，只要我们深入了解中国近代史、中国现代史、中国革命史，就不难发现，如果没有中国共产党领导，我们的国家、我们的民族不可能取得今天这样的成就，也不可能具有今天这样的国际地位。的确，近代以来，中国逐渐沦为半殖民地半封建社会，中国人民进行了前赴后继的斗争，而正是中国共产党的诞生，使中国人民的斗争有了主心骨，中国革命的面貌焕然一新。中华民族宏伟历史画卷证明，没有共产党就没有新中国，就没有中国特色

社会主义伟大成就。

坚持党对一切工作的领导是实现中华民族伟大复兴的根本保证。坚持和加强党的全面领导，是党和国家的根本所在、命脉所在，是全国各族人民的利益所在、幸福所在，是战胜一切困难和风险的"定海神针"。今天我们比历史上任何时期都更接近、更有信心和能力实现中华民族伟大复兴的目标。与此同时，我们要看到，在实现民族复兴的伟大征程上，不知还要爬多少坡、过多少坎、经历多少风风雨雨、克服多少艰难险阻。完成艰巨光荣的历史使命，战胜前进道路上的风险挑战，从根本上要靠党的全面领导，靠党把好方向盘。

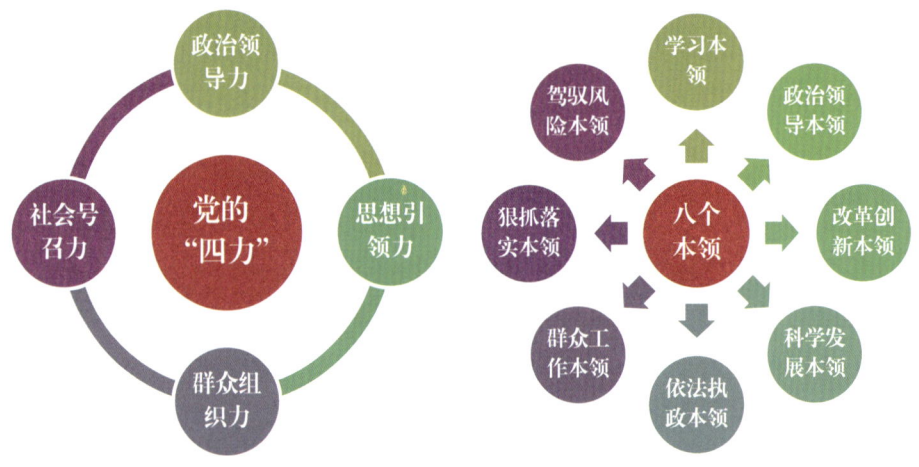

（二）坚决维护习近平总书记党中央的核心、全党的核心地位

一个国家、一个政党，领导核心至关重要。船重千钧，掌舵一人。拥有一个全党公认的领袖，是我们党成熟的重要标志；拥有一个人民爱戴的领袖，是中华民族走向伟大复兴的可靠保证。坚决维护习近平总书记党中央的核心、全党的核心地位，保证全党令行禁止，形成思想和行动高度统一的整体，这是一个成熟的马克思主义执政党的必然要求。我们党是一个有着8900多万党员、450多万个基层党组织的马克思主义政党，是一个

组织严密、纪律严明的党。我们党团结带领近14亿人民进行社会主义现代化建设，治国理政任务之艰巨、责任之重大、情况之复杂是世界上其他政党都无法比拟的。没有党中央的核心、全党的核心，就没有党中央的权威和集中统一领导，就会导致各自为阵、各自为政，那就什么事情都干不成。

坚决维护习近平总书记党中央的核心、全党的核心地位，要做到坚决维护党中央权威和集中统一领导，切实增强政治意识、大局意识、核心意识、看齐意识，自觉同以习近平同志为核心的党中央保持高度一致，在思想上高度认同，政治上坚决维护，组织上自觉服从，行动上紧紧跟随。在思想上同党中央保持一致，就是要深刻领会、准确把握习近平新时代中国特色社会主义思想，用以观察事物、判断形势、分析和解决问题，用以武装头脑、指导实践、推动工作。在政治上同党中央保持高度一致，就是要始终保持高度的政治警觉性和政治敏锐性，坚定政治立场，坚持正确政治方向，始终与党中央同心同德，对党中央绝对忠诚，真正做到在政治上信得过、过得硬、靠得住。在组织上同党中央保持高度一致，就是在任何情况下，都必须自觉置身于党组织之中，时刻牢记党员的义务和责任，充分相信组织、信任党中央。在行动上同党中央保持高度一致，就是要自觉向党中央看齐，向习近平总书记看齐，向党的基本理论、基本路线和基本方略看齐，把"四个意识"落实到一言一行上、体现到本职工作中。

（三）完善坚持党的领导的体制机制

党的全面领导是具体的，不是空洞的、抽象的，涵盖了改革发展稳定、内政外交国防、治党治国治军的各个方面、各个领域，体现到国家政权的机构、体制、制度等设计、安排、运行之中，确保党的领导全覆盖，确保党的领导坚强有力。

要建立健全重大工作的领导，在中央政治局及其常委会领导下，优化党中央决策议事协调机构，负责重大工作的顶层设计、总体布局、统筹协调、整体推进。其他方面的议事协调机构要同党中央议事协调机构的设立调整相衔接，保证令行禁止和工作高效。要强化党的组织在同级组织中的领导地位，在国家机关、事业单位、群团组织、社会组织、企业和其他组织中设立的党委，接受批准其成立的党委统一领导，定期汇报工作，确保党的方针政策和决策部署在同级组织中得到贯彻落实，加快在新型经济组织和社会组织中建立健全党的组织机构，做到党的工作进展到哪里，党的组织就覆盖到哪里。

严格执行向党中央请示报告制度。根据党章、准则、条例等制度规定，中央政治局全体同志每年向党中央和总书记书面述职；中央书记处和中央纪律检查委员会，全国人大常委会党组、国务院党组、全国政协党组、最高人民法院党组、最高人民检察院党组每年向中央政治局常委会、中央政治局报告工作；各地区各部门党委加强向党中央报告工作，研究涉及全局的重大事项或作出重大决定要及时向党中央请示报告，执行党中央重要决定的情况要专题报告。遇有突发性重大问题和工作中重大问题要及时向党中央请示报告，情况紧急必须临机处理的，要尽职尽力做好工作，并迅速报告。

坚持和加强党的全面领导，必须深化党和国家机构改革，努力从机构职能上解决党对一切工作领导的体制机制问题。构建系统完备、科学规范、运行高效的党和国家机构职能体系，形成总揽全局、协调各方的党的领导体系，职责明确、依法行政的政府治理体系，中国特色、世界一流的武装力量体系，联系广泛、服务群众的群团工作体系，推动人大、政府、政协、监察机关、审判机关、人民团体、企事业单位、社会组织等在党的统一领导下协调行动、增强合力，更好地适应新时代中国特色社会主义发展要求。

（四）提高党把方向、谋大局、定政策、促改革的能力和定力

坚持党对一切工作的领导，既要政治过硬，也要本领高强，要着力提高党把方向、谋大局、定政策、促改革的能力和定力，善于处理各种复杂

矛盾，勇于战胜各种艰难险阻，牢牢把握工作主动权，把党总揽全局、协调各方落到实处。

着力提高把方向的能力和定力。党的领导第一位的就是举旗定向。要高举中国特色社会主义伟大旗帜，坚持以习近平中国特色社会主义思想为指导，以高度自觉推进自我革命和社会革命，一以贯之坚持和发展中国特色社会主义，一以贯之增强忧患意识、防范风险挑战。

 资料链接

党和国家机构改革

党和国家机构职能体系是中国特色社会主义制度的重要组成部分，是我们党治国理政的重要保障。提高党的执政能力和领导水平，广泛调动各方面积极性、主动性、创造性，有效治理国家和社会，推动党和国家事业发展，必须适应新时代中国特色社会主义发展要求，深化党和国家机构改革。

深化党和国家机构改革，是新时代坚持和发展中国特色社会主义的必然要求，是加强党的长期执政能力建设的必然要求，是社会主义制度自我完善和发展的必然要求，是实现"两个一百年"奋斗目标、建设社会主义现代化国家、实现中华民族伟大复兴的必然要求。全党必须统一思想、坚定信心、抓住机遇，在全面深化改革进程中，下决心解决党和国家机构职能体系中存在的障碍和弊端，更好发挥我国社会主义制度优越性。

——2018年2月28日通过的《中共中央关于深化党和国家机构改革的决定》

要提高谋大局的能力和定力。不谋全局者不足谋一域。善于观大势、谋大事，自觉把工作放到大局中去思考、定位、摆布，做到正确认识大局、自觉服从大局、坚决维护大局。要善于牵住"牛鼻子"，抓住主要矛盾和矛盾的主要方面，落一子而全盘活，决不能眉毛胡子一把抓。要把眼前需要和长远谋划统一起来，不能急功近利、投机取巧。

要提高定政策的能力和定力。在推进经济社会发展中，要坚持以人民为中心，着力解决人民日益增长的美好生活需要和不平衡不充分发展之间的矛盾，抓住群众最关心最直接最现实的利益问题，制定切实管用的政策措施。要坚持实事求是，一切从实际出发，善于开展调查研究，从群众中来到群众中去，具体问题具体分析，使政策、方案举措符合现实情况、反映客观规律、解决实际问题。要坚持科学决策、民主决策、依法决策，加强对实际情况的分析研判，完善决策程序，增强法治意识，不做"拍脑袋""越底线"之事。

着力提高促改革的能力和定力。当前，全面深化改革已经进入新的阶段，任务更加艰巨而紧迫，要科学确定改革发展思路、制定改革发展措施，敢于担当、能为善为，在实践中开新局、闯新路。要鼓励基层创新，倡导敢闯敢试、敢为人先，加强对改革成功经验的深入挖掘、科学总结、宣传推广，推动形成更加浓厚、更有活力的创新创造氛围，凝聚起坚定不移推进改革开放的强大力量。

二、把全面从严治党纳入战略布局是英明抉择

全面从严治党是以习近平同志为核心的党中央紧扣时代脉搏，总结从严治党新探索新实践成果作出的新概括、新要求、新部署，是中国化马克思主义党建学说的最新理论成果。在习近平总书记治国理政的战略布局中，全面从严治党发挥着至关重要的作用，确保中国特色社会主义建设健康顺利发展。可以说，党的历史使命越光荣，奋斗目标越宏伟，执政环境越复杂，就越要增强忧患意识，越要从严治党，做到"为之于未有，治之于未乱"，使我们党永远立于不败之地。

第十七章　坚持党对一切工作的领导，坚定不移推进全面从严治党

（一）实现党的历史使命必须建设好伟大工程

政党作为一定历史阶段的产物，承担着相应的历史使命。一个政党对自身建设的要求与定位，又是与这个政党对自身历史使命的认识密切相关的。作为现代政治文明的重要有机构成，政党尤其是执政党建设的状态，集中体现其参与政治、治理国家的能力，这事关一个国家兴衰稳定，甚至影响世界的和平和人类的发展。先进的、强有力的政党，能够适应时代发展，不断调整政治理论和创新治国策略，广泛凝聚政治智慧和政治力量，在推动国家发展中实现政治目标，获得并巩固执政地位。

在创建无产阶级政党、指导无产阶级革命的实践中，马克思、恩格斯首先萌发了一系列管党治党、从严治党的思想。《共产党宣言》是国际无产阶级政党的第一个理论纲领，《共产主义者同盟章程》则是具有经典意义的党的法规。为了保持党的先进性，马克思、恩格斯强调党必须反对各种不同表现形式的机会主义思潮；要防止工人领袖"利用党去干私人的肮脏勾当"；要同"以党作幌子利用一切人以达到自己的私人目的的"腐化现象斗争。[1]

---

[1] 参见《马克思恩格斯文集》第38卷，人民出版社1972年版，第33页。

中国共产党自成立以来就高度重视党的先进性和纯洁性建设，围绕不同时期的历史任务采取不同的措施保持和发展党的纯洁性，特别是执政后的中国共产党坚持"治国必先治党，治党务必从严"的指导思想和实践原则。正如党的十九大报告指出的，"中国共产党一经成立，就把实现共产主义作为党的最高理想和最终目标，义无反顾肩负起实现中华民族伟大复兴的历史使命"[1]。党的十八大以来，我们党团结带领人民进行具有许多新的历史特点的伟大斗争、推进党的建设新的伟大工程、推进中国特色社会主义伟大事业，归根结底是为了实现民族复兴的伟大梦想。伟大斗争、伟大工程、伟大事业、伟大梦想，紧密联系、相互贯通、相互作用，其中起决定性作用的是党的建设新的伟大工程。

党兴则国兴，党强则国强。习近平总书记指出："党领导人民已经取得举世瞩目的成就，我们完全有理由因此而自豪，但我们自豪而不自满，决不会躺在过去的功劳簿上。"[2] 只有坚持人民立场，以顽强的斗争精神，解决好自身存在的矛盾和问题，才能保持党的先进性和纯洁性，使我们党始终成为坚持和发展中国特色社会主义、实现中华民族伟大复兴当之无愧的坚强领导核心。

---

1 《党的十九大报告辅导读本》，人民出版社2017年版，第13—14页。
2 习近平：《在十八届中央政治局常委同中外记者见面时的讲话》，载《人民日报》2012年11月16日。

（二）全面从严治党使我们党经历了革命性锻造

全面从严治党是刀刃向内的自我革命。过去一个时期，市场经济的利益交换原则渗入党内政治生活，党的领导弱化、党的建设缺失、管党治党宽松软，党的观念淡漠、组织涣散、纪律松弛问题突出，不正之风和腐败现象严重侵蚀党的肌体。以习近平同志为核心的党中央清除党和国家重大政治隐患，坚决整治解决人民群众反映最强烈、对党的长期执政威胁最大的问题，使我们党经受深刻洗礼而再铸辉煌，党和国家事业发生历史性变革，维护了人民根本利益，巩固了党长期执政的基础。

通过拧紧思想建设的"总开关"，补足了共产党员精神上的"钙"。以习近平同志为核心的党中央以"理想信念"为重点不断加强思想政治建设。党的十八大报告从思想理论建设、党性教育、道德建设三个方面作出全面部署。中央政治局率先垂范，带头开展集体学习。自2013年以来，党中央先后开展了党的群众路线教育实践活动、"三严三实"专题教育、"两学一做"学习教育，都把坚定理想信念、加强党性修养、提升道德境界作为重点内容。各级党组织从抓理想信念教育入手，从领导机关、领导班子、领导干部抓起，强化中心组理论学习和党员干部日常理论学习，构建述学、督学、考学机制，着力提高党员干部的马克思主义理论素养。

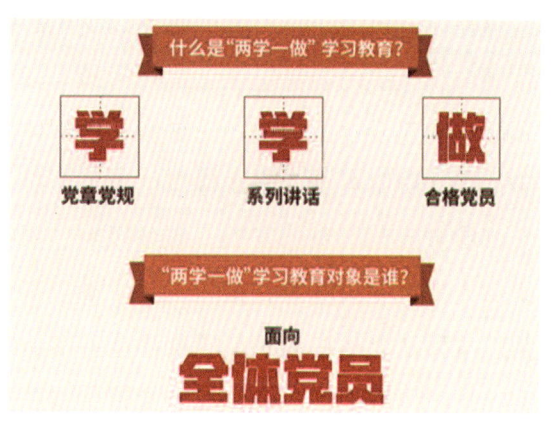

坚持党管干部原则，选人用人越来越准、风气越来越正。一是好干部标准深入人心。围绕治国理政新要求，习近平总书记提出了"信念坚定、为民服务、勤政务实、敢于担当、清正廉洁"的新时期好干部标准，为选好用好干部提供了新的指南。党中央印发了新修订的《党政领导干部选拔任用工作条例》，把好干部标准贯彻体现到干部选拔任用的基本原则、基本条件、基本要求等各个方面。二是选人用人理念方法更加科学。坚持德才兼备、以德为先，坚持五湖四海、任人唯贤，坚持事业为上、公道正派，以事择人、依岗选人，强化领导责任、加强分析研判、注重民主质量、解决"四唯"问题，严把政治关、作风关、能力关、廉政关，统筹干部资源，科学选人用人。三是选人用人公信力大大提高。强化任前审查核实，实行干部"凡提四必"，即对拟提拔或进一步使用人员，做到干部档案"凡提必审"，个人有关事项报告"凡提必核"，纪检监察机关意见"凡提必听"，反映违规违纪问题线索具体、有可查性的信访举报"凡提必查"。各级组织部门建立健全综合举报受理平台，结合巡视开展选人用人专项检查，建立干部选任工作纪实和责任倒查制度。

夯实基层基础，基层党组织战斗堡垒作用越来越明显。一是组织体系更加严密。以扩大基层党组织"两个覆盖"为目标，加大在农民合作社、城乡接合部、流动人口聚集地、产业园区等建立党组织的力度，加强非公有制经济组织、社会组织党建工作，进一步完善领导体制和工作机制。二是责任体系更加清晰。党中央强调突出政治功能，强化服务功能，对各级各领域党组织的职责定位、责任考核等方面提出明确要求，有力推动了各领域党的建设全面加强。三是服务保障体系更加高效。党中央印发了《关于加强基层服务型党组织建设的意见》等文件，把基层党组织的工作重心转到服务改革、服务发展、服务民生、服务群众、服务党员上。各级党组织深入贯彻中央精神，推广机关干部下基层、在职党员到社区报到、结对帮扶等做法，运用多种形式和手段开展服务。

持之以恒抓作风改作风，党群干群关系越来越密切。一是出台中央八项规定，切实转变作风。2012年，中央政治局出台了《关于改进工作作风、密切联系群众的八项规定》。党中央和各地领导干部沉下身子、走近百姓、深入群众，从人民群众中汲取智慧和力量。二是持续整治作风问题，集中解决群众反映的突出问题。党的群众路线教育实践活动以解决形式主义、官僚主义、享乐主义和奢靡之风问题开局亮相，狠刹文山会海、吃拿卡要、庸懒散拖、公款消费等"四风"蔓延势头。"三严三实"专题教育把重点对准县处级以上领导干部，着力解决修身不严、用权不严、律己不严、谋事不实、创业不实、做人不实等突出问题。"两学一做"学习教育推动全面从严治党向基层延伸，解决一些党员理想信念模糊动摇、党的意识淡化、宗旨观念淡薄、精神不振等问题，引导广大党员做"四讲四有"合格党员。

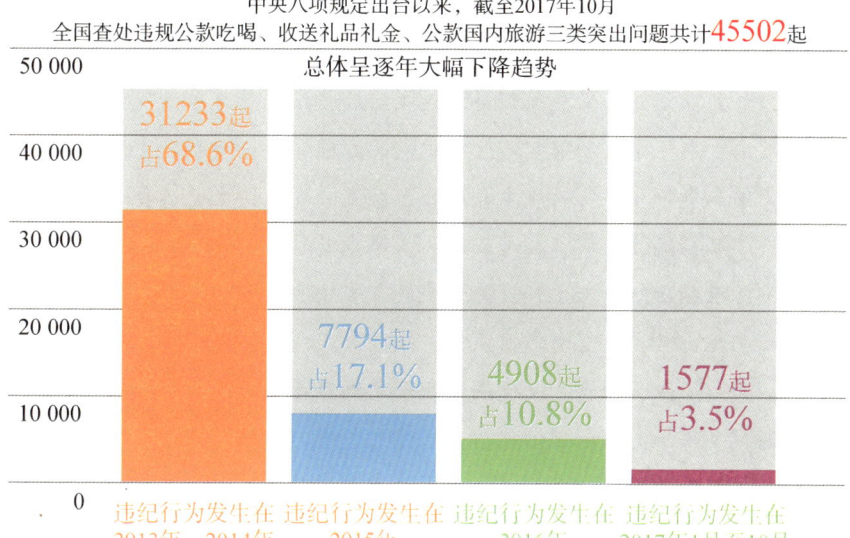

数据来源：中央纪委监察部网站。

把纪律和规矩挺在前面，监督执纪越来越严。一是突出严明党的政治纪律和政治规矩。党中央先后出台了《中国共产党廉洁自律准则》《中国共产党纪律处分条例》等党内法规，引导和增强党的各级组织和全体党员强化纪律意识和规矩意识，对党忠诚老实、光明磊落。二是落实"四种形态"，治"病树"护"森林"。各级党组织采取教育提醒、诫勉谈话、组织函询等方式，加强对党员的日常管理监督，发现苗头及时提醒，触犯纪律立即处理。各级纪检监察机关把违反政治纪律和政治规矩、组织纪律问题作为纪律审查的重要内容，对以身试纪者严格执纪，不因未触及法律而"放过一马"，释放了执纪必严、违纪必究的强烈信号。

原声再现 🔊

党的政治建设是党的根本性建设，决定党的建设方向和效果。保证全党服从中央，坚持党中央权威和集中统一领导，是党的政治建设的首要任务。全党要坚定执行党的政治路线，严格遵守政治纪律和政治规矩，在政治立场、政治方向、政治原则、政治道路上同党中央保持高度一致。要尊崇党章，严格执行新形势下党内政治生活若干准则，增强党内政治生活的政治性、时代性、原则性、战斗性，自觉抵制商品交换原则对党内生活的侵蚀，营造风清气正的良好政治生态。完善和落实民主集中制的各项制度，坚持民主基础上的集中和集中指导下的民主相结合，既充分发扬民主，又善于集中统一。弘扬忠诚老实、公道正派、实事求是、清正廉洁等价值观，坚决防止和反对个人主义、分散主义、自由主义、本位主义、好人主义，坚决防止和反对宗派主义、圈子文化、码头文化，坚决反对搞两面派、做两面人。全党同志特别是高级干部要加强党性锻炼，不断提高政治觉悟和政治能力，把对党忠诚、为党分忧、为党尽职、为民造福作为根本政治担当，永葆共产党人政治本色。

——2017年10月18日习近平总书记在中国共产党第十九次全国代表大会上的报告

惩治腐败坚持治标与治本并重、"老虎"和"苍蝇"一起打。一方面，从治标入手，以前所未有的力度，有腐必反、有贪必肃。先后查处了一批高级领导干部，特别是对周永康、薄熙来、郭伯雄、徐才厚、令计划、苏荣等案件的查处，旗帜鲜明地向党内外宣告，反腐无死角、打虎无禁区。坚决查处小官巨贪，着力解决发生在群众身边的腐败问题，严肃查处损害群众利益的各类案件。另一方面，以治本为根本，完善以德治腐、以法治腐、以制度治腐的协同机制。明确了党委主体责任和纪委监督责任，推行"一岗双责""一案双查"，落实各级党委和纪委以及领导班子的责任。加强反腐倡廉教育和廉政文化建设，真正把党员干部的世界观、人生观、价值观这个"总开关"拧紧，增强廉洁从政意识。坚持把权力关进制度的笼子里，深化腐败问题多发领域和环节的改革，全面加强惩治和预防腐败体系建设，确保党和国家机关按照法定权限和程序行使权力。

（三）新时代加强党的建设的目的、方针、主线、总体布局和目标

鉴于实践经验的总结和党的建设面临的新形势新任务，党的十九大报告提出的新时代党的建设总要求作出顶层设计、战略部署，深刻回答了新的历史条件下加强党的建设的一系列根本性问题，丰富和发展了马克思主义建党学说，标志着我们党对执政党建设规律的认识达到新的高度。

新时代党的建设的总要求高屋建瓴地指明了新时代党的建设的方向。总要求开宗明义提出要"坚持和加强党的全面领导"，指明了新时代党的建设的目的和根本原则，体现了"党对一切工作的领导"的要求，揭示了党的领导必须是全面的、整体的，哪个领域、哪个方面、哪个环节缺失了弱化了，都会削弱党的力量，损害党和人民事业。总要求明确了"坚持党要管党、全面从严治党"这一党的建设指导方针，要求全党以对党和人民高度负责的精神，以严的态度、严的措施、严的制度全面加强党的建设，落实好全面从严治党的各项任务。总要求提出"以加强党的长期执政能力建设、先进性和纯洁性建设为主线"，在原来党的执政能力建设的表述中增加了"长期"二字，深刻昭示长期执政条件下提高党的执政能力和领导水平、保持党的先进和纯洁永远在路上，必然伴随我们党执政的全过程。

原声再现

新时代党的建设总要求是：坚持和加强党的全面领导，坚持党要管党、全面从严治党，以加强党的长期执政能力建设、先进性和纯洁性建设为主线，以党的政治建设为统领，以坚定理想信念宗旨为根基，以调动全党积极性、主动性、创造性为着力点，全面推进党的政治建设、思想建设、组织建设、作风建设、纪律建设，把制度建设贯穿其中，深入推进反腐败斗争，不断提高党的建设质量，把党建设成为始终走在时代前列、人民衷心拥护、勇于自我革命、经得起各种风浪考验、朝气蓬勃的马克思主义执政党。

——2017年10月18日习近平总书记在中国共产党第十九次全国代表大会上的报告

总要求进一步明确了党的建设总体布局，强调"全面推进党的政治建设、思想建设、组织建设、作风建设、纪律建设，把制度建设贯穿其中，深入推进反腐败斗争"，抓住了新时代党的建设的关键。其中一项重大创新是将政治建设、纪律建设纳入党的建设总体布局，突出了政治建设的统帅地位、纪律建设这一治本之策，反映出我们党对共产党执政规律的深刻认识。这一总体布局突出了"以坚定理想信念宗旨为根基"，表明崇高的奋斗目标、精神境界和价值追求是党的建设的"根"；将制度建设由原来的"五大建设"之一调整为"把制度建设贯穿其中"，更鲜明地体现了制度建设的地位、作用和要求；强调深入推进反腐败斗争，彰显了我们党正风肃纪、夺取反腐败斗争压倒性胜利的坚定决心。新时代党的建设总要求还明确了目标，就是"把党建设成为始终走在时代前列、人民衷心拥护、勇于自我革命、经得起各种风浪考验、朝气蓬勃的马克思主义执政党"，集中体现了党的性质、宗旨、纲领，体现了新时代中国共产党人的价值取向、政治定力、使命担当。

新时代党的建设的总要求构成了一个科学有机的整体。新时代党的建设目的、方针、主线、总体布局、目标，紧密联系、相互作用、相互促进。目的是依据、是根本点，党的建设要紧紧围绕这个目的来展开，时刻不能游离、偏离；方针是原则、是遵循，引领着党的建设沿着正确方向前进；主线是纲和魂，纲举目张，魂在本在；总体布局是重点、是路径，总体布局立起来了，党的建设就有了实体支撑、有力抓手；目标是指向和落脚点，党的建设一切工作都要朝着这个目标来加强、按照这个目标来检验。

三、全面从严治党永远在路上

在实现中华民族伟大复兴的漫漫征程上，"四大考验"和"四种危险"将始终考验着我们党，反腐败压倒性态势虽已形成，但一些党员干部理想信念宗旨"总开关"尚未拧紧，党内政治生活不健康状况没有彻底扭转，政治生态"污染源"还未根除，反腐败斗争形势依然严峻复杂。全面从严

治党必须保持战略定力，不断增强全面从严治党的系统性、创造性、实效性，提高党的凝聚力、战斗力和领导力。

（一）把党的政治建设摆在首位

旗帜鲜明讲政治，是我们党作为马克思主义政党的根本要求。党的十八大以来，在全面从严治党实践中，我们把党的政治建设摆上突出位置，在坚定政治信仰、增强"四个意识"、维护党中央权威和集中统一领导等方面取得明显成效。实践使我们深刻认识到，党的政治建设决定党的建设方向和效果，不抓党的政治建设或背离党的政治建设指引的方向，党的其他建设就难以取得预期成效。

> **原声再现** 🔊
>
> 全面从严治党永远在路上。一个政党，一个政权，其前途命运取决于人心向背。人民群众反对什么、痛恨什么，我们就要坚决防范和纠正什么。全党要清醒认识到，我们党面临的执政环境是复杂的，影响党的先进性、弱化党的纯洁性的因素也是复杂的，党内存在的思想不纯、组织不纯、作风不纯等突出问题尚未得到根本解决。要深刻认识党面临的执政考验、改革开放考验、市场经济考验、外部环境考验的长期性和复杂性，深刻认识党面临的精神懈怠危险、能力不足危险、脱离群众危险、消极腐败危险的尖锐性和严峻性，坚持问题导向，保持战略定力，推动全面从严治党向纵深发展。
>
> ——2017年10月18日习近平总书记在中国共产党第十九次全国代表大会上的报告

政治方向是党生存发展第一位的问题，事关党的前途命运和事业兴衰成败。我们所要坚守的政治方向，就是共产主义远大理想和中国特色社会主义共同理想、"两个一百年"奋斗目标,就是党的基本理论、基本路线、基本方略。加强党的政治建设就是要发挥政治指南针作用,引导全党坚定理想信念、坚定"四个自信",把全党智慧和力量凝聚到新时代坚持和发展中国特色社会主义伟大事业中来;就是要推动全党把坚持正确政治方向贯彻到谋划重大战略、制定重大政策、部署重大任务、推进重大工作的实践中去,经常对表对标,及时校准偏差,坚决纠正偏离和违背党的政治方向的行为,确保党和国家各项事业始终沿着正确政治方向发展。

加强党的政治建设,要紧扣民心这个最大的政治,把赢得民心民意、汇集民智民力作为重要着力点。要站稳人民立场,贯彻党的群众路线,同人民想在一起、干在一起,坚决反对"四风"特别是形式主义、官僚主义,始终保持党同人民群众的血肉联系。要教育和激励广大党员、干部锐意进取、奋发有为,把精力和心思用在稳增长、促改革、调结构、惠民生、防风险上,用在破难题、克难关、着力解决人民群众最关心最直接最现实的利益问题上。

营造良好政治生态是一项长期任务,必须作为党的政治建设的基础性、经常性工作,养正气、固根本,锲而不舍、久久为功。要把树立正确选人用人导向作为重要着力点,突出政治标准。要贯彻落实新形势下党内政治生活的若干准则,严格贯彻民主集中制,让党员、干部在党内政治生活中经常接受政治体检,增强政治免疫力。要加强党内政治文化建设,让党所倡导的理想信念、价值理念、优良传统深入党员、干部思想和心灵。要弘扬社会

原声再现 🔊

党内政治生态

党的十八大以来，党中央把严肃党内政治生活、净化党内政治生态摆在更加突出的位置来抓。我多次就这个问题作了强调。为什么要反复强调这个问题？主要是一段时间以来，党内政治生活不认真不严肃现象比较普遍，庸俗化、随意化倾向比较突出，少数地方和单位政治生态严重恶化，甚至出现了系统性、塌方式腐败。主要问题是：从组织和组织的关系看，有的党组织违背"四个服从"原则，有令不行、有禁不止，对党中央和上级的决策部署合意的就执行、不合意的就不执行；一些上级党组织对下级放弃管党治党责任，甚至发现问题也一味姑息迁就、放任自流。从个人和组织的关系看，有的党员、干部党的意识弱化、组织观念淡薄，不相信组织、不服从组织、不依靠组织，把党组织当成了来去自由的"大车店"、各取所需的"大卖场"、自行其是的"私人俱乐部"；有的领导班子成员特别是一把手不正确理解和执行民主集中制，搞家长制、一言堂或自由主义、分散主义、宗派主义，有的甚至把所在地方和分管领域当作"独立王国"、"私人领地"；有的党组织对党员、干部管理失之于宽、失之于松、失之于软。从个人和个人的关系看，有的党员、干部讲利益不讲党性、讲关系不讲原则、讲面子不讲规矩，甚至把党内同志关系异化为人身依附关系，搞小山头、小圈子、小团伙那一套，搞门客、门宦、门附那一套；更为严重的是，党内出现了周永康、薄熙来、郭伯雄、徐才厚、令计划等人，他们结党营私、篡党夺权，骄奢淫逸、贪赃枉法，严重污染了党内政治生态，造成了极为恶劣的政治影响。

——2016年6月28日习近平总书记在十八届中央政治局第三十三次集体学习时的讲话

主义核心价值观，弘扬和践行忠诚老实、公道正派、实事求是、清正廉洁等价值观，以良好政治文化涵养风清气正的政治生态。要坚决反对搞两面派，切实把"口言善、身行恶"的"两面人"甄别出来、清除出去。

（二）用习近平新时代中国特色社会主义思想武装全党

思想建设是党的基础性建设。坚持以科学理论引领、用科学理论武装，是我们党永葆先进性、纯洁性的根本保证。党的十八大以来，党和国家各项事业之所以开新局谱新篇，根本的是习近平新时代中国特色社会主义思想的科学指引和战略指导。新时代加强思想建设、坚定理想信念、牢记党的宗旨，必须继续用习近平新时代中国特色社会主义思想武装全党。

马克思说过，任何科学的理论，"都是自己时代的精神上的精华"[1]。党的十八大以来，习近平总书记以马克思主义政治家、理论家的深刻洞察力、敏锐判断力和战略定力，从理论与实践的结合上系统回答了新时代坚持和发展什么样的中国特色社会主义、怎样坚持和发展中国特色社会主义这个重大时代课题，形成了习近平新时代中国特色社会主义思想，深化了对共产党执政规律、社会主义建设规律、人类社会发展规律的认识，开辟了马克思主义中国化新境界，这是全党全国人民为实现中华民族伟大复兴而奋斗的行动指南，是党必须长期坚持的指导思想。

深入学习领会习近平新时代中国特色社会主义思想的精神实质、科学体系、实践要求。"习近平新时代中国特色社会主义思想，是一个内涵丰富、博大精深的思想体系，必须全面系统学、及时跟进学、融会贯通学。"[2]要深刻把握贯穿其中的马克思主义立场观点方法，深刻把握"八个明确"和"十四个坚持"的内在逻辑和基本精神，大力弘扬马克思主义学风，坚持知行合一、学做结合，推进"两学一做"学习教育常态化制度化，以县处级以上领导干部为重点，在全党开展"不忘初心、牢记使命"主题教育，

---

1 《马克思恩格斯全集》第1卷，人民出版社1995年版，第220页。
2 赵乐际：《全面理解和准确把握新时代党的建设总要求》，载《人民日报》2017年11月11日。

促使党员干部解决好世界观、人生观、价值观这个"总开关"问题,自觉做共产主义远大理想和中国特色社会主义共同理想的坚定信仰者和忠实实践者。

(三)建设高素质专业化干部队伍

党的十九大报告强调,"要坚持党管干部原则,坚持德才兼备、以德为先,坚持五湖四海、任人唯贤,坚持事业为上、公道正派,把好干部标准落到实处"[1]。新时代赋予新使命,新使命需要好干部。要按照党的十九大部署要求,切实把各方面优秀人才集聚到党和人民的伟大奋斗中来。

落实好干部标准,解决好选什么人的问题。必须坚持正确选人用人导向,突出政治标准,培养选拔牢固树立"四个意识"和"四个自信"、坚决维护党中央权威、全面贯彻执行党的理论和路线方针政策、忠诚干净担当的干部。强化精准培训,培养选拔具有专业能力专业精神、适应新时代中国特色社会主义发展要求的干部。培养选拔在基层扎实历练、在"吃劲"岗位和艰苦地区经受磨炼、业绩突出的干部,优化干部成长路径,拓宽选人视野,统筹干部资源,把党和人民需要的好干部精心培养起来、及时发现出来、合理使用起来。

改进推荐考察办法,解决好用什么方式选人的问题。要强化党组织领导和把关作用,突出把好政治关,透过现象看本质,对政治上不合格的"一

---

[1]《党的十九大报告辅导读本》,人民出版社2017年版,第63页。

票否决"。把廉洁作为底线要求，有问题的坚决不用。着眼新时代提出的新任务新要求，以事择人、依事选人，使领导班子成员专业素养整体覆盖一个地方发展需要、一个单位核心业务。广泛深入谈话调研，不搞"海推""海选"，加强分析研判。坚持干部档案必审、个人有关事项报告必核、纪检监察机关意见必听、线索具体有可查性的信访举报必查，防止"带病提拔"。严肃组织人事纪律，坚决查处说情打招呼、跑官要官、买官卖官、拉票贿选等行为，匡正选人用人风气，以用人环境的风清气正促进政治生态山清水秀。[1]

> **小贴士**
>
> 三项机制：能上能下、奖励激励、容错纠错。

坚持严管和厚爱结合、激励和约束并重，解决好怎么管人的问题。严与爱、奖与惩是选人用人管人的辩证法。要加强对党员干部特别是领导干部日常管理监督，健全干部随管理成长、管理伴干部一生的制度机制，坚持抓早抓小抓预防，用好谈心谈话、提醒函询诫勉等手段，多做咬耳扯袖、防偏纠错的工作。注重正向激励和容错纠错联合发力，不仅要强化用人导向激励，主动为干部疏导压力，排忧解难，而且要坚持"三个区分开来"，准确界定容错纠错的硬杠杠，列出不予容错的硬指标，畅通干部的申诉渠道。完善干部考核评价机制，旗帜鲜明为那些敢于担当、踏实做事、不谋私利的干部撑腰鼓劲，把广大党员干部的精气神引导到改革发展上来。

（四）全面提升基层党组织组织力

基础不牢，地动山摇。党的十九大报告强调，加强基层组织建设，"要以提升组织力为重点"[2]，这个要求具有很强的现实针对性。党的力量来

---

[1] 参见赵乐际《全面理解和准确把握新时代党的建设总要求》，载《人民日报》2017年11月11日。
[2]《党的十九大报告辅导读本》，人民出版社2017年版，第64页。

自组织，组织能使力量倍增，我们必须着力增强党的组织优势、组织功能、组织力量。

突出政治功能。政治功能是党组织第一位的功能。要针对一些基层党组织弱化、虚化、边缘化问题，切实在打基础、补短板上下功夫。着力增强党的意识、党员意识，持续整顿软弱涣散基层党组织；着力推进党的基层组织设置和活动方式创新，坚持人在哪里、党员在哪里，党建工作重点就在哪里，创新组织设置、完善组织体系，不断扩大基层党组织覆盖面；着力加强带头人队伍建设，抓好经常性教育培训，推动基层党建传统优势与信息技术有机融合，真正把基层党组织建设成为宣传党的主张、贯彻党的决定、领导基层治理、团结动员群众、推动改革发展的坚强战斗堡垒，让党的旗帜在每一个基层阵地高高飘扬。[1]

高度重视发挥党支部作用。党支部是党组织开展工作的基本单元，是党的基础组织。推动全面从严治党向基层延伸，必须牢牢抓住402万个党支部，坚持把党支部建设作为最重要的基本建设，认真落实《中国共产党党支部工作条例（试行）》的精神以及"三会一课"、组织生活会和民主评议党员等基本制度，教育督促党支部担负好直接教育党员、管理党员、监督党员和组织群众、宣传群众、凝聚群众、服务群众的职责，引导广大党员发挥好先锋模范作用。

加大抓党建引领创新发展、促进脱贫攻坚力度。党的建设要服务这个大局，把党的政治优势、组织优势转化为引领创新发展、脱贫攻坚的发展优势。当前，全面建成小康社会正处于关键时期，要切实加强基层领导班子建设，选好配强一把手，脱贫攻坚期内贫困县县级党政正职要保持稳定，督促第一书记和驻村工作队扑下身子到村里干、同群众一起干，确保党中央脱贫攻坚各项政策掷地有声、落地见效。

---

1 参见赵乐际《全面理解和准确把握新时代党的建设总要求》，载《人民日报》2017年11月11日。

（五）持之以恒正风肃纪

权力就是责任，责任就要担当。党的十九大报告和新党章把纪律建设纳入党的建设总体布局，赋予有干部管理权限的党组相应纪律处分权限。各级党委、党组和领导干部既是党内监督的对象，也是管党治党的主力，要扛起全面从严治党主体责任，拿起党的纪律武器，强化监督执纪问责，真管真严、敢管敢严、长管长严。要在新的形势下实践好惩前毖后、治病救人的一贯方针，运用监督执纪"四种形态"，治"病树"、正"歪树"、拔"烂树"，维护好"森林"。要开展经常性、针对性、主动性的纪律教育，使红脸出汗成为常态，让党员干部知敬畏、存戒惧、守底线，习惯在受监督和约束的环境中工作生活。

党性决定党风。提高做群众工作的本领，能更好地凝聚群众、服务群众，实现好、维护好、发展好人民群众的利益。要继续落实中央八项规定精神，发扬钉钉子精神，一锤接着一锤敲，打赢作风建设持久战，决不能让享乐主义和奢靡之风卷土重来。要以更大力度整治形式主义和官僚主义，督促党员干部求真务实、埋头苦干，不浮躁、不浮夸，追求实实在在的工作业绩，以艰苦奋斗、崇尚实干的工作作风，以勤俭节约、崇尚清廉的家风，带动民风社风向善向上。

加强对权力运行的制约与监督，让人民监督权力。要坚持党内监督没有禁区、没有例外，强化自上而下的组织监督，改进自下而上的民主监督，发挥同级相互监

> **小贴士**
>
> 中华人民共和国国家监察委员会：2018年3月11日，第十三届全国人民代表大会第一次会议通过，中华人民共和国国家监察委员会是最高监察机关，其主要职责是维护党的章程和其他党内法规，检查党的路线方针政策和决议执行情况，对党员领导干部行使权力进行监督，维护宪法法律，对公职人员依法履职、秉公用权、廉洁从政以及道德操守情况进行监督检查，对涉嫌职务违法和职务犯罪的行为进行调查并作出政务处分决定，对履行职责不力、失职失责的领导人员进行问责，负责组织协调党风廉政建设和反腐败宣传等。

督作用,让日常管理监督与党员领导干部如影随形、不留空当。要深化政治巡视制度,建立巡视巡察上下联动的监督网,切实发挥监督"利剑"作用。要继续健全派驻机构领导体制和工作机制,实现中央和地方纪委向同级党和国家机关派驻纪检机构全覆盖。要构建党统一指挥、全面覆盖、权威高效的监督体系,把党内监督同国家机关监督、民主监督、司法监督、群众监督、舆论监督贯通起来,增强监督合力。

(六)夺取反腐败斗争的压倒性态势

腐败是社会毒瘤。人民群众最痛恨腐败现象,腐败是我们党面临的最大威胁。党的十八大以来,我们党以零容忍的态度重拳反腐,不敢腐的目标初步实现,不能腐的笼子越扎越牢,不想腐的堤坝正在构筑,反腐败斗争压倒性态势已经形成并巩固发展。同时要看到,当前滋生腐败的土壤依然存在,反腐败斗争形势依然严峻复杂,特别是政治问题和经济问题交织、区域性腐败和领域性腐败交织、用人腐败和用权腐败交织、"围猎"和甘

> **原声再现** 🔊
>
> 党的十八大以来,我们以刀刃向内的自我革命精神,直面党内存在的突出问题,以理论武装凝心聚魂,以整饬作风激浊扬清,以严明纪律强化约束,以从严治吏匡正用人导向,以"打虎"、"拍蝇"、"猎狐"惩治腐败,刹住了一些过去被认为不容易刹住的歪风邪气,攻克了一些司空见惯的顽瘴痼疾,解决了许多长期想解决而没有解决的难题,消除了党和国家内部存在的严重隐患,党内政治生态明显好转,党的创造力、凝聚力、战斗力显著增强,党群关系明显改善,党在革命性锻造中更加坚强,以党的伟大自我革命推动了伟大的社会革命。
>
> ——2018年7月3日习近平总书记在全国组织工作会议上的讲话

于被"围猎"交织等问题依然突出。当前，我们要强化不敢腐的威慑，扎牢不能腐的笼子，增强不想腐的自觉，以反腐败永远在路上的坚韧和执着，确保党和国家的长治久安。

　　反腐败要继续保持高压态势，深化标本兼治，决不能半途而废、功亏一篑。必须坚持零容忍、无禁区、全覆盖，坚持重遏制、强高压、长震慑，重点查处政治腐败和经济腐败相互交织的案件，不收敛不收手、群众反映强烈的领导干部，重点领域、关键环节的腐败问题。严厉整治群众身边的腐败，大力整治基层"微腐败"，净化基层政治生态。推进反腐败国际追逃追赃，堵死腐败分子外逃之路。要坚决贯彻党中央决策部署，推进国家监察体制改革这一重大政治体制改革，抓紧将试点工作在全国推开，制定国家监察法，组建国家、省、市、县监察委员会，同党的纪律检查机关合署办公，加强党对反腐败工作的统一领导，实现对所有行使公权力的公职人员监察全覆盖。

第十八章

掌握马克思主义的思想方法和工作方法

★

习近平新时代中国特色社会主义思想,是马克思主义中国化的最新理论成果,是坚持和发展马克思主义哲学的光辉典范,体现了世界观和方法论的高度统一,蕴含着丰富的思想方法和工作方法。它坚持和发展了实事求是的思想路线,提出了科学的思想方法和系统的工作方法,既讲清楚了怎么看,又告诉我们怎么办,既部署"过河"的任务,又指导解决"桥或船"的问题,有利于我们增强工作的全面性、系统性、战略性和创造性,为我们认识问题、分析问题、解决问题树立了典范,是新时代更好地坚持和发展中国特色社会主义的锐利思想武器。

一、坚持实事求是的思想路线

实事求是是党的思想路线,是马克思主义中国化理论成果的精髓和灵魂。习近平总书记指出,"实事求是,是马克思主义的根本观点,是中国共产党人认识世界、改造世界的根本要求,是我们党的基本思想方法、工作方法、领导方法"。一部中国革命、建设和改革的历史,就是中国共产党、中国人民、中华民族实事求是地认识中国、改造中国、建设中国、发展中国的历史。

(一)实事求是是中国共产党人世界观和方法论的基石

实事求是是马克思主义的根本观点和根本方法。毛泽东把马克思主义的根本观点和根本方法概括为"实事求是"四个大字,并作出了精辟的论述:"'实事'就是客观存在着的一切事物,'是'就是客观事物的内部联系,即规律性,'求'就是我们去研究。"也就是从实际情况出发,探求事物的内部联系及其发展的规律性,作为我们行动的向导。毛泽东还把实事求是形象地比喻为"有的放矢",用马克思主义的"矢"去射中国革

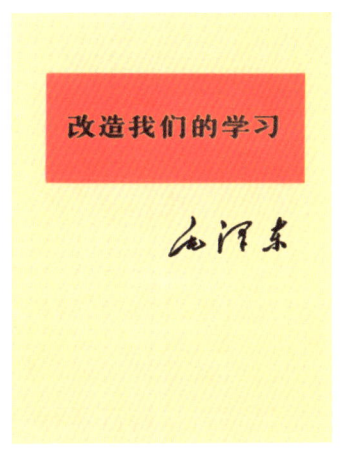

《改造我们的学习》

毛泽东为中央党校题写的校训

命之"的"。实事求是要求我们坚持马克思主义与中国实际相结合,致力于"求是"、努力探求事物发展的规律性,实现客观规律性与主观能动性的有机统一。

在改革开放时期,邓小平强调实事求是是马克思主义的精髓。建设中国特色社会主义,同样要矢志不渝地坚持实事求是的思想路线。实事求是是中国共产党认识世界和改造世界的根本要求,是党的基本思想方法、工作方法和领导方法。一方面,作为思想方法,要求领导干部要灵活、全面地了解和掌握马克思主义哲学和党的理论方针。习近平总书记指出,"学好马克思主义哲学,把思想方法搞正确,增强工作中的科学性和全面性,才能不断开创各项工作的新局面"。另一方面,作为工作方法和领导方法,要求党员干部要处理好"不违上"与"不唯上"之间的关系。各级领导干部要坚守政治纪律和政治规矩,做到"不违上",对上级党组织的决策部署不折不扣贯彻落实,决不能阳奉阴违。但同时又要"不唯上",既要把上级精神吃透搞准,又要加强调研,把本地区本部门的"家底"吃透,进行具体问题具体分析,找到管用的招法,实事求是地抓工作,真正使上级精神落地生根。

坚持实事求是,关键在于继承和发扬好党的群众路线。群众路线是我们党的根本工作路线,与实事求是的思想路线相辅相成、高度统一。首先,要牢固树立"一切为了群众,一切依靠群众"的科学态度。把"以人民为中心的发展观"落到实处,努力增加人民群众的幸福感、获得感和安全感。其次,牢固确立"从群众中来,到群众中去"的工作路线。一方面要主动到基层、一线发现人民创造的新鲜经验,不断进行新的理论概括与经验提升;另一方面要及时把党的创新理论路线方针政策宣传出去,转化为人民群众改造世界的实际行动。再次,走好网络时代的群众路线。在网络时代,群众变成了网民,网民就是群众,为此习近平总书记提出了领导干部"要通过网络走群众路线"的重要论断,即要"经常上网看看,了解群众所思所愿,收集好想法好建议,积极回应网民关切、解疑释惑",从而做到网上与网下的"虚实互补""同频共振"。

（二）培养"三严三实"的政治品格

长期以来，大多数领导干部能够在工作中坚持实事求是，但也存在一些"变形走样"的问题。比如，在各种复杂矛盾和问题面前，存在着理想信念动摇、信仰迷茫、精神迷失，党性修养缺失、不讲党的原则等问题；在权力和利益面前，存在着滥用权力、设租寻租，官商勾结、利益输送等问题；在工作作风方面，顶风违纪，存在着搞"四风"、不收敛不收手等问题；在政治纪律和政治规矩方面，存在着"四个意识"不坚定，心中无党纪、眼里无国法等问题。凡此种种现象，损害了党组织的形象，违背了党的根本宗旨。

针对部分领导干部在贯彻实事求是思想路线上存在的"变形走样"问题，习近平总书记明确提出"既严以修身、严以用权、严以律己，又谋事要实、创业要实、做人要实"的要求。此后，他进一步指出，"三严三实"要求是共产党人最基本的政治品格和做人准则，也是党员、干部的修身之本、为政之道、成事之要。"三严三实"虽话语朴实，但内涵丰富。"严以修身"强调加强党性修养，提升道德境界，远离低级趣味，抵制歪风邪气；"严以用权"强调坚持用权为民，按制度权力行使，不搞特权，不以权谋私；"严以律己"要求心存敬畏、手握戒尺，慎独慎微、遵纪守法，为政清廉。"谋事要实"要求从实际出发谋划事业发展，不好高骛远，不脱离实际；"创业要实"要求脚踏实地、真抓实干、敢于担当，创造经得起人民与历史检验的业绩；"做人要实"要求对组织、对人民、对同志忠诚老实，襟怀坦白、公道正派。

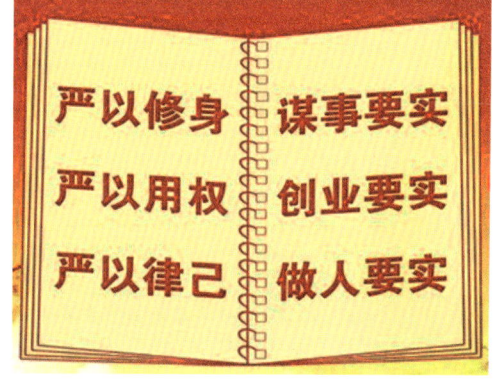

因此,"三严三实"既是党的作风建设的内在要求,是对共产党人实事求是人格的新要求,也是新时代下领导干部落实党的实事求是思想路线的具体要求,将实事求是提升到新的高度和境界。

(三)树立"实干兴邦"的科学态度

"实干兴邦"是习近平新时代中国特色社会主义思想的鲜明特质。他指出:"幸福不会从天而降,梦想不会自动成真。'空谈误国,实干兴邦',实干首先就要脚踏实地劳动。"我们需要的是"一步一个脚印的实干精神,而不是新官上任三把火希图侥幸成功的投机心理;我们需要的是锲而不舍的韧劲,而不是'三天打鱼,两天晒网'的散漫"。

坚持"实干兴邦",要在坚持问题导向、精准发力和奋斗精神上下功夫。首先,树立问题导向。要把问题作为研究制定政策的起点,把工作的着力点放在解决最突出的矛盾和问题上,遇到问题"不绕着走"。其次,坚持精准发力。党的十八大以来,习近平总书记一再强调改革要坚持精准聚焦、精准对接、精准落地、精准施策、精准扶贫,"精准发力"成为全面深化改革方法论的重要内容。最后,弘扬奋斗精神。习近平总书记一再强调"幸福都是奋斗出来的",倡导"奋斗本身就是一种幸福","新时代是奋斗者的时代","我们都是追梦人",领导干部要多干少说,要让实干兴邦成为每一个人的精神气质和内在品格。

二、培养科学的思想方法

(一)保持战略定力

"战略"一词最早是军事用语,指军事将领指挥军队作战的谋略;定力,原指人们在面对各种外在或内在的环境压力时所表现出来的一种坚强意志、执着信念和道德操守。面对国际局势风云变化，国内改革发展稳定任务繁重的形势，习近平总书记指出，"在这样复杂环境中，保持理论上的清醒、增强政治上的定力是很要紧的"，"始终保持强大战略定力，在战略上判断准确、谋划科学、赢得主动，党和人民事业就会有希望，就会立于不败之地，不断开辟前行道路"。

经过改革开放40年的发展，我国的经济实力、科技实力、国防实力、综合国力进入世界前列，党的面貌、国家的面貌、人民的面貌、军队的面貌、中华民族的面貌发生了前所未有的变化，我国日益走近世界舞台中央，党员干部的战略定力大大提升。同时，站在新的历史起点上，"发展起来后"的问题更加错综复杂，各种思潮和观点激烈碰撞，需要我们保持更加坚定的战略定力：在经济方面，贩卖新自由主义的论调有之，唱衰国有经济的论调有之，散布民营经济"离场论"有之；在政治领域，鼓吹西方资本主义的"三权分立"制度；在思想文化领域，各种历史虚无主义粉墨登场；在外交领域，"中国威胁论"此起彼伏、花样翻新……习近平总书记告诫我们："行百里者半九十。中华民族伟大复兴，绝不是轻轻松松、敲锣打鼓就能实现的。全党必须准备付出更为艰巨、更为艰苦的努力。"在实现伟大梦想的征程中，要保持坚强的战略定力，培养党员干部"每临大事有静气"的沉稳气质、"不畏浮云遮望眼"的刚毅性格，以及"乱云飞渡仍从容"的广阔胸襟。

保持战略定力，必须在"知行合一"上做文章。一是坚定共产主义理想信念。习近平总书记指出，领导干部"有了坚定的理想信念，站位就高了，眼界就宽了，心胸就开阔了，就能坚持正确政治方向，在胜利和顺境时不骄傲不急躁，在困难和逆境时不消沉不动摇，经受住各种风险和困难考验，自觉抵御各种腐朽思想的侵蚀，永葆共产党人的政治本色"。二是坚定"四个自信"。在事关我国社会发展道路、方向、立场等重大原则问题上咬定青山不放松，绝不能犯颠覆性错误。三是保持政治定力。在加强党性修养中培育政治定力，在强化规矩意识中增强政治定力，在与不良倾向斗争中磨砺政治定力。四是坚持重大改革"于法有据"。在整个改革过程中，都要高度重视运用法治思维和法治方式，发挥法治的引领和推动作用，确保在法治轨道上推进改革。五是保持稳中求进的工作总基调。自觉把握好"稳"与"进"的辩证法，稳是前提、大局，进是方向、目的。改革再出发，不是"原地踏步"，而是"蹄疾步稳、行稳致远"，该改的坚决改、该守的坚决守住，不为各种错误观点所左右，不为各种干扰所迷惑。

（二）坚持问题导向

树立问题意识、坚持问题导向，是我们做好各项工作的基本要求。习近平总书记指出，"我们中国共产党人干革命、搞建设、抓改革，从来都是为了解决中国的现实问题"，"领导干部要敢于和善于分析回答现实生活中和群众思想上迫切需要解决的问题"。应当肯定，当前大多数领导干部问题意识是强的，解决问题的态度是积极的，但也有一些领导干部问题意识淡薄。比如，对问题或者视而不见、熟视无睹；或遇到问题绕着走，生怕惹火烧身；或漠视排斥，采取"鸵鸟战术"，"选择性失明"；或顾左右而言他，举起套话空话的盾牌。结果把小问题变成大难题，不仅败坏了党和政府的形象，而且削弱了党的执政能力和执政地位。

"问题是时代的声音"。领导干部要敢于正视问题，科学分析问题，善于解决问题。共产党人应是彻底的唯物主义者，勇于直面问题、善于解决问题是应有的自信，是有力量的表现。改革开放的伟大实践，就是我们党带领人民群众在发现问题、解决问题中不断横向推进、纵向深化的。当年家庭联产承包责任制的推行，就是为了解决农民吃不饱肚子的问题，将土地经营权分包给农户自主经营，调动了农民的生产积极性，释放了被长期压抑的生产力。当前，我国进入了发展关键期、改革攻坚期、矛盾凸显期，许多问题相互交织、叠加呈现。正如邓小平曾经预言的，发展起来以后的问题不比不发展时少。因此，各级领导干部在工作中必须要具备发现问题的敏锐、正视问题的清醒以及解决问题的自觉。

增强问题意识，既要见之于思想，又要见之于行动。这就要求各级领导干部坚持以解决问题为工作导向，凡事瞄着问题去，追着问题走，把化解矛盾、破解难题作为履职尽责的第一要务。要始终坚持守土有责、守土负责、守土尽责，敢于承担责任，碰到难题敢于触及，想方设法把问题化解在萌芽状态，解决在职责范围之内，决不能敷衍了事。要聚焦影响本地区本部门本单位长远发展的主要矛盾和重大问题，同时又要克服薄弱问题，避免"短板效应"。要顺应人民群众的新期待，抓紧解决损害人民利益的突出问题，让人民群众共享改革发展成果。要对照党章的标准和要求，及时发现思想作风方面存在的倾向性、苗头性、潜在性问题，坚决及时纠正，防患于未然。

（三）注重全面协调

全面协调是以习近平同志为核心的党中央治国理政的鲜明特征。面对复杂的国内、国际局势，我们必须深刻地把握现象与本质、主流与支流、全局与局部、理想目标与现实手段等的辩证关系。习近平总书记十分重视全面协调的辩证思维，提出要用马克思主义哲学教育武装全党，要求全党坚持和运用辩证思维、提高辩证思维能力，要推动全党学习马克思主义世界观和方法论，不断接受马克思主义哲学智慧的滋养，更好提高我们分析解决改革发展基本问题的本领。

从总体上看，我国各级领导干部坚持全面协调的辩证思维能力得到了很大的提高，但以更高的标准要求来看，还存在着以下问题。比如，有的领导干部对经济、政治、文化、社会以及生态的辩证关系把握不准，仅凭个人好恶和经验习惯抓谋划、作决策，专注一点而不及其余；也有的领导干部只一味求稳，不敢突破和创新，以至于"占位多年，山河依旧"；还有的把握不好普遍性与特殊性的关系，往往重特色、抓强项，对打基础、谋长远的事不闻不问；还有的人缺乏全局意识，抓工作时零敲碎打，东一榔头西一棒槌。上述问题在现象上看是没有处理好"点"与"面"的关系，在哲学上看则是没有学好用好两点论与重点论的辩证关系。

习近平总书记在中央经济工作会议上指出："'稳'也好，'改'也好，是辩证统一、互为条件的。一静一动，静要有定力，动要有秩序，关键是要把握好这两者之间的度。"这句话集中体现了对领导干部辩证思维能力三个方面的要求：一是坚持"两点论"，一分为二看问题。我们想问题、作决策、办事情，不能非此即彼，要用辩证法，要讲两点论，要找平衡点。要一分为二看问题，既要看到形势中有利的一面，也要看到不利的一面。二是坚持"重点论"，抓重点带一般。当前我国正处在社会转型期、利益调整期、矛盾凸显期，情况千变万化，形势纷繁复杂，领导干部要有透过现象看本质的能力，学会以点带面的工作方法。三是坚持"转化论"，量变引起质变。量变的积累是发生质变的前提，领导干部看问题要具有前瞻性、预见性，要准确及时判断事情的发展方向和苗头，要做到走一步，看两步，想三步。

（四）秉承底线思维

底线，又称红线、下线，即最后的界线。从哲学上看，底线是指关节点或临界值。底线思维在中国共产党重要文献中未曾出现过，是习近平总书记治国理政的多种思维方式中一个崭新的亮点。"提高底线思维能力，就是要居安思危、增强忧患意识，宁可把形势想得更复杂一点，把挑战看得更严峻一些，做好应付最坏局面的思想准备。"只有坚持底线思维，增强忧患意识，提高防控能力，着力防范化解重大风险，保持经济持续健康发展和社会大局稳定，才能为决胜全面建成小康社会、夺取新时代中国特色社会主义伟大胜利、实现中华民族伟大复兴的中国梦提供坚强保障。

底线思维是一种"适度思维"、"前瞻思维"和忧患思维，是党员干部必须具备的理论素养和工作能力。我们面对的日常工作千头万绪，利益涉及方方面面，一旦工作出现失误，"捅了大娄子"，往往会非常被动，甚至会给党和人民的事业造成重大损失。比如，有的领导干部"报喜不报忧",看不到成绩背后的问题和隐忧;有的人缺乏风险意识和应急预案,事到临头仓促应战、乱了手脚;有的人政绩观错位,急功近利、竭泽而渔,给可持续发展留下"后遗症""烂摊子"……更有极少数人,心中根本没有"底线"这个概念,什么话都敢说,什么事都敢做,什么钱都敢收,什么饭都敢吃,什么地方都敢去……凡此种种,造成的影响很坏,必须坚决予以纠正。

原声再现

> 干部廉洁自律的关键在于守住底线。只要能守住做人、处事、用权、交友的底线,就能守住党和人民交给自己的政治责任,守住自己的政治生命线,守住正确的人生价值观。所有领导干部都必须把反腐倡廉当作政治必修课来认真对待,决不能把权力变成牟取个人或少数人私利的工具,永葆共产党人政治本色。
> ——2013年1月22日习近平总书记发表《依纪依法严惩腐败,着力解决群众反映强烈的突出问题》

执政为民是党员干部必须坚守的价值底线。如果领导干部跨越了"为民"底线,忘记了"人民公仆"的使命,以权谋私、中饱私囊,那就背离了党的宗旨,最终要被人民抛弃。习近平总书记在多个场合强调"社会政策要托底",要求我们严守社会民生改善的底线,更好地发挥社会政策"稳定器""调节器"的作用。改革开放以来,随着经济的发展和人均收入水平的提高,社会分化和不平等也逐步扩大,导致社会矛盾也不断增多和加深,对社会和谐造成较为严重的负面影响。在这种情况下,织牢民生安全网的"网底",对重点群体和重点地区进行倾斜,形成系统全面的系统保障,是夯实执政基础和维护社会和谐稳定的重要底线。

> **小贴士**
>
> 　　辩证思维能力：就是承认矛盾、分析矛盾、解决矛盾，善于抓住关键、找准重点、洞察事物发展规律的能力。我们的事业越是向纵深发展，就越要不断增强辩证思维能力。提高辩证思维能力，要运用辩证唯物主义观察事物、分析问题、解决问题，在矛盾双方对立统一过程中把握事物发展规律，克服极端化、片面化。
>
> 　　历史思维能力：就是以史为鉴、知古鉴今，善于运用历史眼光认识发展规律、把握前进方向、指导现实工作的能力。习近平总书记指出，"历史是最好的教科书"，"中国革命历史是最好的营养剂"。提高历史思维能力，就要加强对中国历史、党史国史、社会主义发展史和世界历史的学习，深刻总结历史经验、把握历史规律、认清历史趋势，在对历史的深入思考中做好现实工作、更好走向未来。
>
> 　　创新思维能力：就是破除迷信、超越陈规，善于因时制宜、知难而进、开拓创新的能力。世间万物，变动不居。"明者因时而变，知者随事而制。"习近平总书记指出："生活从不眷顾因循守旧、满足现状者，从不等待不思进取、坐享其成者，而是将更多机遇留给善于和勇于创新的人们。"提高创新思维能力，就是要有敢为人先的锐气，打破迷信经验、迷信本本、迷信权威的惯性思维，摒弃不合时宜的旧观念，以思想认识的新飞跃打开工作的新局面。

三、坚持科学的工作方法

（一）坚持调查研究，做到"身入心至"

　　调查研究的重要性不言而喻，这是我们党在长期领导革命和建设的实践中留下来的宝贵财富。毛泽东对调查研究极其重视，提出"没有调查，就没有发言权"，"调查就像'十月怀胎'，解决问题就像'一朝分娩'。调查就是解决问题"。他本人十分注重调查研究，新中国成立后，正是对经济工作进行了大规模、长时间的系统调查后，才形成了《论十大关系》的重要讲话，成为我们党全面探索中国社会主义建设道路的重大理论成果。

当前，中国特色社会主义进入新时代，调查研究仍然是重大决策的科学依据，也是习近平总书记反复强调的重要方法。学好用好调查研究这一重要工作方法，必须深刻领会习近平总书记关于调查研究的重要论述精神，在实践中不断发展和完善。

一是把握调查研究过程的深入性和细致性。习近平总书记指出，调查研究是一个联系群众、为民办事的过程。只有深入基层、深入实际、深入群众，才能了解群众在想什么、盼什么，最需要我们党委、政府干什么。才能放下架子、扑下身子进入群众的劳动和工作环境，进行"多层次、多方位、多渠道"的细致调研，倾听他们的呼声，体察他们的疾苦。既要到先进的地方总结经验，又要到困难多的地方研究问题；既要剖析典型，又要了解全局；既要调查干部，又要调查群众等。

二是提升调查研究眼界的全局性和前瞻性。调研工作要紧密结合国家大政方针，持续关注地区的全面发展，把握中心工作。只有牢固树立政治意识、大局意识、核心意识、看齐意识，善于从全局高度、用长远眼光做调查研究，找准短板弱项，解决群众反映的突出问题，围绕经济社会发展和党建工作，多层次、多方位、多渠道地调查了解情况，才能不断提高决策水平。

三是坚持调查研究方法的继承性与创新性。习近平总书记指出，我们党有着丰富的调查研究经验，在长期的实践中形成了许多行之有效的调查研究方法，如召开调查会、研讨会、走访调查、蹲点调查、典型调查、实地考察等。在新时代我们要充分利用信息化手段，创新调研方法，运用好问卷调查、统计调查、抽样调查、专家调查、网络调查等渠道，做到点面兼顾、网上网下互补，准确、全面地吃透地方情况。

四是推进调查研究实践的制度化与常态化。在坚持调查研究方面，我们党相继出台了一系列行之有效的制度，这些制度也在实践的过程中不断发展和完善，逐渐成为领导干部自觉化常态化的活动。比如，"先调研后决策"的重要决策调研论证制度、领导干部联系点制度等。领导干部要以身作则、率先垂范，做到"身入"与"心到"的统一。五是注重调查研究结果的针对性与实效性。调查研究要坚持目标导向和问题导向，要"紧扣人民群众生产生活，紧扣经济社会发展实际，紧扣全面从严治党面临的现实问题"，带着思考去调查研究，把事情的真相和全貌调查清楚、把问题的本质和规律把握准确、把解决问题的思路和对策研究透彻，以最有效的途径、措施调研出成效。在出台的政策落实后，还要不断地进行后续跟进，及时发现新问题，找到新思路和新对策。

（二）坚持抓铁有痕，牢记"久久为功"

"踏石留印、抓铁有痕"是习近平总书记对做好各项工作的一贯要求，在全面从严治党问题上尤其突出。党风廉政建设和反腐败斗争是一项长期的、复杂的、艰巨的任务，"工作作风上的问题绝对不是小事，如果不坚决纠正不良风气，任其发展下去，就会像一座无形的墙把我们党和人民群众隔开，我们党就会失去根基、失去血脉、失去力量"。他强调："必须保持政治定力，以强烈的历史责任感、深沉的使命忧思感、顽强的意志品质，以抓铁有痕、踏石留印的劲头持续抓下去。"

抓铁有痕必须旗帜鲜明地反对"痕迹主义"。比如，有些基层干部反映，上级部门下达分类细致、要求各异的学习和工作过程记录任务，基层干部只能反复填写表格、誊抄材料，精准扶贫变成了精准填表；还有干部吐槽，考核只看痕迹，工作做得实不实无所谓，材料翔实就好，一些地方甚至提前编造好学习和工作记录以便第一时间应对考核等。总之，文件填不完、材料报不停，让基层干部苦不堪言。类似这样的"痕迹主义"，一方面是由于少数领导干部的形式主义、官僚主义作风所致，另一方面也反映了相关考核制度务虚不务实的问题。凡事"留痕"使上级部门当起了"甩手掌柜",不合理的考核制度使"千条线"压到基层干部肩上,不仅苦了基层干部,关键还没有解决好群众关心的问题。

抓铁有痕的劲头与久久为功的态度是内在统一的。要在全社会大力弘扬真抓实干、埋头苦干的良好风尚,特别是各级领导干部要带头发扬实干精神,出实策、鼓实劲、办实事,不图虚名、不务虚功,以身作则带领群众把各项工作扎扎实实做好。首先,抓铁有痕要改进和完善相关干部考核标准和评价制度。各地各部门要改进督查考核办法,不能简单以留痕多少评判工作好坏。其次,抓铁有痕要求领导干部发扬钉钉子精神。习近平总书记指出,"我们要牢记一个道理,政贵有恒。为官一方,为政一时,当然要大胆开展工作、锐意进取,同时也要保持工作的稳定性和连续性"。

原声再现

我们要有钉钉子的精神,钉钉子往往不是一锤子就能钉好的,而是要一锤一锤接着敲,直到把钉子钉实钉牢,钉牢一颗再钉下一颗,不断钉下去,必然大有成效。如果东一榔头西一棒子,结果很可能是一颗钉子都钉不上、钉不牢。我们要有"功成不必在我"的精神。一张好的蓝图,只要是科学的、切合实际的、符合人民愿望的,大家就要一茬一茬接着干,干出来的都是实绩,广大干部群众都会看在眼里、记在心里。当然,实践是不断发展的,我们的认识和工作也要与时俱进,看准了的要及时调整和完善,但不要换一届领导就兜底翻,更不要为了显示所谓政绩去另搞一套,不要空洞的新口号满天飞。很多时候,有没有新面貌,有没有新气象,并不在于制定一打一打的新规划,喊出一个一个的新口号,而在于结合新的实际,用新的思路、新的举措,脚踏实地把既定的科学目标、好的工作蓝图变为现实。

——2013年2月28日习近平总书记在党的十八届二中全会第二次全体会议上的讲话

"恒"即"坚忍不拔之志",在完成各项目标和工作任务的过程中,必须树立长期作战的思想准备,"一张蓝图干到底";要保持韧劲、锲而不舍,一锤接着一锤敲,才能把钉子钉实钉牢。

(三)坚持历史担当,实现"伟大梦想"

党的十八大以来,习近平总书记在多个领域使用"担当"这一概念,并从什么是担当、为什么要担当、怎么做到担当等方面,提出新的全面的要求。比如"对民族负责、对历史负责的担当","学会担当社会责任","锻造具有铁一般担当的过硬部队"等,"担当"精神逐渐成为一个令人瞩目的有影响力的"新概念"。准确把握习近平总书记关于"担当"精神论述的科学内涵和价值指向,对于我们实践"四个伟大"具有重要的理论和实践意义。

敢于担当是党的宗旨和人民的期盼。习近平总书记指出,"中国共产党坚持执政为民,人民对美好生活的向往就是我们的奋斗目标。我的执政理念,概括起来说就是:为人民服务,担当起该担当的责任"。他告诫我们,"敢于担当,是为了党和人民事业,而不是个人风头主义,飞扬跋扈、唯我独尊并不是敢于担当"。因此,为人民服务和敢于担当是密不可分的统一整体,没有现实责任担当的为人民服务是空洞抽象的政治口号,而背离为人民服务根本宗旨的"担当"则抛弃了中国共产党人的初心与使命。"坚持原则、敢于担当是党的干部必须具备的基本素质"。他将"担当"精神作为好干部的重要评价标准。他指出,好干部要做到"信念坚定、为民服务、勤政务实、敢于担当、清正廉洁"。领导干部的担当精神更是体现在对"严以修身、严以用权、严以律己,谋事要实、创业要实、做人要实"的准确把握,这是共产党人最基本的政治品格和做人准则,也是党员、干部的修身之本、为政之道、成事之要。

践行担当精神,领导干部要从三个方面下功夫。一是维护群众利益,避免把坚持以人民为中心口号化。人民利益不是抽象的而是具体的,要从人民群众关心的疑难问题入手,推动全面建成小康社会的进程。二是坚持党的绝对领导,深化各级党委的主体责任落实。党的十八大以来,问责机制的逐渐完善为履责担当、落实责任提供了保障。要进一步建立监督问责的长效机制,尤其是针对食品安全、环境治理、民生建设等关键领域的监督问责,保证各项政策不仅要落地,更要生根。三是建立容错纠错机制,在干部选人上体现重担当的用人导向。要在选人用人上体现讲担当、重担当的鲜明导向,把敢不敢扛事、愿不愿做事、能不能干事作为识别干部、评判优劣、奖惩升降的重要标准,把干部干了什么事、干了多少事、干的事组织和群众认不认可作为选拔干部的根本依据,选拔任用敢于负责、勇于担当、善于作为、实绩突出的干部。

  在认识世界和改造世界的过程中,必须坚持马克思主义思想方法和工作方法的辩证统一。习近平新时代中国特色社会主义思想蕴含丰富的思想方法和工作方法,是我们开辟新时代、开启新征程、开创新局面的强大理论武器,只有认真学习、深刻领会和自觉运用,方能把成就现在、开启未来的钥匙牢牢掌握在自己手中,更好地书写中国特色社会主义伟大事业的新篇章,实现民族复兴的伟大中国梦!

后　记

　　学习贯彻习近平新时代中国特色社会主义思想是当前全党全国的首要政治任务。为全面准确把握习近平新时代中国特色社会主义思想，引导党员干部更加自觉地用这一思想武装头脑、指导实践、推动工作，江苏省委宣传部组织力量，以党的十九大报告、《习近平总书记系列重要讲话读本》（2016年版）、《习近平谈治国理政》（第一卷、第二卷）、《习近平新时代中国特色社会主义思想三十讲》及党的十九大以来习近平总书记重要讲话等为基本依据，编写了通俗理论读本《新思想　新境界》。希望通过读本的学习，帮助广大党员干部进一步精准掌握习近平新时代中国特色社会主义思想的重大意义、丰富内涵、科学体系和实践要求，深刻领会贯穿其中的马克思主义立场观点方法，深刻认识习近平总书记对这一思想的形成作出的原创性贡献，深刻体悟这一思想开辟了马克思主义新境界、中国特色社会主义新境界、治国理政新境界和管党治党新境界，自觉把思想和行动统一到习近平新时代中国特色社会主义思想上来，奋力谱写全面建成小康社会、全面建设社会主义现代化强国的壮丽篇章。江苏省委常委、宣传部部长王燕文高度重视和关心本书的编撰工作，对书稿的总体框架、内容体例提出明确修改意见，审定全书并作序。省中国特色社会主义理论体系研究中心主任郭广银、省委宣传部副部长赵金松具体组织编撰工作。

本书各章执笔人如下：第一章，顾玉平；第二章，田芝健、胡绿叶；第三章，王刚、张晓旭；第四章，顾永红；第五章，张明；第六章，王遐见；第七章，尹才祥；第八章，刘焕明、章兴鸣；第九章，李立峰、王涛；第十章，姜迎春；第十一章，袁久红、许丽、卢雷；第十二章，盛凌振；第十三章，涂亚峰；第十四章，戴锐；第十五章，何怀远、徐军；第十六章，刘勇、徐建飞；第十七章，王兵；第十八章，周显信。省委宣传部尚庆飞、刘必好、陈璐、李向阳、贾雷、梁敬国及东南大学盛凌振等参加了统稿工作。江苏人民出版社承担了编辑出版工作。在此一并表示感谢！

本书编写组

2019 年 3 月